JN086118

脳は自分でアップグレードできる

「科学的」に頭をよくする方法

エリザベス・R・リッカー 著
桜田直美 訳

かんき出版

家族のみんな

ヴァラン、ママとパパ、リンジー、ラサとGP
そして最新メンバーのマンチキンへ

あなたたち全員を心から愛している

人生のある時点で、自分らしさを守ることを選ぶか、
それとも世間的な成功を選ぶかを
決めなければならないのではないかと心配している人たちへ

この本があなたにとって、その悩みから抜け出し、
勝利と心の平安を手に入れるためのツールになれることを願っている

Smarter Tomorrow
by
Elizabeth R. Ricker

This edition published by arrangement with Little, Brown and Company,
New York, New York, USA through Tuttle-Mori Agency, Inc., Tokyo.

はじめに

未来はすでにここにある――ただ均等に配分されていないだけだ。

――ウィリアム・ギブスン

▼投資時間　11分
▼ゴール　この本を読むことによって、得られるものと得られないものを理解する

ある1つの質問に駆り立てられ、私は街から街へと走り回った。答えを知っているかもしれない専門家を探して、世界中を飛び回った。

数百もの研究論文を熟読した。神経科学の研究を離れてテクノロジーのスタートアップの世界に飛び込み、そしてまた研究に戻ってきた。しかし今度は、以前よりもはるかに個人的な研究をするためだ。

そして最終的に、その質問に突き動かされた私は、数十もの、いや、正直に言おう、数百ものアプリ、ウェアラブル機器、デバイスを自分で試すことになった。この質問への答えを自分で見つけることができたら、きっと他の人にも答えを提供することができるはずだ。その質問とは——。

「どうすれば自分の脳をアップグレードできるのか？」

医者にアップグレードしてもらうのではない。教師や上司でもなければ、家族や友人でもない。私が知りたいのは、自分で自分の脳をアップグレードする方法だ。

しかし、そもそも「脳のアップグレード」とはどういう意味なのだろう。

私の考えでは、平均的な日常に現れる平凡な自分ではなく、最高バージョンの自分にいつでもアクセスできるようになるという意味だ。

最高バージョンの自分は、学習が速く、他の人が忘れているような細かいことを覚えていて、毎日たくさんの責任をこなしながら大事な何かを見落とすことがない。間違ったことを言って友達の気分を害するようなことも絶対にない。最高バージョンの私は、大胆で、頼りになり、親切だ。そしてとにかく仕事ができる。

ＳＦの世界には劇的な脳のアップグレードがたくさん登場する。

たとえば、薬を1錠飲むだけで数週間のうちに金融の天才になれたり、神経移植でわずか数秒後にヘリコプターの操縦を習得したりといった物語だ。完璧な記憶力を手に入れる、まったく努力せずに外国語を習得する、無限の創造性を手に入れるといった例もある。

しかし、それらがフィクションの世界にとどまる必要はないとしたら？

日常のちょっとしたアップグレードでも、人生を変えるほどの力があるかもしれない。

初対面の人の名前を、会った10秒後に忘れてしまうのではなく、ずっと覚えていられたら？　恋人や配偶者が何か気に入らないことをしたときに、思わずカッとなるのを抑えることができたら？　締め切りが迫っているのに、くだらないネコ動画のはしごをしてしまうのをやめることができたら？　きょうだいや意地悪な同僚から挑発されても、修道僧のような平常心を保つことができるようになったら？

つまり簡単に言うと、賢くて人格者の自分をたまに出現させるのではなく、ほぼいつも出現させることができたらどうなるか、ということだ。

私の子供時代

子供のころの通知表を思い出してみよう。

先生からのコメントで、「理解力は高いと思われますが、能力を十分に発揮していないようです」ということが書かれていなかっただろうか？

もしそうなら、あなたと私は似たような子供時代を送ったということだ。

ある日、担任の先生が教室でこんな発表をした。

「エリザベスはみんなと同じように教科書を読むことができないので、今日から特別支援の先生の授業を受けることになります」

私は顔が真っ赤になった。階段を上って特別支援の先生のところに行くのではなく、走って逃げだしてしまおうかとも考えた。

しかし、レクト先生[1]の授業が始まって数分がたつと、2つのことが明らかになった。1つは、先生は私のことを救いようのない生徒だとは思っていないということ。そしてもう1つは、先生は私が自分のペースで進められるように、ただ課題を与えるだけでなく、信頼もしてくれたということだ。

前の先生の授業では、私はいつもぼんやりと考えごとをしたり、いたずら書きをしたりしていた。それがレクト先生のおかげで、やっと脳のスイッチが入ったのだ。

レクト先生の授業を受けるようになったのは、入学から半年ほどたったころのことだった。それまでは学年でいちばん教科書が読めない生徒だったが、1年が終わるころには他のみんなに完全に追いつくことができた。学年が上がると、私の読み書きの能力は平均をはるかに上回るようになった。

そして数年後、私はほとんど別人になっていた。授業中はいつも落書きをしていたような子が、学年トップクラスの成績を取り、作文コンテストで賞をもらうまでになっていた。その後、大学に進学した私は、ＭＩＴとハーバードで学位を取得している。

いったい何が起こったのだろう？

この変化のしくみを具体的に知ることはできるだろうか？

おそらく驚くようなことではないが、大学院のクラスメートに読む能力の発達が遅かった人はいなかった。しかし、発見したことは他にもある。それは「読む能力の発達の軌跡」[2]に関する研究だ。

研究によると、私のように子供のころに読む能力が著しく劣っていた人は、思春期になっても遅れを取り戻せないことが多いという。特にアメリカではその傾向が強い。それに加えて、読む能力の発達が遅い子供は、高校を卒業する確率が極端に低くなる[3]。

また他の研究では、読む能力に問題がある子供は、読み方を習うようになる以前から、読むことを司る脳の部位が小さいか、あるいは極端に不活発な状態にあることがわかっている[4]。

私の問題も、脳を調べれば予測することができたのだろうか。それとも、あれはただ単に私の集中力の問題なのか。現に私は、授業をまともに聞かずにぼんやりと考えごとばかりしていた。

４００人近くの子供を幼稚園から小学校5年生まで追跡したデューク大学の研究によると、集中力は読む能力の発達を予測する大きな要素になる。[5]脳は発達の段階で大きく変化するので、今の時点で私の子供のころの脳をスキャンすることはできないし、集中力テストのスコアもわからない。

私が読む能力の発達で問題を抱えるようになることは、はたして予測できたのか、今となっては知るよしもないだろう。

いずれにせよ、私が好運だったことは間違いない。担任の先生が予言したであろう悲惨な末路を回避し、楽しく勉強することができたのは、レクト先生が私に合わせた指導をしてくれたおかげだ。私の問題が仮に集中力だったとしたら、レクト先生の指導はまさに大当たりだったということになる。

脳をアップグレードするときにカギとなるステップの１つは「ボトルネック」を発見することだ。ボトルネックとは「瓶の首の細くなった部分」のことで、ここは他の部分より流れる量が少なくなるために、「作業などが滞る原因になる箇所」という意味で使われる。

私の場合は集中力を維持できないことが、少なくともボトルネックの１つになり、普通学級での学習が困難になっていた。あなたのボトルネックは他にあるかもしれない。

誰もがレクト先生のような人に教われるわけではない。正直なところ、私は自分の好運に少し後ろめたさを感じている。脳のパフォーマンスは人生を決める大きな要素であり、それを運にまかせるのはやはり間違っているだろう。

高校から大学にかけて、私は脳のアップグレードを夢見るようになった。

それも、ただ読む能力や集中力を向上させるだけではない。どんな人でも利用できて、科学的なエビデンスもあり、どんなボトルネックにも有効な脳のアップグレード・ツールは存在するのだろうか？

それから10年以上をかけて、私はこの疑問の答えを追求することになった。大きなストレスにさらされたこともあれば、エキサイティングな体験をしたことも、笑えるような状況になったこともある。

華やかな活動の例をあげると、たとえばＭＩＴの学生時代に、ノーベル賞科学者の研究室で分子神経生物学の研究をしたことがある。他にもシリコンバレーのビリオネアの下で働いたこともあった。そこまで華やかではない例をあげると、自分のウンチを郵送したことや、電気を使った実験に失敗して髪の毛から煙が出たこともある。

そういった数々の経験をしながら、私はつねに考えていた。脳のパフォーマンスをアップグレードすることから、運の要素を排除するにはどうすればいいのだろう?

その問いに対する現時点でのベストの解を知りたい人は、ぜひこの本を読んでもらいたい。

あなたの脳をアップグレードする

テクノロジーが進歩し、神経科学の分野でもめざましい発展があったおかげで、脳に関する知識が飛躍的に増加した。ここ数十年でわかったことは、おそらくそれまでの数世紀でわかったすべてのことよりも多いだろう。今はまさに、脳のアップグレードについて学ぶのに最適の時代だというわけだ。

とはいえ現代科学といえども、幻想から完全に逃れることはできない。

幻想の1つは、脳を1つのものとして扱うことだ。実際のところ、私たちの脳を「人間の脳」としてひとくくりにするのは不可能だ。それぞれが独自の輝かしい存在であり、他の誰の脳とも似ていない。この主張を裏づける証拠は第3章に書かれている。

ここでの目標は自分の脳をアップグレードすることなので、他人の脳の話はたしかに興味深いが、それがそのまま自分に当てはまるとは限らない。彼らの脳ではうまくいったかもしれないが、あなたの脳では違うかもしれないということだ。

つまり、現時点で脳についてわかっていることだけでは、それぞれの方法が特定の個人にどのように働くかまでは予測できないということだ。

この現実を知り、私は大いに不満を持った。そしてそれをきっかけに、私はいわゆる「自己実験」と呼ばれているものを発見する。人間はみな違うという問題に対する数少ない答えの1つは、個人を対象に設計された科学的な手法を使うことだ。

だからといって、他人の事例から学べることはないというわけではない。この本でも、そのような信頼できる研究を数多く紹介している。

ここで気をつけなければならないのは、それらの研究がそのまま自分に当てはまるわけではないということだ。自分に効果があるものを知りたいのなら、自分を対象にした実験を行わなければならない。その方法はこの本に書いてある。

神経科学のラボがなくてもかまわない。ただこの本の手順を守るだけで自己実験を行うことができる。なかでもいちばん嬉しいのは、自分の身体でもっとも大切な部分である脳を、自分でコントロールできるということだろう。

脳の健康とパフォーマンスはとても個人的な問題なので、他人に知られたくないという人はたくさんいる。つまり、この両耳の間に存在する栄光ある物質をアップグレードするのに、あなたほどの適任者は他にいないということだ。

そして、子供時代に誰かから「能力を十分に発揮していない」と評された経験がある人なら、この本が特に役に立つだろう。

この本を最大限に活用する方法

この本には「介入」という言葉が何度も登場する。

介入とは、脳のパフォーマンスを変えるときに使う「ツール」のことだ。アルコールやドラッグの問題を抱える人を助けるときの手段も「介入」と呼ばれていて、こちらのほうが馴染みがあるかもしれない。科学研究の世界では、介入はもっと一般的な意味で使われる。

この本で紹介している介入は、数十もある候補のなかから厳選した5種類だ。どれも比較的安価であり（無料から300ドル程度まで）、自宅で手軽にできる。時間もそれほどかからず、毎日15分でいい。なかでも特にすばらしいのは、もっとも重要な4つある脳の機能を向上させてくれるという「科学的な証拠」もあるということだ。

その4つの機能とは、「実行機能」「情動制御」「記憶と学習」、そして「創造性」だ。これらについてはPART2で詳しく見ていこう。

さらにこの本では、自分の4つの機能の働きを評価するテストも紹介している。

どれも手軽にできて、特別な器具も必要なければ、医者の手を借りる必要もない。しかもお金がかからず、何度でもくり返し行える。テストは複数回にわたって行う必要があるので、これは重要なことだ。

診断のついた脳や精神の病気であれば、科学的に根拠のある治療法も数多く存在する。しかし、具体的な診断がついているわけではなく、ただ脳の働きをもっと向上させたいという場合、参考にできる情報はほとんど見つからない。私の願いは、本書がそのギャップを埋める一助になることだ。

精神的な症状で何らかの診断がついている人も、ぜひこの本でニューロハッキングの旅を楽しんでもらいたい。ただし、医師の治療もそのまま続けること。

医学的な症状は特にないという人も、この本でわかったことを主治医に伝えれば、あなたの特性により則したケアを提供してもらえるだろう。

安全性について

この本で紹介している介入のなかには、ガジェットを使うものもいくつかある。ガジェットはハードウェアの場合もあれば、ソフトウェアの場合もある。

介入の1つは、ただマインドセットを変えるだけだ。

多くは欧米の研究者によって開発されたものだが、南太平洋地域で開発されたものも1つある。他にもインドと中国の伝統医療が由来のものもいくつかある。

この本で紹介する介入の「基準」は、次の3つだ。

・「ランダム化比較試験」と呼ばれる手法が使われた研究であること
・実験の参加者が健康な人たちであること
・研究結果が査読付きで学術誌に掲載されていること

さらに脳の４つの機能のうちの少なくとも１つで、具体的な向上が計測されていなければならない。ただし、処方薬や手術が必要な介入、あるいは大きな副作用が出るような介入は除外している。また、研究室の実験動物だけでなく、人間にも効果があることが証明されたものだけを選んでいる。

私は、ここで紹介している介入のほぼすべてを実際に試している。認知能力がたしかに向上したものもあれば、私自身には効果はなかったが、他の多くの人には効果があったものもある。あなた自身の体験も、他の誰の体験とも似ていないだろう。

だからこそ、まず自分を使った実験の方法をきちんと身につけることが大切になる。

それをＰＡＲＴ１で詳しく見ていこう。

忙しい人のために……

忙しい人でも短い隙間時間でこの本を活用できるように、各章の冒頭にだいたいの所要時間と、その章の目標が書かれている（「投資時間」と「ゴール」）。所要時間よりも早く終わったのなら、おめでとうございます！　所要時間より長くかかったとしても問題はまったくない。自分のペースで読み進め、自分のやり方で実験を行ってもらいたい。さらに、各章の終わりには短いまとめを掲載している。そのため、まとめしか読む時間がないという人でも、多くの逸話や科学的な根拠を読まなくても、要点はつかめるようになっている。

本書を読む順番としては、まずＰＡＲＴ1と2は頭から順に読んでもらいたい。そこから先のさまざまな介入を紹介するＰＡＲＴ3と4は好きな順番で読んでかまわない。最後のＰＡＲＴ5で、15分でできる自己実験の手順を紹介している。これはたとえるなら、自分の脳をアップグレードするためのレシピ集だ。

ここで紹介する実験は、アップグレードしたい脳の機能ごとに分類されている。どの機能をアップグレードしたいかがすでに決まっている人は、そのセクションを探して、15分のルーティンを日常生活に組み込んでいこう。ただし、ここで紹介されているのは実験の方法だけだ。根拠まできちんと理解したいという場合は、該当の章もあわせて読んでもらいたい。

本書に書かれている内容の情報源も読みたいという人は英文の原注を参照してもらいたい。情報源がある内容には小さな数字がついているので、オンラインサイトに掲載されている原注のなかからその数字に該当するものを探すことができる（オンラインサイトは最終ページに掲載）。原注は章ごとにまとめられている。

わざわざ注を確認するのが面倒だという人も心配はいらない。本文をきちんと読んでいれば必要な情報はすべて手に入るようになっている。

この本を読み終わると、あなたは次のことを達成しているだろう。

1　あなたの脳のパフォーマンスを妨害しているボトルネックを発見する

2　自宅でできる脳のパフォーマンスの計測と向上の方法を習得する

3　脳をアップグレードする新しいツールを手に入れる（昔からの常識の焼き直しのように思えるものもあれば、これはちょっと普通ではないと戸惑いを覚えるようなものもあるだろう。たとえばこの本では、友人の脳に電気を流してタイピング速度を向上させるという実験も紹介している）

4　「15分間の自己実験」を使って脳のパフォーマンスをアップグレードできるようになる

これらの実験を通して、私も、実験に参加してくれた友人たちも、自分のデータを医師や職場、学校などに対して公表している。これらの物語を読めば、あなた自身のデータにもさまざまな興味がわいてくるかもしれない。

この本が目指しているのは、科学者たちだけのものだった研究室の扉を大きく開き、そこにある装置や器具を使って一緒に遊ぼうとすべての人に呼びかけることだ。その意味で野心的な試みであるとも言える。

この試みはカオスを生み出してしまうだろうか？　そうなるかもしれない。

しかし、それがいいカオスであることを私は願っている。

あなたには、あなただけが1日24時間いつでもアクセスできる装置がある。それはあなたの脳だ。科学者や医者、教師、技術者は、脳についての平均的な一般論を教えてくれる。そして彼らには、それを知るための高度な技術と高価な装置がある。

それでも、あなたの脳に完全にアクセスできるのはあなた自身だけだ。

脳の働きを追跡し、自己実験を行えば、世界でいちばん自分の脳に詳しい人になれるだろう。そうすれば、自分の脳を最適化し、調整し、磨くことができる。

その過程で、大きくバージョンアップした自分になることができるだろう。

そのあなたが、世界にどんな贈り物を届けられるか考えてみよう。

さあ、ニューロハッキングを始めよう！

「免責」および「ファクトチェック」について

この本はあくまで情報を提供する目的で書かれており、医学的なアドバイスや診断、治療法、あらゆる健康問題や症状の予防法ではなく、またそれを意図したものでもない。

この本の情報だけを根拠に、何らかの行動を起こすことは推奨しない。

この本で紹介されている内容や、それをヒントにした行動を実際に行うときは、必ずかかりつけの医師か資格のある医療専門家に相談してほしい。

この本の著者および出版社は、直接的・間接的にかかわらず、この本の内容を起因とするあらゆる債務や損失、負傷、損傷、その他の有害作用に対して一切の責任を負わない。

この本で具体的な会社名や組織名、人名に言及があっても、著者や出版社がそれらの組織や個人を推奨するわけではない。

この本に登場する会話は内容の要約であり、逐語的な再現ではない。またこの本はノンフィクションだが、エンターテインメントの観点から創造された会話も含まれている。登場する人物の名前や特徴は変更されている。

本文中に小さな数字がたくさん登場するが、これらの数字はその文章に具体的な情報源（たいていは査読付き論文）が存在することを意味する。情報源に興味がある人はオンライに掲載されている原注を参照してほしい。情報源が章ごとに登場した順番で掲載されているため、これらの原注を活用すれば、興味のある箇所をさらに深く調べることができる。

この本に登場する「パーセント」はすべて「効果量」を意味する。効果量とは処置が対象者の認知能力に与えた影響のことであり、効果量を表す単位は数多くあるが、ここではパーセントを採用した。さらに詳しく知りたい人は英文の原注[1]を参照してほしい。

科学的なファクトチェックを担当してくれた方々、および草稿を読んでくれた方々に、心からお礼申し上げたい。

グーグル、ハーバード大学、ジョンズ・ホプキンス大学、マギル大学、ニューヨーク大学、オタワ大学「脳と精神研究所」、スタンフォード大学、カリフォルニア大学バークレー校、シカゴ大学、カリフォルニア大学デービス校、カリフォルニア大学ロサンゼルス校から、神経科学を学ぶ大学院生、教授、学部生、研究の専門家が10人以上集まり、草稿をつぶさに読んで間違い探しをしてくれた。この本に事実の間違いがあれば、それはおそらく私が彼らのアドバイスを見逃したことが原因だろう。

何かおかしいと思う箇所があれば、私のウェブサイト（ericker.com）でメッセージ（英文）を送ってほしい。

「科学的」に頭をよくする方法

CONTENTS

はじめに

PART 1 ▼ ニューロハッキングの準備をする

PART 2 ▼ 向上したい認知能力を決める

第7章 新しいIQ

第8章 新しいEQ

第9章 記憶と学習

PART 3 ▼ 自己実験の介入を選ぶ

PART 5 ▼ 頭をよくする実験の実行とフォローアップ

本文デザイン・DTP／松好那名(matt's work)

PART 1

▼

ニューロハッキングの準備をする

第1章 科学的な自己啓発

あなたの編み出した理論がどんなに美しくても、あなたがどんなに賢くても関係ない。実験の結果に合致しないのであれば、それは間違っている。

——リチャード・P・ファインマン

▼投資時間　7分
▼ゴール　「科学的な自己啓発」とは何かということ、そしてそれを脳のパフォーマンスを上げるために活用する方法を理解する

本当のところ、自己啓発はどれくらい役に立つのだろうか？

市場規模で考えると、自己啓発市場は数十億ドルになるという。[1] 自己啓発のブログは山のように存在し、紙の本も電子書籍も飛ぶように売れている。

インフルエンサーたちは自己啓発の格言を1分ごとに投稿し、自己啓発のセミナーやワー

クショップも多くの人を惹きつけてやまない……。

しかしその効果が数値化されることは、めったにないのが現状だ。

「伝統的な自己啓発」では、その道の権威が教えることをできるだけ忠実に守ることが推奨される。このアプローチの問題点は、その道の権威があなたとはまったく違うタイプの人間かもしれないということだ。

彼らが彼らのやり方で大きな成功を収めたのは間違いないが、そのやり方があなたにも向いているという保証はどこにもない。彼らとあなたとでは、性格や価値観が違うかもしれない。彼らのやり方は、彼らの環境でしか効果を発揮しないかもしれない。

伝統的な自己啓発のもう1つの問題点は、効果を数値で計測することがほとんどないか、あるいはまったくないということだ。数値があれば、効果が客観的に保証される。

しかし自己啓発の大家たちの多くはこれを嫌い、自分の発言に責任を持ちたくないと考えている。

「科学的な自己啓発」は、そのような伝統的な自己啓発の対極に位置している。

伝統的な自己啓発は、客観的な計測を避け、なんとなくいい気分になる言葉に頼っている。また自分の方法こそが、最善にして最高であると主張することが多い。

しかし、科学的な自己啓発は違う。科学的な自己啓発は客観的な計測を大切にし、個人によって違いがあることを考慮に入れている。

ある1つの解決策を守ることを求めるのではなく、自分にいちばん合っている方法を選ぶための手段を提供する。さらに科学的な自己啓発では、提示される解決策を自分でテストすることができる。つまり、大家(たいか)の言葉をそのまま信じる必要はないということだ。

科学的な自己啓発を裏で支えるエンジンは「自己実験」だ。

自己実験では、同じ人が「研究者」と「被験者」の両方の役割をこなすことになる。たとえばあなたが、瞑想をするとすぐに集中力が向上するという仮説を立てたとしよう。その仮説を証明するには、次のような実験を行う。

まず、瞑想前の自分の集中力を計測する。次に決められた時間だけ瞑想を行い、そして瞑想が終わったらすぐに再び集中力を計測する。

この実験を何度もくり返し、偶然の要素を排除する。聞くだけならきわめてシンプルだ。それぞれのステップを正しく行えば(さらに、あなたは研究者であり、被験者でもあるので、バイアスを排除するステップも必要だ)、仮説が正しいか間違っているかを客観的に判断することができる。

「何かを試し、うまくいかないことを発見し、また別の何かを試し、今度はうまくいくことを発見する」。これが科学的な自己啓発の根幹だ。

科学は完璧とはほど遠い存在だが、それでも私たちにたくさんのすばらしいものを届けてくれた。病気の治療法、長寿、私たちを取り巻く物理的な世界への理解。さらにここ数十年で、人間の精神を形づくるもの、すなわち脳への理解も格段に深まった。

考えてみよう、その科学を自分に対して使ってみたら、いったい何を発見できるだろう？

自己実験とは何か？

研究の世界では、ひとりの人間を対象にデータを集める実験を「シングルケース実験デザイン」「１のｎ」、あるいは「一事例研究」と呼ぶ。対して「自己実験」は、自分が科学者にも被験者にもなる実験のことだ。これを「個人科学」と呼ぶ人もいるが、私の友人たちの間では「人間モルモット化」と呼ばれている。

本物の科学者も自己実験の手法を使うのだろうか？

１９０１年にノーベル賞の第一号が授与されて以来、知られているかぎり14人の受賞者が自己実験を行っている。そのうちの半数は、自己実験を行ったまさにその分野でノーベル賞を獲得した。[2]

彼らのなかには、自分の発見の正しさを証明するために、自分や愛する人の命を危険にさらしてまで自己実験を行った人もいた。

たとえばジョナス・ソークは、自分と家族の身体をポリオワクチンの実験台に使っている。

自分の妻と子供まで実験台にしたのだ[3]！

また、自己実験こそがもっとも倫理的な科学の手法だと信じている科学者もいる。

1977年にノーベル生理学・医学賞を受賞したロサリン・ヤロー（彼女はアメリカ人女性として初めてこの分野のノーベル賞を受賞した）はこう言っている。

「うちの研究室ではいつも自分たちを実験台にしていました。なぜなら、真の意味でのインフォームドコンセントを与えられるのは自分自身しかいないからです[4]」


もちろん、自分の発見が一般にも当てはまることを証明するには、自分以外の人も実験の対象にする必要がある。プロのパン職人であれば、他の人が食べたいと思うパンを焼かないと商売を続けることはできない。そのためには、多くの人を相手にさまざまなパンを提供し、そのなかからお客にいちばん好まれるレシピを探り当てる必要がある。

しかし、お客が自分しかいないのであれば、自分がおいしいと思うパンだけを焼いていれば十分だ。それでは商売にならないと思うかもしれないが、自己実験という手法を最高の自分を引き出すために使うのであれば、それまで想像もしていなかったような新しい自分と出会うことができる。もっと心が満ち足りて、もっと創造的で、もっと思いやりにあふれた自分だ。

科学的な自己啓発は、きっとあなたの視野を広げてくれるだろう。

新しいアドバイスやコツ、戦略、ツールを実際に試し、本当に自分にも効果があるか知りたいと思うようになるはずだ。もしかしたら、この自己実験の手法を使って、すでに持っている自己啓発の本やアプリの効果を検証することもできるかもしれない。

自己実験には自己追跡が必要だ。自己追跡とは、自分の行動や態度を観察して記録すること。ここで行動や態度を変える必要はない。ただあるがままを記録するだけだ。

たとえば、毎晩の睡眠時間を記録し、睡眠時間と翌日の頭脳パフォーマンスとの間に何らかの関係を見いだすかもしれない。

私が子供のころに自己追跡のことを知っていたら、集中力の問題の原因を探ることができたかもしれない。原因はある種の食べ物だったのだ。

それに気づいたのは20代になってからで、勘のいいルームメイトから、もしかしたらグルテン不耐症なのではないかと指摘されたのがきっかけだ。

その言葉に触発された私は、自分の食生活を観察して記録する自己追跡を行った（食べ物の問題については第6章の「自分をデバッグする」で詳しく見ていこう）。

介入とは何か？

「はじめに」でも述べたように、「介入」は医学研究の分野で一般的に使われる言葉だ。

介入は治療に似ていて、ある特定の変化を起こすためのツールやアプローチと考えるとわかりやすいだろう。それは薬かもしれないし、瞑想プログラム、新しい毎日の習慣かもしれない。基本的に、ある問題への解決策になるものが介入だ。

この本では、介入という言葉を、脳のパフォーマンスを向上させるためのツールという意味で使っている。たとえば、気分を向上させるためのヨガプログラムを介入と呼んでいる。

最後にもう1つ、自己実験で使われる言葉を紹介しておきたい。それは「A／Bテスト」というもので、ウェブデザインの世界でよく使われる言葉だ。

あなたがよく見るウェブサイトにもクリックするためのボタンがあるだろう。そのボタンはおそらくA／Bテスト済みだ。

ウェブサイトのデザインでは、まず一見するとまったく同じだが、ほんの少しだけ違いがあるサイトを2つつくる。

バージョンAのサイトではボタンの色が赤で、バージョンBのサイトでは青だ。両方のバージョンを公開し、どちらのボタンのクリック数が多くなるかを計測する。

このやり方は自分自身にも応用することができる。

たとえば、記憶力を高める方法として、ランニングとクロスワードパズルがあるとしよう。あなたはまず10分間のランニング（バージョンAの介入）の後で記憶力のテストを行い、次に10分間のクロスワードパズル（バージョンBの介入）の後でまた記憶力のテストを行う。

もちろん、自分を対象にA／Bテストを行うのはひと筋縄ではいかない。そもそも自分という人間はひとりしかいないので、ウェブサイトのように完全な比較実験をするのは不可能だ。

とはいえ十分な回数を行い、さらに実験と実験の間に十分な時間を空ければ、どの介入が自分にとってより効果的かということがわかるだろう。自己実験の信頼性を高める方法については第4章の「自己実験の基本を学ぶ」で詳しく見ていこう。

ここまでの説明で、科学的な自己啓発とは何なのかということ、そしてそれが伝統的な自己啓発とどう違うのかということを理解してもらえたと思う。自己追跡やA／Bテストという言葉の意味も理解した。そしてもっとも大切なのは、自己実験について多くを学んだことだ。

しかし、それが自分の脳のアップグレードとどう関係するのだろう?

次の章では、そのパズルを解明する最初のピースが登場する。さらに、かなり特殊な自己実験を行っている人たちの集団のことも紹介している。

彼らは人呼んで「ニューロハッカー」だ。

この章で学んだこと

1 「科学的な自己啓発」は「伝統的な自己啓発」とは違う。科学的な自己啓発は、「やるべきこと」ではなく、あるアプローチが自分にとって効果があるかをたしかめる方法を教えてくれる

2 科学的な自己啓発は、「自己追跡」と「自己実験」という手法が用いられ、そしてそれらの手法には「介入」と「A／Bテスト」というテクニックが用いられる。特に自己実験は主流の科学の世界で長い歴史がある。この本では、ノーベル賞科学者が用いたのと同じ自己実験の手法も紹介されている

第2章 ニューロハッカーとは何者か

この宇宙で、あなたが確実に向上させられるものはたった1つしかない。

それはあなた自身だ。

――オルダス・ハクスリー

▼投資時間　9分
▼ゴール　ニューロハッキングの成功とはどういうものかを理解する

「ハッカー」や「ハッキング」という言葉に悪いイメージを持つ人もいる。

たとえばコンピューターのハッカーといえば、インターネットのセキュリティシステムに侵入して他人のクレジットカード番号を盗んだりする悪い人たちだ。

あるいは、ハッキングは単なるいたずらだと考える人もいるだろう。

ニューロハッキングとは何なのか？

私が通っていたMITは、学生たちの過激ないたずらで有名だ。たとえば、パトカーをビルの屋上に乗せたりする。もちろんフロントシートにドーナツを置くことも忘れない。いたずらという意味のハッキングの目的は、楽しむことであり、いつもとは違うやり方を試すことだ。

「ニューロハッキング」とは、「脳の機能をハックすること」だ。ここでは、日常的なツールを新しい使い方で活用し、物事を簡便化する独創的な方法を発見することを目指す。

ニューロハッキングの原動力は好奇心だ。この本では、なかでも脳のしくみに対する好奇心が大きな役割を果たしている。

ニューロハッキングは大きく2つの行動に分けられる。1つは「現在の脳の働きを測定する」こと。そしてもう1つは「脳の働きをアップグレードする」ことだ。次からは具体的な例を見ていこう。自分の記憶力をアップグレードした、あるニューロハッカーの物語だ。

・学習能力をアップグレードする――ケーススタディ1

2010年9月14日、ロジャー・クレイグという名のコンピューター科学者が、人気クイズ番組「ジェパディ！」で、1日の賞金としては史上最高額（7万7000ドル）を獲得した。この記録は10年近く破られなかった。

2011年、クレイグは「ジェパディ！」のチャンピオンに必要な訓練について説明している。彼の秘密の1つは、昔ながらの記憶術だった。[1]

1880年代、ドイツ人心理学者のヘルマン・エビングハウスはパリにある自室に閉じこもり、記憶力の研究に没頭していた。そのときに用いたのが、制限時間を決めて、まったく意味のない言葉を学習し、復習し、思い出すという手法だ。彼はこの実験を自分を対象に行っている。

その結果わかったのは、言葉を忘れる率は予測できるということだ。

エビングハウスは、忘れるまでにかかる時間のパターンを発見した。忘れるまでの時間がわかっていれば、忘れる直前にその言葉をもう一度学習すれば（直前より早くなってはいけない）、学習に多大な時間を費やさなくてもその言葉を覚えておくことができる。ここでのカギは、忘れるまでの時間を正確に把握しておくことだ。

このエビングハウスのテクニックは「分散学習」という名で知られるようになった。基本的に、これはもっとも具体的で、科学的エビデンスに基づいた記憶術と言っていいだろう。[2]

エビングハウスから100年以上が経過した現在、彼のテクニックを可能にするコンピューター・プログラムも開発されている。[3]

「ジェパディ！」チャンピオンのロジャー・クレイグも、そのようなプログラムを使って大きな成功を収めた。彼はこの番組で過去に出題された質問と答えのリストを発見すると、分散学習の無料ソフト「Ａｎｋｉ」にそれらのデータをすべて入力した。[4]

その結果には、エビングハウスも満足してくれるに違いない。

クレイグはまず新しい知識を学習し、それからは忘れそうになった情報だけを集中して再学習するようにした。所要時間は1日にたったの10〜30分だ。

分散学習のテクニックを使ったおかげで、クレイグは時間を節約できただけでなく、「ジェパディ！」のチャンピオンになることもできたのだ。

ニューロハッキングの世界へようこそ

脳をアップグレードする目的は人それぞれだろう。しかしどんな目的かに関係なく、ニューロハッキングのテクニックは誰でも効果を期待することができる。ニューロハッカーは、大胆で、知的好奇心が旺盛な集団だ。あなたも今から彼らの一員になろうとしている。

さあ、思い切り楽しみ、自分の内なるオタクを満足させてあげよう。

この本のための調査を始めたのは、今から10年前のことだ。その当時、ニューロハッカーの数はまだまだ少なく、世界各地に散らばっていた。そしてたいていはお互いの存在を認識していなかった。そこで私はラボを訪ねて研究者へのインタビューを続けながら、自分なりに使えるツールを組み立てていった。

自分と似たような目的を持つ人たちがいるということを発見するまでにかなりの年月がかかったが、発見してからはこの旅で孤独な思いをすることも少なくなった。効率性が向上したことは言うまでもない。だがあなたは、私がたどった過程の大部分を飛ばすことができる。

現在、「バイオハッキング」に興味を持つ人はたくさんいて、オンラインでもオフラインでも活発なコミュニティが存在する。バイオハッキングとは、人間の肉体をハックすることであり、肉体のなかにはもちろん脳も含まれる。

レディット、ミートアップ、フェイスブックなどのプラットフォームを探せば、彼らのグループを見つけることができるだろう。

ティモシー・フェリスがバイオハッキングについて書いたベストセラー『4時間で理想の肉体を手に入れる（*The 4-Hour Body*）』のファンが集まったオンラインコミュニティも存在する。

自己実験や自己追跡に興味がある人は、「自己数値化（Quantified Self）」というコミュニティをおすすめする。これは雑誌『ワイアード』創刊時の編集者ゲイリー・ウルフとケヴィン・ケリーが、２００７年にカリフォルニアで設立したコミュニティだ。

「自己数値化」に参加する数千人のメンバーは、「数字を通じて自分を知る」ことに興味を持っている。メンバーが体験談を話す発表会が行われ、たとえば小さいころからずっと肥満だったある男性は、日記と自己追跡で約90キロの減量に成功した。[5] また、不妊で悩んでいたある女性は、バイオハッキングで健康的に妊娠することができた。[6]

脳と、脳に関連する新技術に特化したコミュニティとしては、「ニューロテックX」があげられる。2015年に北米の大学で学ぶ学生たちが共同で設立した。現在、ニューロテックXは全世界に数百の支部と数千人のメンバーを持ち、ニューロテクノロジー愛好家が集まって共同でプロジェクトに取り組む「ハックナイト」などのイベントを主催している。科学をどの程度まで重視するかはコミュニティによってさまざまだが、多様な性格や背景を持つ人たちが集まっているので、探せば自分に合いそうな人がきっと見つかるだろう。

メンバーの構成はアメリカのテクノロジー界に集まる人たち（白人、男性、エンジニアリングの専門教育を受けている、かなり裕福）をほぼ反映しているが、多様な人種、ジェンダー、職業の人たちも増えている。

彼らに共通するのは好奇心であり、そして自分に関するデータを理解すれば、さまざまな思い込みや偏見から自由になれるという信念だ。

・脳のフリーズを予防する――ケーススタディ2

２０１２年、あるＮＰＯでアナリストを務めるスティーヴン・ジョナスが、「ストレスが脳のパフォーマンスに与える悪影響を軽減する方法」についてのスピーチを行った。[7]

彼がこの問題意識を持ったのは、仕事中によく脳がフリーズすることに気づいたのがきっかけだった。そして脳がフリーズすると、彼は突然「逃避モード」に入り、ネットニュースをクリックしたり、糖質たっぷりですぐにエネルギーが出るような間食に手を伸ばしたりする。ストレスが原因だとはわかっていたが、それだけでは問題の解決にはならない。

自分のストレス度を数値化することが必要だった。数値化できれば、きっとコントロールすることもできるはずだ。

調査の過程で、ジョナスは「心拍変動（ＨＲＶ）」と呼ばれるものの存在を知った。健康な人であれば、心拍の間隔はよく変動する（高ＨＲＶ）。脳からの信号の変化に、敏感に反応しているからだ。

数十年にわたる心臓と脳の関係についての研究からわかったのは、慢性的なストレスにさらされていると、心臓が脳からの信号にあまり反応しなくなるということだ。その結果、低ＨＲＶという状態になる。

そこでジョナスは、自分のＨＲＶを追跡すればストレスを検知できるのではないかと考えた。それができれば、脳がフリーズする前に何か対策が打てるかもしれない。

心拍変動を計測するには、胸部にバンドを巻いたり、皮膚にセンサーをつけたりする必要がある。ジョナスは古いＨＲＶ計測器を改良し、ＨＲＶが下がると警告音が鳴るようにした。

HRVが下がる、すなわち心拍の間隔に変動がなくなるのは、ストレス度が上がっている証拠だ。

こうやって自己追跡を始めると、あるパターンが見えてきた。たとえば、メールは警告音のきっかけになることが多い。ある特定の人物からのメールはほぼ確実に警告音につながる。間もなく、彼は警告音が鳴るのを予測できるようになった。予測ができれば、ストレスを軽減させる介入を行うこともできる。彼が選んだのは呼吸のエクササイズだ。

警告音のおかげで自己認識が高まった結果、脳のフリーズも減少していった。それにちょっとしたボーナスもあった。警告音が鳴るようなことをうまく避けられた日は、たいていエネルギーを残したまま仕事を終えているということにも気づいたのだ。

今こそニューロハッキングを始めるべき理由

ニューロハッキングの根幹は「自己追跡と自己実験」であり、そして人類の歴史で今ほどこの2つがやりやすくなった時代は存在しない。

スマートフォンとアプリがあれば、自分のデータを自動で集めることができる。実験の結果を記録したいなら、無料の表計算ソフトを使えばいい。さまざまなテストや介入も自宅にいながら注文することができる。記録するならやはり紙と鉛筆がいいという人も、オンラインコミュニティに参加してアドバイスをもらったりすることができる。

また医学の世界でも、本書の調査を始めた10年前に比べると自己追跡への理解が深まっている。それはつまり、自己追跡や自己実験の結果を医師に伝えてもかまわないということだ（むしろ伝えなければならない！）。

医師はそのデータを参考にして、よりあなたに合ったケアを考えることができる。

・ブレインフォグを解消する――ケーススタディ3

２０１４年の夏の終わり、臨床研究者でトライアスリートのマーク・ドラングショルトがある「自己数値化の会議」でスピーチを行った[8]。

彼はかつて「ブレインフォグ（頭にモヤがかかったようになり、思考や集中が難しくなる症状）」に悩み、医師に相談していたという。当時の彼は、言葉が思い出せず、大事な情報を忘れ、集中力も落ちていた。

ブレインフォグにはさまざまな原因があり、それにドラングショルトはだいたいにおいて健康体だったので、医師もどうしたらいいのかわからなかった。そこでドラングショルトは自力で解決しようと決意する。

まず、民間の検査機関で「遺伝子検査」と「血液検査」「認知テスト」を受けてデータを収集する。これらの多種多様なデータで武装すると、彼はまた医師のもとを訪れた。そして医師と協力し、ついにブレインフォグの原因をつきとめることができた。

原因は、脳の大切な部位で血管が細くなっていたことだったのだ。そこでコレステロール値を下げる働きをするスタチンを処方してもらうと、ブレインフォグの症状は消えた。

ドラングショルトやこの医師は、ブレインフォグに悩むすべての人にスタチンをすすめるだろうか？　もちろんそんなことはない。ドラングショルトが自分に合った介入を見つけることができたのは自己追跡のおかげだ。

自己実験から生まれる知識は力になる。ドラングショルトも、自分に対する知識を深め、その結果としてブレインフォグから解放されることができた。

ニューロハッカーの信条

ニューロハッキングの世界に多くのルールは存在しないが、安全で効果的なニューロハッキングのための4つの原則なら存在する。

私はそれを「ニューロハッカーの信条」と呼んでいる。

1　自己実験をデザインする

ニューロハッカーは、他の誰かがそう言ったという理由だけで、何らかの介入が自分の脳のパフォーマンスを向上させると信じることはない。彼らはそれを試す前と後で自分の脳のパフォーマンスをテストする。

このテストと評価のプロセスによって、自分でコントロールしながら自己理解と自己向上への道を進んでいく。

2　テストと介入を慎重に選ぶ

ニューロハッカーは好奇心旺盛だが慎重派でもある。できるかぎり確実で信頼できるテストを選び、自分に対してテストを行ってから何らかの介入を実際に試してみる。似たような効果を約束する2つの介入があるとしたら、ニューロハッカーは副作用がもっとも少ない介入を選ぶ。

3　自己実験の結果を一般化しない

ニューロハッカーは、人間はみな同じではないということを知っている。脳が違い、ライフスタイルが違い、目的が違う。もっとも成功した自己実験とは、その人にもっとも特化した手法だ。

ニューロハッカーも、お互いの結果や、大規模な研究から学ぶことはできるが、同じ手法を行った2人の人間の結果がまったく同じになるとは決して考えない。

4　単独で活動する必要はない

ニューロハッカーは、教師や医師、セラピスト、その他の専門家と共働して自己実験をデザインする。ニューロハッカーは、自分の自己実験を完全に自分のものにしているが、仲間と協力することもできる。

冒険を共にする仲間も、自分だけのニューロハッキングの道を歩くニューロハッカーだ。ペア、あるいはグループになったニューロハッカーは、お互いが説明責任を果たし、自己科学をパーティに変える！

ニューロハッカーの具体的な姿がだいたいわかったところで、自分はどこから始めればいいのだろうと悩んでいる人もいるかもしれない。また、そもそも脳をアップグレードするとはどういうことなのかがわからない人もいるだろう。

ではどんな物理的な証拠があれば、脳がアップグレードされたと言うことができるのだろうか？　次の章でこれらの質問について考えていこう。

この章で学んだこと

1　ニューロハッキングは大きく２つの行動に分けられる。１つは、現在の脳のパフォーマンスを計測すること。そしてもう１つは、自分の脳をアップグレードするためにさまざまな介入を試すことだ。前者では自己追跡を用い、後者では自己実験を用いる

2　自己追跡、自己実験、バイオハッキングを行うオンラインやオフラインの集まりはたくさんあり、新規のニューロハッカーも、参加するコミュニティやさまざまなアイデアを見つけることができる

3　ニューロハッカーの信条には４つの原則がある

①自己実験をデザインする
②テストと介入を慎重に選ぶ
③自己実験の結果を一般化しない。他人はもちろん、未来の自分にも当てはまらない可能性があることを知っている
④単独で活動する必要はない

第3章

科学的なエビデンス

人生のすべては恐れるためではなく、理解するために存在する。今こそ理解をさらに促進するべきだ。そうすれば恐怖を減らすことができる。

——マリー・キュリー

▼投資時間　11分
▼ゴール　脳のアップグレードのしくみと、それを裏づけるエビデンスを理解し、自分自身のニューロハッキングのゴールについて考え始めること

この章では、脳は変わるということについて見ていく。脳はどのように変わるのかを説明し、そのエビデンスを提示する。また、人によって大きく異なる「脳の変化を計測する方法」についても見ていこう。

研究を始めたばかりのころは、私もよくこの疑問が浮かんできた。

脳は本当に変化するのか？

これはよくある「遺伝か、環境か」という問題とも関連している。自分の知能のうち、どこまでが遺伝で、どこまでが環境の影響なのだろう？　この環境のなかには、ニューロハッキングを用いて自分でつくり出した環境も含まれる。

現在、広く使われているＩＱテストの１つを考案したアラン・カウフマンは、１９９７年からイェール大学医学部子供研究センターの臨床心理学教授を務めている。

彼によると、「個人のＩＱで遺伝と環境が果たす役割については、遺伝が50パーセント、環境が50パーセントと推定するしかない。科学ではそれが限界だ」とのことだ。[1]

環境が脳に与える影響を調べるために、カウフマンの研究チームは「一緒に暮らしているきょうだい」と「お互いに離れて暮らしているきょうだい」のＩＱを比較するという手法を用いた。

その結果、一緒に暮らしていても、血のつながっていないきょうだい（たとえば養子など）の場合、お互いのＩＱには相関性が認められる（相関係数は０・２８）。

しかし大人になって別々に暮らすようになると、ＩＱの数値も違ってくるようだ。環境を共有しなくなってからは、ＩＱの相関係数はわずか０・０４まで低下する。[2]

もちろん、こういった発見にも限界はある。1つは、これが「観察研究」であることだ。普通に生活する人を観察した研究で、研究者がコントロールできるラボでの研究ではない。観察研究では、科学者はただ起こったことを記録するだけだ。そして、あることが起こった後に起こることに何らかのパターンが認められたら、それを記録する。そしてそのパターンが起こる頻度が十分に高ければ、その2つの出来事の間には相関関係があると考えられる。

因果関係があると断言するには、適切な実験を行わなければならない。もちろんこの場合は、そのような実験を行うのは倫理に反するだろう。他にも、IQという基準の問題もある。IQが計測できる知能は限定的で、しかも知能の指標としてはかなり不完全だ。

とはいえ、以上のような問題はたしかにあるが、IQの相関関係についての研究は私たちに勇気を与えてくれる。それは、IQは遺伝だけでは決まらないということだ。環境によって変わることは可能であり、実際に変わっている。正しい環境を整えれば、向上できると考えるのが妥当だろう。言い換えると、ニューロハッキングの出番は間違いなくあるということだ。

しかし、脳の変化において、環境は具体的にどの程度の影響力を持っているのだろうか？環境が私たちの肉体に影響を与えるしくみについては、実にさまざまな形があると考えられている。そしてもちろん、脳も肉体の一部だ。

たとえば、環境が変わると「遺伝子の発現」も変わる（エピジェネティクスという分野の研究でわかったことだ）。

他には「マイクロバイオーム（微生物叢）」からの影響もある。マイクロバイオームとは、人間、動物、植物といった生物の周りや、土壌や水、空気などの自然環境のなかに存在する「微生物の集合体」のことだ。

そういった微生物の生態系が、私たちの気分やエネルギーのレベルに影響を与えると考えられている。マイクロバイオームの影響は、たとえば食べ物やストレスなどによって変化することがある。

そして最後に、もっともよく指摘されるのは、人間の脳が経験に応じて物理的に変化することだ。

神経可塑性とは何か？

ここではあまり専門的な話はしないつもりだが、それでも脳の物理的な変化に関するエビデンスを理解しておいて損はないだろう。

「神経可塑性」とは、「学習や新しい経験、負傷」などに呼応して、脳がその物理的な構造を変化させることだ。「ネガティブな物事（子供のころのつらい経験、ストレスなど）」と

「ポジティブな物事（学習機会など）」に応じて、脳は神経のつながりをつくりかえることができる。

ニューロハッカーは、学習を通して脳を変えることを目指している。

人間の脳は、学習に反応してある決まった変化を起こす。たとえば２０１４年、韓国の研究チームが３つのグループを対象に脳画像を使った研究を行った。３つのグループは、アーチェリーの経験がまったくない大学生、大学生のアーチェリー選手、そしてアーチェリーのオリンピックメダリストだ[3]。

未経験者が「頭のなかで矢を放つところをイメージする」と、脳が広範囲にわたって活性化する。対して大学生のアーチェリー選手は脳の使い方がもっと効率的で、活性化する範囲は限られている。そしてオリンピックメダリストは活性化する脳の範囲がもっとも狭かった。

ニューロン同士の結びつきは「配線」と呼ばれる。

神経科学の世界には、「共に発火するニューロンは共に結びつく」「同調性を失ったニューロンはつながりを失う」という表現がある。これはニューロンがつながったり離れたりするしくみを説明した言葉だ。ピアノの弾き方を覚えたり、初めてある方程式を覚えたりすると、脳のなかではニューロンの新しいつながりが生まれているのだ。

ニューロン同士の新しいつながり（配線）は「シナプス形成」と呼ばれる。

新しいタスクを学習するとき、脳内では近くにあるニューロンが助けに駆り出される。タスクの学習で主要な役割を果たすニューロンと、その近くにいて手が空いているニューロンが協力して活動するということだ。

学習によってタスクの習熟度が高まると、脳の大きな部位同士のコミュニケーションが変化するだけではなく、タスクの学習を達成するために使われる部位そのものも変化する。

実際に脳の物理的な変化が観察された学習の例は、「楽器の演奏を習う」[4]「ジャグリングを習う」[5]「ある街の車で走れる道を覚える」[6]、司法試験[7]や医師国家試験[8]のために「丸暗記する」「トークセラピーを受ける」[9]などがある。

脳はつねに新しいつながりをつくっている

脳が変化するのは、新しいタスクを学習するときだけではない。環境や経験にも応じて変化する。

ＭＩＴで私と同じ学部で教授を務めるセバスチャン・スンから、私は「コネクトーム」の力を教えてもらった。コネクトームとは、「すべての神経細胞が接続した神経回路の全体像」のことだ。

アメリカと台湾の研究者が数百人を対象に研究を行った結果、人間の脳は１００日前に比べて平均して12パーセント以上変化することがわかった。[10]つまり、脳には神経の配線を変える力があり、少なくとも部分的には、大人になってからでも学習して変化するのは可能だということだ。これもまた、意図的な脳のアップグレードは可能だという証拠になる。

問題は、自分の望み通りに配線を変えるにはどうするかということだ。

脳の変化を計測する方法

その問いに答えるには、脳のパフォーマンスを測定する方法を理解する必要がある。方法は2つある。「行動的測定」と「生物学的測定」だ。

・行動的に脳のパフォーマンスを測定する

脳のパフォーマンスを行動的に測定する自己実験で私がおすすめするのは、知識量ではなく「脳の能力が計測できる」もの、そして「くり返し使える」ものだ。

ここで私たちニューロハッカーが目指すのは、「テストを利用して自分の進歩を計測する」ことなので、くり返し使っても正確な結果を出してくれるテストでなければならない。1回しか使えないテストでは、時間の経過によるパフォーマンスの変化を計測することはできないからだ。

慣れてくるといい結果が出せるようになるテストでは、前より点数が上がったからといって、それが必ずしも進歩を意味するとは限らない。

この問題を避けるためによく使われるのが、「視覚のパズル」や「ゲームのテスト」だ。この本では、それらのテストの短いバージョンを紹介している。くり返し使えて自己実験の効果を計測できるテストを選んだ。テストについてはPART2でさらに詳しく見ていこう。

また、本書では使わないほうがいいテストも紹介している。

たとえば、一般的によく使われている「性格診断」や「知能テスト」の多くは、くり返しの使用ができず、文化的なバイアスもある。つまり、ある文化に特有の言葉を知らないという理由だけでスコアが低くなることもあるのだ。

たとえば、大学入学統一テストであるSATで実際に出題された問題を見てみよう。SATはIQテストと高い相関性があり、かつては文化的なバイアスも強かった。

問題　「ランナー：マラソン」と同じ関係の組み合わせを以下から選ぶ

（A）特命全権公使：大使館
（B）犠牲者：虐殺
（C）オアズマン：レガッタ
（D）馬：馬小屋

ここでの正解は（C）だ（「オアズマン」はボートを漕ぐアスリートで、「レガッタ」はボートレースのこと）。レガッタに馴染みがあるのは主にアッパークラスの一部であり、それ以外でレガッタを知っている人は多くない。

このような問題は、後に文化的バイアスを理由にテストから削除された[11]。この本でも避けるようにしている。

・生物学的に脳のパフォーマンスを測定する

脳内の電気活動の変化など、「脳の物理的な変化を計測する」ことが、おそらくニューロハッキングの未来になるだろう。脳画像を撮影できる安価なウェアラブルデバイスはすでに存在するので、この分野のエキサイティングな未来を想像することができる。おそらく将来的には、自分の脳の活動をリアルタイムで観察できるようになるだろう。

脳画像はまた、ＡＤＨＤの診断でも活用されてきた。たとえば小児科では、ＡＤＨＤの診断が確定した子供の脳波と比較するという診断法が使われていて、もちろんＦＤＡ（アメリカ食品医薬品局）の認可も下りている[12]。

とはいえ、医療レベルで使用される「生物学的な脳パフォーマンス測定法」は、まだ十分に進歩していないか、あるいは家庭で簡単にできるような方法ではないかのどちらかだ。

そのため、現時点でニューロハッカーである私たちに残されるのは、主に「行動的な測定法」ということになる。

自分に合うニューロハッキングのゴールを賢く選ぶ

ここまで読んで、あなたは疑問に思っているかもしれない。

そもそもニューロハッキングは何を目指しているのだろう？　脳のアップグレードとは、具体的にどんなことを指しているのか？　その答えは、「人によって違う」だ。

あなたの脳をアップグレードするときに主導権を握るのは、ニューロハッカーであるあなただ。自分で自己実験をデザインし、何が自分の脳のパフォーマンスを最適化するかを自分で決めなければならない。自分の何かを変えることが可能だからといって、必ず変えなければならないというわけではない。

最近、「ニューロダイバーシティ」という言葉が盛んに使われるようになったので、あなたも聞いたことがあるかもしれない。これは文字通り「脳の多様性」という意味であり、人間の脳は人によって大きく違い、それぞれが個性だとする考え方だ。

髪の毛の色、肌の色、瞳の色は人によってさまざまだが、脳にはさらに大きな多様性がある。そのため、脳のパフォーマンスも個人差がとても大きいかもしれない。まったく同じ脳は2つとして存在しない。一卵性の双子でも脳の構造は異なるのだ。

最近の脳画像データによって、脳の配線パターンは人によって異なり、指紋のように個人を特定できることがわかった[13]。まったく同じ遺伝子情報を持つ一卵性の双子も、脳の配線は同じではないという[14]。時間が経過して脳の構造が変わっても、個人の特定は可能だという。

アメリカと台湾で行われた研究によると、一卵性双生児の脳の配線は13パーセントしか一致しないという。参考までに、二卵性の双子やきょうだいの場合、脳の配線が一致するのは5パーセントほどだ[15]。

脳の電気パターンも、指紋のように個人を特定できるという説もある。

ある実験によると、ある集団に同じ画像（ピザ、ボート、俳優のアン・ハサウェイの写真、「難問」という言葉）を見せたところ、脳の反応が一人ひとりでまったく違っていたので、研究者はその反応から100パーセントの確率でどの人物か当てられたという[16]。

ニューロダイバーシティという考え方は、科学的な動きだけでなく、社会運動のきっかけにもなった。思考や態度が「普通ではない」というレッテルを貼られた人たちが集まり、自分たちの脳の「特性」が受け入れられることを求めて行動を起こしたのだ。

そのなかでもっとも大きいグループの1つを形成しているのは、自閉症スペクトラムと診断された人たちだが、ＡＤＨＤや双極性障害、ディスレクシアなど、その他多くの障害や症状と診断された人たちのグループもある。彼らが求めるのは、自分たちの特性が病気ではなく、個性として受け入れられることだ[17]。

彼らの主張によると、彼らは脳の配線が違うだけであり、それが必ずしも悪いことだとは限らない。ある特定の条件下では、いわゆる「定型発達」の人たちよりも、有利に働くこともある。

また彼らは、現在のところ「障害」というレッテルを貼られている症状も、人類がさまざまな環境で生き残るために発達した特性であると説明できるかもしれない、とも主張している。肌の色の違いが、住んでいる場所の太陽光の量の違いで説明できるのと同じようなものだ（赤道近くでは強い太陽光から肌を守るために黒い肌になり、北部では太陽光からより多くのビタミンDを生成できるように白い肌になった）[18]。

たとえば、ＡＤＨＤと診断された人のなかには、自分たちは高度なスキルを持ったハンターの末裔だと主張する人たちもいる（つまり、狩猟と採集の時代に狩猟を担当した人たちだ）。ＡＤＨＤの人の多くは、強度の低い（退屈な）タスクを多数こなすのが苦手だが、普通の人にとっては緊張感が高すぎるような状況で、並外れた集中力を発揮することができる。そういった特性が、獲物を追いつめるときに大いに役に立つのだろう。救急医療の医師にＡＤＨＤが多いのも、それで説明できるかもしれない[19]。

同じように、いわゆる「夜型」と呼ばれる人たちも、他の人が寝ている時間に起きていることで群れの助けになったと考えられている。興味深いことに夜型の人たちは、もっとも調子が出る時間（すなわち夜）に脳の検査を受けると、さまざまな脳の機能で高いスコアを出すという。それも夜型以外の人が、その人たちにとってもっとも調子の出る時間に受けたときの数値よりも高くなるのだ。[20]

あなたもニューロハッキングの旅を続ける過程で、自分の脳の特性が不利に働くのではないかと感じることもあるかもしれない。そんなときは、すぐに「矯正」しようとするのではなく、まずはその特性のいい面を探してもらいたい。

もしかしたらこっそりと役に立っているかもしれない！

自分の脳なのだから、どこをアップグレードするかはあなたが自由に決めることができる。しかし個人的には、自分を周りと同じ存在にするためにニューロハッキングを利用してほしくない。この世界には、問題もチャンスもたくさんある。もしかしたらあなたの脳は、そのなかの1つに最適化されているのかもしれない。

私がおすすめしたいニューロハッキングの活用法は、脳の自分らしさを維持しながら、よりよい自分になることだ。

脳をアップグレードする具体的な方法を理解するには、まず自己実験をマスターしなければならない。それは次の章で見ていこう。

この章で学んだこと

1　脳画像の解析によって、人間の脳は意図的にアップグレードできることがわかった（大人になってからでもそれは可能だ。脳の配線は時間の経過とともに大きく変化する。専門家によれば、人間の知能を決めるのは50パーセントが環境で、50パーセントが遺伝だ。ニューロハッキングは意図的に環境を変える技術なので、環境も知能に影響するというのは私たちにとっていいニュースだ）

2　人間は一人ひとり違う（たとえば指紋や脳のパターンは人によって違い、同じものは2つとして存在しない。脳はみな違うという事実はとても重要だ。誰でも使えることをうたったニューロハッキングに効果がない理由もこれで説明できる。ここでのカギは「パーソナライズ」だ）

3　ニューロダイバーシティも人間の多様性の一部だ（ニューロハッキングを利用して、自分をより「定型発達」に近づけることも、反対に自分の特性をさらに強化することもできる。どちらを選ぶかはあなた次第だ。あなたの脳なのだから、自分の好きなようにアップグレードできる）

第4章

自己実験の基本を学ぶ

自分の話している対象を計測し、数値化できれば、それについて何かを知ることができる。

——ケルヴィン卿

▼投資時間　12分
▼ゴール　ニューロハッキングの自己実験の方法を理解する

私はこれまで、ニューロハッキングの自己実験で何度も失敗している。

たとえば、始める前に脳のパフォーマンスを計測しておくのを忘れたことがある。あのときは実験が終わりに近づいて、初めて比較の対象の数値がないことに気がついた！

また実験の回数が少なすぎて、成果が出たのか、それともただの偶然なのか区別がつかなかったこともあった。

こうやって失敗を並べていけば、おそらくそれだけでこの章が終わってしまうだろう。しかし第4章の目標は、あなたが私と同じような失敗をしないですむようにすることだ。

では、さっそく始めよう！

この章ではニューロハッキングの自己実験の枠組みを見ていく。章の最後でスケジュール表のサンプルも提供している。きちんと枠組みを理解してから取り組めば、より効果的に脳のアップグレードを行うことができるだろう。正しい目標を選び、実験を正しく設計し、そして究極的にはより早く脳のアップグレードを達成できる。

それでは始めよう。変なことを言うと思われるかもしれないが、まず頭のなかで「はしご」を想像してもらいたい……。

自己実験に必要な4つのカギ

壁に立てかけたはしごを想像してみよう。

そのはしごには4つの段がある。そして壁の向こう側にあるのは、アップグレードされたあなたの脳だ。しかし困ったことに、あなたは壁のこちら側にいる。そのため、はしごを上って壁の向こう側へ行かなければならない。

はしごの段には、それぞれ次のようなことが書かれている。

・集中（Focus）
・選択（Selection）
・訓練（Training）
・反省（Reflection）

それぞれの頭文字を並べると「F－S－T－R」だ。私はこれを「ファスター（より速く）」と発音している。私が考える「ニューロハッカーのはしごの4つの段」とは、ニューロハッキングの自己実験に必要な4つのカギとなる段階を統合した概念だ。

そのはしごを上る前に、次の準備をしておこう。

1 研究ノートを用意する（ノートの選び方は第5章を参照）
2 可能ならニューロハッキングの仲間を見つける（人選と共同作業の方法も第5章を参照）
3 自分を「デバッグ」する（健康と脳のパフォーマンスの向上を妨げているボトルネックを見つける方法については第6章で詳しく見ていこう）

さあ、それではニューロハッカーのはしごを上っていこう。

まずは最初の段の「集中」だ。

・集中（Focus）

F－S－T－Rの最初に登場する「F」は「集中」だ。

これは目標に集中することを意味する。一度にあまりにも多くのことを向上させようとすると、時間が1日に15分ではとても足りなくなってしまう。時間は賢く使わないと、焦点のぼやけた実験しかできないだろう。

それにたくさんの落とし穴が、不注意なニューロハッカーを待ち受けている。たとえば、「バイアス」や「練習効果」「持ち越し効果」などだ。どの落とし穴も、それだけで実験の結果を正しく判断する妨げになる。そのリスクを軽減するための方法を紹介しよう。

1　目標を決める

目標を決めるには、まず現状を知る必要がある。

あなたの脳は、どんなことが得意で、どんなことが苦手だろう？

すでに見たように、脳のパフォーマンスは大きく4つの機能に分けられる（実行機能、情動制御、記憶と学習、創造性）。それぞれの機能を測定する方法についてはPART2で詳しく見ていこう。どの機能も、日々の脳のパフォーマンスと大きく関わっている。

ここでの問題は、自分自身の測定にはバイアスが大きく働くということだ。原因はエゴかもしれないし、あるいは願望が入り込むことかもしれないが、いずれにせよ人間は自分の能力を過大評価する傾向がある。逆に気分が落ち込んでいるときや、自己嫌悪に陥っているときは、自分を過小評価してしまうかもしれない。

ありがたいことに、この問題を解決する方法はいくつかある。

1つは、「さまざまな種類の計測法を用いる」こと。そのなかに客観性の高い計測法があれば、主観の影響をある程度までは抑えることができるだろう。

2 基準値に関するデータを集める

比較をするには「基準値」が必要だ。だから何らかの介入を実施する前に、まず自分の脳のパフォーマンスの基準値を測定しておかなければならない。

ニューロハッカーを待ち受ける落とし穴を覚えているだろうか?

ここでは「練習効果」という落とし穴が問題になる。体重を量る場合は、体重計に何度も乗るだけで体重が劇的に減ることはない。しかし認知能力のテストでは、何度もくり返すことで成績が向上する傾向がある。その理由はテストへの慣れであり、実際に認知能力が向上したわけではない。

この練習効果に対処する方法はいくつかある。1つは、実験プログラムの最初で認知テストを受け、それから十分に時間を空けてからフォローアップのテストを受けるという方法だ。2回目を受けるときにすでに問題を忘れていれば、練習効果の影響が出ることはない。多くの医師は、半年ほど間隔を空けることを推奨している。[1]

私がすすめるのはまた別の方法だ。この方法を知ったきっかけは、グーグルのオンライン認知テスト「数値化された頭脳」の構築に携わった研究者のヨニ・ドナーが使っていたことだった。[2]

この方法では、自分の答えが安定するまで何度もテストを受けることになる。1週間以内に「集中」の段階を終わらせ、それぞれのパフォーマンスを計測するテストを約5回ずつ実施する。[3]ここでは2番目に高いスコアを保存する。最高スコアはまぐれかもしれないからだ。2番目のスコアがあなたの基準スコアになり、このスコアを超えることを目標に自己実験を行っていく。

介入に効果があることをたしかめるもう1つの方法は、日々の生活の変化に注目することだ。ここでは第12章に登場する「人生満足度スコア」と「有言実行スコア」を利用する。

この2つのスコアを見ることで、現在の基本的なQOL（クオリティ・オブ・ライフ：生活や人生の質のこと）と生産性レベルがだいたいわかるようになっている。

自己実験の前と後でそのスコアを比較すれば、ニューロハッキングの成果を実際に目で見て判断することができる。

あることの後で別のことが起こったからといって、必ずしもあることが別のことの原因になっているわけではない（つまり、相関関係と因果関係は違う）。とはいえ、人生満足度スコアと有言実行スコアが上昇し、脳のパフォーマンスも向上していたら、おそらくニューロハッキングの効果が出たからだと言うことはできるだろう。数値化については、第12章「自分の人生を採点する」でさらに詳しく見ていこう。

・選択（Selection）

F－S－T－Rの「S」は選択（Selection）だ。これは自己実験に使う介入を選ぶことを意味する。この段階で行うのは、介入の選択と実験の準備だ。具体的な行動を説明しよう。

1　介入を選ぶ

具体的な介入の方法についてはPART3と4で紹介している。ほとんどの研究は一度に1つの介入を使うことが前提になっているが、複数の介入を組み合わせて使ってもかまわない。

たとえば、フィンランドで行われたある大規模な「ランダム化比較試験」では、数千人の高齢者を対象に、食生活の改善や運動、コンピューターを使った認知訓練、健康観察を組み合わせた介入を実施したところ、認知能力の大きな向上が認められた。[4]

とはいえここで注意してもらいたいのは、スタンフォード大学教授で友人のイリーナ・スカイラー＝スコットが「キッチンシンク方式」と呼ぶこの組み合わせ方式を使った場合、どの介入がいちばん効果があったのかがわからないということだ。[5]

それでも、そのキッチンシンク全体の効果を判定することならできるだろう。

2　自己実験を選ぶ、あるいは自分でデザインする

この段階であなたが自分でやることはほとんどない。ＰＡＲＴ５で、さまざまな自己実験の方法を目標のレベルごとに分類して紹介しているからだ。

さらに費用や難度、必要な道具、具体的な手順といった情報も提供している。どの実験も所要時間はだいたい15分ほどで、費用は無料から最高でも３００ドル程度だ。

ここでもう一度、ニューロハッカーの落とし穴のリストを見てみよう。

私たちを待ち受ける最後の落とし穴は「持ち越し効果」だ。持ち越し効果とは、以前に行った実験の効果が消えず、今行っている実験に影響が出るために、どの介入に効果があったのかわからなくなることだ。

対処法はいくつかある。１つは、実験の間隔を十分に空けること。この間隔は「ウォッ

シュアウト期間」と呼ばれる。[6] しばらく何の介入も行わないことで前の介入の効果をウォッシュアウト（洗い流す）すれば、クリーンな状態で次の介入を始めることができる。この章の最後で紹介する自己実験のカレンダーにはウォッシュアウト期間も含まれている。

とはいえ、この本で紹介する自己実験のほとんどは、介入ごとにすぐに現れる効果を比較する形でデザインされているため、長期にわたる効果を評価することには向いていない。

たとえ前の日に行った介入の効果がまだ続いているとしても、今終えたばかりの介入の効果のほうが、前の日から続く効果よりもはるかに強いと考えられるからだ。

自己実験のほとんどが目指しているのは、「15分で脳のパフォーマンスを高めるには、どの介入が自分にとってもっとも効果があるか？」という問いに答えることだ。

介入の効果は、介入の直前と直後のスコアを比較することで判断する。

①ランダム化スケジュールを選ぶ

ここでもっともシンプルな選択肢は、2つの介入を1日ごとに行うことだ。しかしこのやり方には、「構造的バイアス」と呼ばれる問題もある。

たとえば、介入Ａ（10分間のエクササイズ）を毎週月曜日に行っていて、月曜日はいつもストレスが大きいとしよう。それに加えて、介入Ｂ（10分間の瞑想）を毎週土曜日に行っていて、土曜日はたいてい楽しいことをしている。

この場合、介入の効果と、特定の曜日の事情を切り離して考えるのは難しい。そのため、介入Ａ（運動）よりも、介入Ｂ（瞑想）のほうが効果があると判断してしまうかもしれない。

この構造的バイアスを避けるには、「非復元抽出」と呼ばれる統計の手法を使うという方法がある。これは「一度抽出したサンプルは母集団に戻さない」という意味だ。

具体的に説明すると、介入Ａを赤いビー玉、介入Ｂを青いビー玉として、介入を行う回数分だけ袋に入れる。介入を行う前に袋からビー玉を取り出し、その色に従ってその日の介入を決める。一度取り出したビー玉はもう袋には戻さない。

ここでのカギは、選ぶ前はどちらの介入を行うか自分でもわからないということだ。直前までどちらをやるのかわからないのはスリルがあり、楽しみの要素を加えてくれる。この方法には欠点もあるのだが、それについてはＰＡＲＴ５で詳しく見ていこう。

②実験プログラムの長さを決める

偶然の要素を排除するには、介入を複数回にわたって行う必要がある。具体的な回数は、介入の効果の強さと、偶然と本物の効果を見分けるのがどれくらい難しいかによって決まる。

この本で紹介されている介入は、それぞれ15回から30回は行うことをおすすめする。毎日介入を行うのであれば、１回の四半期（３カ月）で複数の自己実験を行うことになるだろう。さらに詳しいことはＰＡＲＴ５で見ていく。

③実験の道具を買う、または自作する

自己実験の準備の段階で必要な道具のリストを確認し、買うか、あるいは自作する。

・訓練（Training）

F－S－T－RのTは訓練（Training）だ。これは脳の訓練を意味する。ここでは手順に沿って実際に介入を行うことになる。必要な行動を紹介しよう。

1　手順に沿って決められた時間だけ実施する

自分で選んだランダム化比較試験を実施する。実験の前後の数値を計測し、研究ノートに記録する。

2　「ウォッシュアウト期間」をおき、その間もデータを収集する

前にも見たように、ウォッシュアウト期間をおくことで、持ち越し効果を消すことができる。とはいえ、その間も脳のパフォーマンスを計測するテストは継続し、介入を行わないときの状態も把握しておかなければならない。

ここでの目的は、訓練期間に行ったテストだけでなく、訓練しない期間に行ったテストでも向上しているのか確認することだ。また、ライフスコアの再評価も行う。最後に4つの自

己評価をすべて実施し、他の領域における脳のパフォーマンスも向上したかどうか判断する。

・反省（Reflection）

F－S－T－RのRは反省（Reflection）だ。基準期間（介入前）、介入期間、ウォッシュアウト期間それぞれのデータを集めてふり返る。

この段階で行うことは次の通りだ。

1　データをグラフ化する

ある介入に効果があったかどうかざっくり把握したかったら、データをグラフ化するとわかることがたくさんある。グラフにすれば、どの介入にいちばん効果があったかひと目でわかるので、その結果をふまえて、両方の介入を続けるのか、どちらか1つはやめるのか、あるいは次の実験ではまったく新しい介入を試すのかといったことを判断できる。

ただ数字を計算するのではなく、グラフで視覚化することをおすすめしたい。詳しいことはPART5で見ていこう。

2　データを解析する

グラフよりも数字を使って判断したいという人には、とてもシンプルな手法を紹介しよう。実験期間（基準期間、介入期間、ウォッシュアウト期間）それぞれのスコアで2番目に高いものを選び、互いに比較する（ここで2番目に高いスコアを選ぶのは、最高スコアはまぐれの可能性があるからだ）。

もっと本格的に解析するには、統計学の手法を用いる。平均値と標準偏差を計算し、信頼区間（母集団の真の値が含まれる確率がかなり高い数値範囲）を自分の基準値とする。介入期間とウォッシュアウト期間のスコアでも同じ計算をする。そして最後に、それぞれのスコアを比較する。しかし、自己実験ではこれらの数値を間違って解釈してしまうことも多い。

数値よりもグラフのほうがデータを正確に解析できる理由については、ＰＡＲＴ５で詳しく説明している。

3　次の行動を決める

データに基づき、同じ目標を目指すのか、それとも新しい目標を設定するのかを決める。次の自己実験で使う道具についてもここで決める。同じものを使うのか、それとも違うものを使うのか。

自己実験のカレンダー

ニューロハッキングの自己実験では、どのようなスケジュールで自己追跡や介入を行うのだろうか？

サンプルを参考にしながら具体的に見ていこう。実験の長さは、早く結果を知りたいという気持ちと、正確な結果を知りたいという気持ちのトレードオフで決まる。

期間を短くすれば早く結果を知ることができるが、正確性が犠牲になるかもしれない。

この本ではさまざまな実験を紹介しているが、長さは内容によって違う。

次ページで紹介しているカレンダーは一般的な例だ。各段階（基準期間、準備期間、介入期間、ウォッシュアウト期間、反省期間）にかかるだいたいの時間がつかめるようになっている。

途中で意味のわからない表現も出てくるかもしれないが（たとえば「自己デバッグ」など）、第6章から第12章で詳しく見ていくので安心してもらいたい。

	水曜日	木曜日	金曜日	土曜日
	基準期間&人生満足度	基準期間&有言実行	基準期間	基準期間
	ー目標分野の脳パフォーマンステストを受ける(任意:HL追跡) ー人生満足度スコアの評価	ー目標分野の脳パフォーマンステストを受ける(任意:HL追跡) ー有言実行スコアの評価	ー目標分野の脳パフォーマンステストを受ける(任意:HL追跡、有言実行追跡)	ー目標分野の脳パフォーマンステストを受ける(任意:HL追跡、有言実行追跡)
	□	□	□	□
	ー必要な道具の購入・作成(任意:有言実行追跡)	ー必要な道具の購入・作成(任意:有言実行追跡)	ー必要な道具の購入・作成(任意:有言実行追跡)	ー必要な道具の購入・作成(任意:有言実行追跡)
	□	□	□	□
	休息	エクササイズ	休息	エクササイズ
	ー実施前テスト、休息、実施後テスト ー有言実行追跡	ー実施前テスト、エクササイズ、実施後テスト ー有言実行追跡	ー実施前テスト、休息、実施後テスト ー有言実行追跡	ー実施前テスト、エクササイズ、実施後テスト ー有言実行追跡
	□	□	□	□
	ー脳パフォーマンステストを受ける	ー脳パフォーマンステストを受ける	ー脳パフォーマンステストを受ける	ー4つの脳パフォーマンス自己評価をすべて実施する(調査)
	□	□	□	□
	新しく集中する分野を選ぶ	介入を選ぶ	介入プログラムを設計する	必要な道具の購入・作成
	□	□	□	□

サンプルプログラム	日曜日	月曜日	火曜日	
第1週： 基準期間—集中	脳のパフォーマンスの向上目標を決める	自己デバッグ	基準期間	
	ー脳のパフォーマンスを計測する4つのテストをすべて実施する ー研究ノートを用意する	ー健康・ライフタイル（HL）調査を受ける	ー目標分野の脳パフォーマンステストを受ける（任意：HL追跡）	
	☐	☐	☐	
第2週： 準備期間—選択	ー実験手法を選ぶ（任意：有言実行追跡）	ー実験手法を選ぶ（任意：有言実行追跡）	ー必要な道具の購入・作成（任意：1有言実行追跡、2ニューロハッキング仲間を見つける）	
	☐	☐	☐	
第3週～第10週： 介入期間—訓練	エクササイズ	休息	エクササイズ	
	ー実施前テスト、エクササイズ、実施後テスト ー有言実行追跡	ー実施前テスト、休息、実施後テスト ー有言実行追跡	ー実施前テスト、エクササイズ、実施後テスト ー有言実行追跡	
	☐	☐	☐	
第11週： ウォッシュアウト期間	ー脳パフォーマンステストを受ける ー人生満足度スコアの評価	ー脳パフォーマンステストを受ける ー有言実行スコアの評価	ー脳パフォーマンステストを受ける ーHL調査を受ける	
	☐	☐	☐	
第12週： 反省期間—反省	介入のデータをグラフ化する	ウォッシュアウト期間のデータをグラフ化する	介入、ウォッシュアウト、基準期間のグラフを比較する	
	☐	☐	☐	

お疲れさまでした！　これであなたは、重要な難所を1つ超えたことになる。

今のあなたは、自己実験がどんなものか知っている。「集中・選択・訓練・反省（F-S-T-R）」のはしごを上り、脳がアップグレードされた自分になる方法も知っている。

ここであげたスケジュールの例が、あなたの旅の助けになることを願っている。

しかし、これは単なる一例であることも忘れないでもらいたい。

すべての実験が12週間かかるわけではなく、もっと早く終わるものもあれば、もっと長くかかるものもあるだろう。

また、もちろん細心の注意は必要だが、すべてをコントロールできるわけではないということも受け入れなければならない。たとえば、フルマラソンを走ったばかりの状況であれば、10分のエクササイズの効果を計測してもあまり意味はないだろう。

そこは臨機応変に判断してもらいたい。

実験中は観察したことを記録し、そして過程を楽しもう。

新しい冒険はすべてそうであるように、迷ったり、やる気がなくなったりすることもあるに違いない。そこで次の章では、たとえ厳しい状況でもモチベーションを保って続けていける方法を見ていく。

この章で学んだこと

1 ニューロハッカーの「はしご」には、「集中・選択・訓練・反省（F−S−T−R）」の4段がある

2 ある種の技術的な落とし穴によって、自己実験の信頼性が下がることがある。各種のバイアス、練習効果、持ち越し効果などが落とし穴だ

3 これらのリスクを避けるには、脳パフォーマンステストの方法、実験の間隔、自己実験の全体の長さなどを工夫するという方法がある

4 この章で紹介した自己実験カレンダーのサンプルは、実験スケジュールの一例として活用できる

第5章 モチベーションを保つ方法

準備に失敗することは、失敗の準備をすることだ。

――ベンジャミン・フランクリン

▼投資時間 11分

▼ゴール ニューロハッキングの実験の期間中、モチベーションを保ちながら計画通りに実験を進める方法を学ぶ

私は2011年以来、自分の新年の誓いと、人生全般の満足度の追跡を続けている。1月の最初の週に時間をつくり、前の1年をじっくりとふり返るのが毎年の決まりだ。現在のところ、これが私にとってもっとも長く続いている自己追跡プロジェクトになる。この期間中、私は転職を経験し、人間関係が変わり、住む場所が変わり、大学院に入学し、この本を書き、そして子供が1人できた。

他の自己追跡プロジェクトはいつのまにか消えていったのに、なぜこれだけはこんなに長く続いているのだろうか？　その理由を考えたところ、３つの習慣化のツールを使っていることに気がついた。それは次の通りだ。

1　専用のノートを用意する
2　成果を報告しなければならない仲間がいる
3　エビデンスのあるモチベーション維持のテクニックを活用している

この３つのツールを使うことで、自己追跡を続けることができた。そして必要なときには介入を行い、適切な頻度でデータを解析してその後の人生に生かすこともできている。

この章では、この３つのツールについて詳しく見ていこう。さらに、モチベーションや組織化に関する研究でわかったことなども紹介していく。

この章を読んで、あなたもぜひニューロハッキングを習慣化してもらいたい。

ニューロハッキング専用のノートを活用する

モニタリングは医療行為の一種だ。ただ記録して計測するだけで、現状への理解が高まり、向上につなげることができる。そのために必要なのが専用のノートだ。

このノートには、目標（向上したい脳のパフォーマンスなど）、選択（どの介入に挑戦するかなど）、毎日の活動などを記録する。

たとえば自己実験を行うときは、使った介入や、実験の日時を記録し、さらに実験に関して気づいたことは何でも書いておく。グラフや計算もこのノートに書く。

では、どんなノートを選べばいいのだろうか？

私が愛用しているのは、グーグル・スプレッドシートのようなオンラインの表計算ソフトだ。これなら自分のデータにどこからでもアクセスできる。プライバシーを気にする人は、デスクトップの表計算ソフトのほうが向いているかもしれない。

あるいは、昔ながらの紙のノートがいいという人もいるだろう。ただし紙を選ぶなら、グラフ化や計算もすべて手書きで行うことになる点は注意してもらいたい。

なおこの記録は個人情報なので、すべてのデータをパスワードで保護されたフォルダに保存することをおすすめする。ファイアウォールの設置、定期的なウイルススキャン、バックアップも行ったほうがいいだろう。

報告義務のある仲間を見つける

この本では「報告義務のある仲間」という表現を使っているが、「報告義務の連鎖」と呼んでもかまわない。これはつまり、自分の実験の経過をひとりに報告し、その人が別の人に報告し、その別の人がまた別の人に報告するという意味だ。

この連鎖は永遠に続くことができる！

・仲間を見つける理由

この本で紹介している実験を自分だけで行うことはもちろん可能だが、仲間を見つけたほうがもっと楽しく、効率的に実験を進めることができる。継続させるのも簡単になるだろう。「報告義務のある仲間」とは、実験の経過を報告しなければならない相手のことだ。この仲間がいれば、目標を達成できる確率が２倍近くになる。

２０１５年、ドミニカン大学カリフォルニア校の心理学者のチームが、目標を紙に書くことが目標達成率に与える影響を調べる研究を行った。期間は４週間だ[1]。

研究の結果からわかったのは、報告義務のある仲間がいて、さらに目標を紙に書いた参加者は、どちらか一方だけ行った参加者や、両方とも行わなかった参加者に比べ、目標の達成率がはるかに高いということだ。友達に目標について話し、毎週の報告を続けた人は、参加者のなかで目標達成率がもっとも高かった。

今から紹介する仲間の見つけ方を読んで、こんなのは当たり前すぎる、あるいは個人の考えが少し強すぎると感じる人もいるかもしれない。しかし、この本で紹介している方法に従えば、豊かなパートナーシップを楽しめるだけでなく、ニューロハッキングの成功率も上がることになるだろう。

・仲間の見つけ方

正しい仲間が見つかったら（報告義務のある仲間に適した人についてはまた後で見ていこう）、今度はその仲間と生産的な関係を築いていかなければならない。そのためのヒントをいくつか紹介しよう。

①生のデータではなく比較データを見せる

私はニューロハッキングの旅を仲間に話すのが大好きだが、生のデータを見せようとは思わない。あなたも同じように感じるなら、次の方法を試してみよう。

脳のパフォーマンスのデータを報告義務のある仲間に見せるとき、私は自分が「パーセント変化」と呼んでいるデータだけを見せるようにしている。これはつまり、基準値と比較して何パーセントの変化があったというデータのことだ。

見せるのは「何パーセント」の部分だけで、基準値も最新の値も相手は知らない。相手は「15パーセント増加した」「10パーセント減少した」という情報だけを受け取る。

仲間が具体的なスコアの数値を知ることは絶対にないが、それでもスコアの動きがわかれば適切なフィードバックを与えてもらうことはできる。

②「チェックイン」を習慣にする

新年の誓いを立てたときはやる気に満ちあふれているかもしれないが、月日とともにやる気はなえていくものだ。そこで仲間と私は、毎週同じ曜日、同じ時間に「チェックイン」と呼ぶミーティングを行うようにしている。このミーティングではお互い3つのことを行う。「前の週に行ったことの報告」「次の週の予定の報告」、そして「質問と話し合い」だ。

たとえば、「寝る前の介入を忘れないようにメッセージを送ってくれる?」、あるいは「運動にするか、それともニューロフィードバックにするか悩んでいる。どちらか私と一緒にやってくれない?」と、私から仲間に頼んだりする。

そして都合でミーティングをキャンセルする場合は、キャンセルしたほうが責任を持って次のミーティングの予定を決める。

③フィードバックはできるかぎりたくさん、そして優しく与える

励ましと、役に立つフィードバックをバランスよく与える。仲間と私は、お互いに相手の目標を優しく思い出させるようにしている。

正しく行ったフィードバックは、小言や批判のようには聞こえない。むしろやる気を鼓舞する働きをしてくれる。コミュニケーションの具体的な方法について、仲間と事前に話し合っておけば、お互いにとってベストなフィードバックの与え方を確立することができる。

個人的には「サンドイッチ型」と呼ばれるフィードバックがお気に入りだ。これは、建設的だが厳しい意見を、優しいほめ言葉で挟むというテクニックだ。あなたと仲間もいろいろ試して、自分たちにいちばん合ったフィードバックのテクニックを選んでもらいたい。

・どんな人を仲間に選ぶか

報告義務のある仲間を選ぶ場合は目的をはっきりさせ、それをお互いに確認しておく必要がある。私の場合は、最初に選んだ2〜3人の仲間はうまくいかなかった。私の経験から言えば、ロマンチックな関係にある恋人や配偶者、いつも大笑いさせてくれる昔からの友達は、必ずしも報告義務のある仲間には向いていないようだ。

今から数年前、ある友人と知り合い、その人が偶然にもすばらしい報告義務のある仲間になってくれた。以前の仲間たちと違うのは、関係がシンプルだったことだ。

お互いに同程度のやる気を持ち、毎週のチェックインにはきちんと準備して臨み、率直な意見を交換し、そしてお互いの成功（執筆やビジネスの目標を達成する）と失敗（部屋の掃除をするという約束を守らなかった）に責任を持つ。

このパートナーシップで成功の最大化を目指すなら、次の4つの領域で共通点があったほうがいい。

①モチベーション

モチベーションや目標の高さが同程度の仲間を選ぶ。ここでのカギは、お互いに本気の度合いが同じであること。ニューロハッキングに費やせる時間や、自分に望む変化の程度はお互いに近いほうがいい。もちろん本気度は同じでも、目標が同じである必要はまったくない。

②ワークスタイル

情報の扱い方が似ている人を選んだほうがうまくいく確率が高い。自分とワークスタイルが似ている人と組めば、やり方についての話し合いが減り、実際のプログラムに時間をかけられるようになる。

③経験

以前にも自己実験を行い、その結果に満足しているなら（たとえば、減量に成功した、新しい趣味、楽器の演奏、外国語を身につけたなど）、自分と同じレベルの経験がある人を仲間に選んだほうがいい。まったく初めてという人は、同じく初心者の人と組めば、お互いに協力しながら学んでいくことができる。あるいは自分よりも経験があり、他人の指導が好きだという人と組むという選択肢もあるだろう。

④信頼と敬意

報告義務のある仲間は、信頼できて、尊敬できる人でなければならない。自分の脳のパフォーマンスを報告する相手なのだから、信頼は絶対条件だ。ニューロハッキングは個人のプライバシーと大きく関わっている。

基本的に、お互い相手の幸福を願えるような関係であれば、目標を目指して励まし合うことができるだろう。とはいえ、この世でいちばん尊敬する人でなければ仲間に選べないわけではない。実際のところ、そうでないほうがうまくいくだろう。そもそもこの関係は、お互いに新しいことに挑戦し、失敗を報告し、そこから学んでいくためにあるからだ。

習慣を定着させる

新しく始める行動を長く続けるコツをいくつか紹介しよう。

①実行プランを作成する

目標の達成で成否を分けるもっとも大きなカギの１つは「実行プラン」の作成だ。実行プランとは、目標達成に向けての行動を、「どこで」「いつ」「どのように」行うかを決めたプランであり、さらに想定されるじゃまや障害への対処法も盛り込まれている。

ハーバード大学の研究チームによると、落第の危機にある学生に実行プランを作成させると、授業への出席率が向上するという。また、投票率向上運動でも実行プランが活用されていて、実際に成果を上げている。[2] ただ自分に向かって「私のプランはどうなっている？」と尋ねるだけで、驚くほどの効果があるようだ。

ニューロハッキングのプロジェクトで実行プランを活用するときは、まず自分に次の質問をしてみよう。

１　毎日のニューロハッキングを「**どこで**」行うか？
２　毎日のニューロハッキングを「**いつ**」行うか？
３　毎日のニューロハッキングを行うのに必要な道具は「**何**」か？
４　毎日のニューロハッキングの妨げになると予想される障害やじゃまは「**何**」か？　それぞれの障害やじゃまについて、それを防止するために自分にできることは「**何**」か？

私が自己追跡のプロジェクトを長期にわたって続けることができている理由の１つは、年間スケジュールを毎年作成していることだ。まず1月にその年の目標を決めて、次に四半期ごとの達成目標を決め、それをさらに週ごとの目標、日ごとの目標と切り分けていく。

自己実験を始めるときに大切なのは、つねにその日にやることをわかっている状態でいることだ。第4章「自己実験の基本を学ぶ」で見たスケジュール表のサンプルを参考に、自分なりのプランを作成する。

②すでに確立されている習慣を活用する

新しい習慣を始めるときにカギとなるのは、すでに確立されている習慣に便乗することだ。この確立されている習慣は、研究者の間で「キーストーン・ハビット」と呼ばれている。

たとえば、毎日15分のニューロハッキングを習慣にしたいと思っていて、毎日朝食を食べるという習慣がすでに確立されているなら、朝食のすぐ後にニューロハッキングをすればいい。朝食というキーストーン・ハビットがきっかけになってくれるので、ニューロハッキングをすることを覚えている必要もない。

ただ自動的に、朝食からニューロハッキングへと流れていけばいいだけだ。

③計画に縛られず、自分に優しくする

時に私たちは、自分は本当に目標を達成できるのかと、自信をなくすことがある。そこで

登場するのが自分への思いやりだ。立ち直る力（レジリエンス）がもっとも強い人たちを対象にした研究によると、いちばんいい結果を出すのは、障害にぶつかったときに一時的な後退を受け入れ、自分を責めない人たちだ。

２００５年の映画『バットマン　ビギンズ』に出てくる私が大好きなセリフにもあるように、「なぜ私たちは落ちるのですか？　それは、もう一度はい上がるためです[3]」ということだ。レジリエンスとは、絶対に失敗しないことではない。それは失敗から学び、最終的に成功することだ。

レジリエンスに関するこんな研究がある。

被験者を集めて３つのグループに分け、退屈な仕事を毎日やってもらうのだが、それぞれのグループに違うインセンティブを与える[4]。

グループ１は、１週間のうち５日しか仕事を完成させなくても報酬をもらえる（「簡単」グループ）。グループ２は、毎日完璧に仕事をしないと報酬をもらえない（「言い訳無用」グループ）。そしてグループ３は、「言い訳無用」のルールが適用されるが、「救済措置」が用意されている（７日間ですべて終わらなかった場合、２日間の猶予が与えられる）。

もっともいい結果を出したのはどのグループだろう？

答えは「救済措置」グループだ。もっとも結果が悪かったのは「言い訳無用」グループで、報酬をもらえたのは参加者のたった21パーセント。「簡単」グループの結果はそれよりわずかに上で、成功率は26パーセントだった。そして「救済措置」グループは、実に53パーセントが報酬をもらうことができたのだ。

この結果の教訓は、「目標を高く持て。しかし失敗しても自分にセカンドチャンスを与えよ」ということだ。失敗してもやり直せるとわかっていれば、最後までがんばり抜く確率が高くなる。

また、ダイエットの研究によると、ダイエット中に食べすぎてしまったときの正しい反応は、自分を厳しく責めることでも、もうその日はあきらめてまた月曜から始めればいいと考えることでもない[5]。

食べすぎた自分を許し、失敗から学び、そしてその瞬間からすぐにダイエットを再開することだ。

さあ、これであなたはモチベーションを維持するツールを手に入れた。このツールがあれば、自己実験で成功できるだけでなく、この冒険を楽しむこともできるだろう。

次の課題は、メンタルターゲット、つまり向上したい脳のパフォーマンスの目標を決めることだ。あなたがアップグレードしたいのは、どんな脳のパフォーマンスだろう？

この章で学んだこと

1 どのタイプの研究ノートを使うかをよく考え、選んだノートを必ず毎日使う

2 報告義務のある仲間を選び、お互いに良好なコミュニケーションとサポートを実行する。あるいは報告義務の連鎖を始める

3 自分のプライバシーを守るために、「生のデータ」ではなく「比較のデータ」を共有する。実際の数字は仲間にも見せない。見せるのは、たとえば実験開始時からの「変化率（パーセンテージ）」だけだ

4 実行プランや、すでに確立された習慣など、モチベーションを維持するツールを活用する

第6章

自分をデバッグする

戦闘で100万人を征服する人物よりも偉大なのは、たったひとり（自分自身）を征服する人物だ。

——ブッダ

▼投資時間　25分
▼ゴール　脳の効率性の妨げになっている生活習慣や健康問題を見つける

私は小さいころからずっと頭脳のエネルギーレベルが安定せず、時には激変することもあった。たとえば、中学生のときのことだ。ある日の午後、私は簡単なかけ算がなかなか終わらず、先生をイライラさせていた。あんなに時間がかかってしまったのは、頭のなかに綿飴が詰まっているような状態だったからだ。

「これではＭＩＴはとてもムリだね。そうだろう、エリザベス？」と先生は言った。

それから10年ほどがたち、私はＭＩＴの卒業式に出席し、壇上で卒業証書を受け取った。

「あのときの数学の先生に、卒業証書の写真をメールで送ってあげようか？」

私はそう考え、思わず笑いがこみ上げてきた。写真は送らなかったが、それでもあの先生の言葉が何かのきっかけになったことはたしかだ。

あの数学の授業が終わると、私は教室を出ながら、自分の脳の問題を絶対に解決してやると心に誓った。私の頭脳は、なぜパフォーマンスが安定しないのか。当時の私は知るよしもなかったが、その原因は１つではなかったのだ。原因はむしろたくさんあった。

あなたも自分のデバッグを始めたときに、私と同じだと気づくかもしれない。もしそうなら、あせらず、この自己発見の旅を楽しもう。たくさん回り道をすることになるかもしれないが、それも旅の醍醐味だ。


あの屈辱の数学の授業から数年後、私はちょうどその日最後のダッシュを終えたところだった。何度も走ったので息が切れ、肺が焼けるような感覚だ。トラックの脇で腰を下ろしたが、呼吸はまったく楽にならない。コーチがやって来て、「吸入器は？」と言った。

私は苦しい呼吸のままコーチを見上げた。何を言っているのかわからなかった。

「それはぜんそくの発作だ。吸入器を持っているよね？」とコーチ。しかし、私は持っていなかった。そもそも自分がぜんそく持ちだという自覚もなかった。
病院へ行ってピークフロー（最大の呼気量）を測ると、吐く息の量が十分でないことがわかり、薬と吸入器をもらって帰ってきた。この薬には嬉しい副作用があった。薬を飲むと、頭も身体も活力がわいてくるのだ。ぜんそくに自分で気づくことは難しいので、疲労感で頭がうまく働かないという人は、最大呼気量を測ってみるといいだろう。計測器（ピークフローメーター）は1つ20ドルほどで買え、処方箋は必要ない。

ぜんそくと診断された私は、今度はアレルギーテストを受けるように医師から言われた（私は知らなかったのだが、ぜんそくの人はたいていアレルギーもあるらしい。逆もそうだ）[1]。私が受けたのはプリックテストと呼ばれるものだ。アレルゲンの候補を付着させた針を前腕の内側に刺して反応を見る。

数分もすると、針を刺したところが赤く腫れ上がってきた。発見したアレルゲンは複数あったが、そのうちの1つがダニだった。すぐにできる対策は、ダニにもっとも長く触れる場所の環境を改善すること。その場所はベッドだ。私は空気清浄機と枕カバーを買った。

しかし、何年も後になってから、私はもっと抜本的な解決策があることを知った。かかりつけの耳鼻咽喉科の先生が、すばらしい新技術の存在を教えてくれた。ダニやその他のアレルゲンに対して、そもそも反応しないようにできるというのだ！

それは、舌下に薬の液体を垂らすと身体がアレルギー反応を起こさなくなるという治療法で、ＦＤＡの認可も受けている。

その治療を始めてからは、旅行先に自分の枕カバーを持っていくことはなくなった。どのベッドで寝ても、起きたら顔がパンパンに腫れているなどということはない。なかでも最高だったのは、以前は起きてから数時間はいつもブレインフォグに悩まされていたのだが、それがだんだんとなくなっていったことだ。

エネルギーレベルが低いために脳のパフォーマンスが上がらないという人は、周りの環境に目を向けてみよう。私にダニやその他のアレルギーがあったように、あなたも何かのアレルギーがあり、それを改善すれば脳のパフォーマンスも向上するかもしれない（アレルギーテストを受け、そしてもしそれが適切であれば舌下免疫療法を受ける）。

健康状態を見直す

ニューロハッキングの目標を決める前に、全般的な健康状態と生活習慣を見直しておくことをおすすめする。これらを改善すれば、生活の質が高まるだけでなく、エネルギーのレベルや集中力も向上するはずだ。

私自身、病気や症状の治療（これについてはまた後で詳しく見ていく）や、健康状態と生活習慣を改善したことによって、何度も自分をアップグレードすることに成功してきた。

①睡眠

たいていの学生が徹夜を経験し、その影響に苦しんだことがあるだろう。新生児の親も、積み重なった睡眠負債の恐ろしさを実感している。赤ちゃんが夜中に起きなくなるまで睡眠不足がずっと続き、そのせいで気分が変調しやすくなったり、簡単なことも決められなくなったりする。

睡眠不足の弊害は、注意力や集中力が下がることだけではない。創造性やイノベーション、感情処理といった高次の認知機能も大きなダメージを受ける。[2]

②空気

私はサンフランシスコに住んでいる。そのため、カリフォルニアで山火事が多く発生する時期や、窓が開けられない状況で室内で料理をするときは、室内の空気の汚染度が跳ね上がることになる。たとえ短期であっても、汚染された空気のなかですごすと脳のパフォーマンスが低下することがわかっている。[3]

③気温

気温が高すぎたり低すぎたりするのも、脳のパフォーマンスに驚くほど急激な影響を与える。暑すぎる状態が続き、空調も効いていないと、テストの点数が下がったり、学習効率が落ちたりすることが報告されている。[4]

逆に寒すぎるのも問題で、私自身、冬のボストンで暖房のない古い家に暮らしていたとき、何週間もわたって生産性がまったく上がらなかったことがある。

④栄養

欧米人の多くは、果物や野菜、ナッツ、シードの摂取量が足りていない。これらの食材に含まれる微量栄養素が不足すると、頭脳のエネルギーの低下やブレインフォグ、頭痛、集中力低下の原因になる。[5] それに加えて、グルテンや乳製品、カフェインに過敏な人も多く、それらは炎症と脳パフォーマンスの低下を引き起こす。[6]

栄養不足を解消する

ある種の栄養素が不足すると、ブレインフォグや倦怠感、集中力低下、記憶と学習の阻害、頭痛、その他多くの原因になる。また子供の場合、ある種の栄養素の不足が認知機能の発達を阻害することがわかっている。[7]

２０１２年の時点で、ＣＤＣ（アメリカ疾病予防管理センター）は、アメリカ人の10パーセントがビタミン欠乏症、あるいはミネラル欠乏症の状態にあると推計している。[8]

アメリカ人にもっとも不足している栄養素は、不足度の高い順に並べると次の通りだ。ビタミンB6、鉄分（12〜49歳の女性）、ビタミンD、鉄分（1〜5歳の子供）、ビタミンC、ビタミンB12。一方、ビタミンAやビタミンE、葉酸が足りない人はこれよりはるかに少なくなる。[9]

現在にいたるまで、私は貧血（鉄分不足）で、さらに重度のビタミンD欠乏症だ。鉄分が足りない原因は、鉄分の大半を強化シリアルから摂取していて、シリアルに牛乳をかけて食べているからだ。

私は知らなかったのだが、どうやら多くの研究によると、牛乳にたくさん含まれるカルシウムには、鉄分の吸収を妨げる働きがあるらしい。[10]

そのため、せっかく栄養分を強化したシリアルを食べても、牛乳のせいで鉄分をほとんど吸収できていなかったのだ。この問題を解決するために、シリアル以外で鉄分を摂取する方法を見つけなければならなくなった。

特別な食生活を送っている人は、どうしても足りない栄養素が出てくる。ベジタリアンまたはビーガン、グルテンフリー、低糖質、パレオ、ケトジェニックなどを実践している人は、栄養不足のリスクが高いと考えられる。

たとえば、筋トレをしている人が筋肉増強の目的で摂取するクレアチンは、アデノシン三リン酸（ATP）を生成するうえで重要な役割を演じている。ATPは筋肉、あるいは脳を酷使するときに役に立つ物質だ。クレアチンは主に赤身の肉に含まれるので、ベジタリアンやビーガンは当然ながら不足しがちになる。

研究によると、ベジタリアンがクレアチンのサプリメントを摂取すると、「推論能力（論理的に考える力）」「作業記憶（日常生活において必要な情報を一時的に記憶することや、同時に複数の作業をこなす記憶能力のこと。ワーキングメモリーともいう）」、およびその両方が大きく向上する。おそらく食生活によって、クレアチン不足の状態になっていたからだろう[11]。高齢者は動物性タンパク質が不足しがちなので、クレアチンの摂取量に特に気をつける必要がある[12]。

今の食生活が自分に合っているというのなら、それをやめる必要はまったくない。しかし、定期的に血液検査を受け、重要なビタミンやミネラルが足りているかを確認するのは大切なことだ。

私は大学時代に1年間ベジタリアンになる実験をしたことがある。それと並行して栄養学の勉強もすべきだったが、残念ながらそちらには手を出さなかった。

すると数カ月のうちにだるさや疲れやすさを感じるようになった。後になってわかったのだが、そのときの私はどうやら鉄分不足になっていたようだ。

ベジタリアンの食生活で健康になる人もたくさんいるが、私には向いていなかった。血液検査を受けたところ、医師から以前の食生活に戻るように言われた。豆や豆腐をたくさん食べていれば、肉を食べないことによる栄養素の不足を補うことができると思っていたが、私の場合は違っていたようだ。数字を見てもそれは明らかだった。

私は子供のころから、ときおりひどい腹痛に悩まされてきた。大学を出て数年後、それを知ったルームメイトが、グルテンフリーを試してみたらどうかとアドバイスしてくれた。彼女は親切に言ってくれたのに、私はといえば、この先死ぬまで米とかおがくずみたいな味のクズばかり食べて暮らすのはゴメンだと、ぶっきらぼうに答えてしまった。

すると彼女は、グルテンフリーの材料を使って、びっくりするほどおいしいコーンブレッドとクッキーをつくってくれた。彼女の勝ちだ。私は数週間の実験を行うことに同意した。完全なグルテンフリーではなく、グルテンを極力減らす生活だ。実験が終わるころ、体内の炎症は激減していた。それに頭も驚くほどクリアになった。

以前は主食にしていた炭水化物のほとんどをあきらめれば、あんなに苦しめられた胃腸の問題から解放されるのだ。

正しい答えは考えるまでもない。私は今でも血液検査を毎年受けて、先にあげた重要なビタミンやミネラルの値を調べるようにしている。

特定の食材を制限する食事療法でよく見られる栄養不足の一覧[13]

食事療法	不足が懸念される主な栄養素	欠乏症の原因と考えられる事柄	解決策
グルテンフリー	カルシウム／鉄分／マグネシウム／亜鉛 葉酸／チアミン／ビタミンB12／ビタミンD	・小麦製品の多くは栄養素が添加された強化食品だ ・米を使った製品に頼りすぎているかもしれない	・栄養価の高いグルテンフリーの食材を用いるようにする ・強化された米製品
ビーガン	カルシウム／鉄分／亜鉛 ビタミンB12	・肉と乳製品から栄養を摂取することができなくなる	・栄養価の高いビーガン食材を使った献立を考える ・ビタミンB12のサプリを摂取する ・亜鉛はパンプキンシードで ・カルシウムと鉄分はホウレン草で
低糖質 アトキンスダイエットなど	カルシウム／銅／マグネシウム／カリウム パントテン酸／ビタミンE	・多くの栄養価の高い食材が食べられない ・多くの小麦製品は栄養強化されている	・炭水化物の少ない野菜やナッツをふんだんに摂取する献立を考える
パレオ	カルシウム／ヨウ素 リボフラビン／チアミン	・多くの栄養価の高い食材が食べられない	・葉物野菜とナッツをふんだんに摂取する献立を考える

血液検査を受けることはもちろん、テストの間は自分が食べたものを記録する「食事追跡」も実施してもらいたい。たいていのダイエット法では、全体をとらえるマクロの視点で追跡することを推奨している（たとえば、摂取する炭水化物と脂質の比率など）が、なかには少数ではあるが、「微量栄養素」に注目する追跡方法もある。

マグネシウムやコリン、ビタミンD、ビタミンB群といった重要なビタミンやミネラルの摂取量を記録するのだ。微量栄養素を追跡すると、自分の食事パターンに気づき、次の血液検査の前に足りない栄養素を見つけることができる。

食事追跡で必要なのは、食品ごとの栄養素をまとめた包括的なデータベースだ。そして追跡を継続するには、データの入力などが簡単にできる方法を選んだほうがいい。

追跡の期間は、最低でも1週間、できれば数週間は続けてもらいたい。医師に血液検査は必要ないというようなことを言われるかもしれないが、このデータを見せれば納得してもらえるかもしれない。それでも納得してもらえない場合は、ネットで検査キットを注文して自分で検査することもできる。

・食事か、それともサプリメントか?

一般的に、足りない栄養素をサプリメントで補うよりも、その栄養素を豊富に含む食品をたくさん食べたほうがより効果的だ。理由はまだよくわかっていないが、どうやら私たち人間の身体は、サプリよりも食べ物に含まれる栄養素のほうが吸収しやすくできているようだ[14]。とはいえ、気をつけなければならないこともいくつかある。深刻な欠乏症の場合は、食事だけで補うのはかなり難しいだろう。

たとえば私の場合、深刻なビタミンD欠乏症と診断されたときは、1日に必要な摂取量の約40倍にもなる量のビタミンDを含むサプリメントを処方され、ビタミンDの値が平均値に戻るまではそれを毎日飲むように言われた。その量のビタミンDを食べ物や日光だけで摂取するのはとても大変で、それにおそらく危険でもあるだろう。サプリメントを選ぶときは、第三者の検査機関が発表している成分の純度をよく確認しよう。

・ビタミンやミネラルはたくさん摂取するほど効果があるのか？

ここで、あなたに足りない栄養素はないと仮定しよう。食生活も模範的だ。それでもサプリを飲んだほうがいいのだろうか？　答えは、必ずしもそうではない、だ。

認知能力と関係があるとされるビタミンB群（ビタミンB6、B12、葉酸など）は水溶性なので、必要以上に摂取した分は単におしっことなって排出されるだけなのだが、摂りすぎはいくつかの健康問題と関係があるという研究結果もある。[15]

これらの栄養素が足りない人はサプリで補えば認知能力の大きな向上が期待できるが、多くの研究によると、そもそも栄養素が足りている中高年の場合、それ以上に摂取しても認知能力の向上はほとんどないか、あるいはまったくない。[16]

平均的な大人であれば、オメガ3のサプリを摂取して認知能力が実際に向上した例はごく限られている。[17]また、妊娠中にオメガ3を摂取すると胎児の認知能力が向上し、害もないとする説に関しては賛否両論ある。[18]

それに加えて、ここ10年ほどの間に行われた多くの研究の結果、毎日マルチビタミンを摂取していても、あらゆる原因による致死率は、そうでない人と変わらないということもわかっている。つまり、心臓発作や脳卒中などの一般的な原因で死ぬ確率は、マルチビタミンを飲んでいても、飲んでいなくても変わらないということだ。[19]

ある研究によると、ある種のミネラル（鉄と銅）を摂取すると、長期的には死亡リスクがわずかに高まるという報告もある。ただし、摂取していた人のなかには、すでに何らかの症状や病気があり、その対策として鉄と銅を摂取していたとも考えられる。その場合は、サプリメントではなく持病が死因に関係しているかもしれない。[20]

さらに注意してもらいたいのは、ビタミンやミネラルのサプリを摂りすぎると、重金属や汚染物質の悪影響が出るかもしれないということだ。[21]

・メラトニンは効果があるのか？

メラトニンは自然な眠りを促すホルモンだ。そのため、メラトニンのサプリを摂取しても栄養不足を補うことはできないが、何らかの睡眠障害を緩和してくれる効果なら期待できる。[22] 寝つきが悪くて困っている人は、寝る前に0・5から15ミリグラムのメラトニンを飲んでみよう。[23]

メラトニンの摂取は、短期であれば安全だとされているが、長期の使用がもたらす影響についてはまだわかっていない。[24] とはいえ、睡眠薬よりも安全であることは間違いない。睡眠薬の効果は鎮静や麻酔に近く、本物の睡眠ではないからだ。また、睡眠薬には習慣性もある。[25] それに加えて、脳が自然に眠る能力を阻害する働きもあるようだ。脳がきちんと眠れないと、疲れが取れず、睡眠中に行われるべき作業（学習、記憶、注意、情動制御、など）の多くが妨げられることになる。[26]

・サプリメントは病気の治療になるか？

今から何年か前、私はまったくの偶然から脳のアップグレードに成功した。そのころ私は、慢性的な腹痛とブレインフォグに悩まされていた。何人もの専門家に診てもらったが、原因はまったくわからない。

ある日、主治医がたまたまいなかったので、新しい先生に診てもらうことになった。その先生が、たまたま感染症の博士号を持っていた。

腹痛とブレインフォグについてはもうあきらめていたけれど、先生から「他に何か気になるところはありますか？」と言われたので、やはり相談してみることにした。

すると先生は、ヘリコバクター・ピロリというバクテリアの検査は受けたのかと即座に尋ねてきた。聞いたことのない名前だった。検査を受けてみると、先生の予想通り陽性だった。

先生の説明によると、このバクテリアが体内にいるのは珍しいことではなく、多くの人は何も症状が出ない。私の場合、その少し前に外国を旅行していた。そのとき普段は食べないものをたくさん食べたので、それが症状が出るきっかけになったのだろうということだ。

抗生物質で集中的な治療を受けた結果（治療後は腸内細菌を回復させるためにプロバイオティクスを処方された）、腹痛とブレインフォグはきれいになくなった。これでヘリコバクター・ピロリは完全にいなくなったのだろうか？　検便を受けたところ（バケツのなかに排便して排泄物を調べてもらう）、結果は陰性だった。やった！

これで余計な細菌はいなくなり、脳もアップグレードされた。この分野の研究はまだ始まったばかりで、わかっていないことも多いが、断続的なブレインフォグや頭痛、気分の変動などに悩まされている人は、腸内細菌の健康状態を医師に相談し、感染症の検査を受けてみるといいかもしれない[27]。

メンタルヘルスを改善する

メンタルヘルスの問題を解決することも、認知能力の大幅な向上につながる。メンタルの健康は脳のパフォーマンスに大きな影響を与えるからだ。

新型コロナウイルス感染症のパンデミックの間、私たちの誰もが他者との親密な触れ合いが制限されることになった。他者、あるいは何か大きなものとつながっているという感覚は、前向きなモチベーションと相関関係にあり、パフォーマンスにも影響を与える[28]。

日々の活動がますますオンラインに移行するにつれ、孤独の問題が浮き彫りになってきた。孤独は深刻な健康問題につながるとされていて、抑うつや自殺傾向のリスクが高まり、全般的な健康状態も悪化する[29]。

大うつ病性障害（うつ病の正式名称：略称MDD）を発症すると（アメリカでは大人の14人に1人が発症する[30]）、認知機能に甚大な影響が出かねない。MDD患者の脳を調べると、健康な統制群と比べ、情動制御を司る脳の部位である「前頭前皮質」と「大脳辺縁系」で構造的・機能的な変化が数多く発生していることがわかる[31]。

抑うつ状態にある人は、脳の処理スピードが低下し、作業記憶に問題が生じ、全般的なIQも低下する[32]。

ありがたいことに、これらの問題には解決策がある。複数の大規模な研究によると、効果的な治療を施せば、うつ病の病歴がある人も認知機能を回復させることができる[33]。

メンタルヘルスの問題は国によって異なるが、アメリカの場合は5人に1人が生涯で何らかの精神疾患を発症するとされている[34]。このなかには、不安障害やうつ病といった一般的な精神疾患から、統合失調症などの比較的まれなものまで含まれる。

またメンタルヘルスの問題は、たいてい若年のころに始まり、そのまま治療されずに放置されることが多い。後に何らかの精神疾患と診断される人の約50パーセントは、14歳までに症状が出ているという。24歳までを見ると、その数字は75パーセント近くまで上昇する。[35]

メンタルヘルスの問題を抱える人は、必要な助けを受けるまでに平均して11年かかっている。メンタルヘルスの問題があるということは、不快な症状や二次障害を経験するだけでなく、助けを受けるまでの11年間を認知機能が低下した状態ですごさなければならないということだ。

メンタルヘルスの問題は、さまざまな形で脳のパフォーマンスに影響を与える。

しかし、研究者や医療関係者の尽力のおかげで、効果の高い治療法が次々と開発されてきた。私の場合、年に一度の健康診断や、インフルエンザの予防接種と同じように、毎年ある種のメンタルヘルス検査を受けるようにしている。あなたにも同じことをおすすめする。

自分の精神や脳の健康状態がよくわからない、はっきりとはわからないがどこかがおかしいような気がするという人は、ぜひ検査を受けてみよう。

全般的なメンタルヘルス検査を受け、そしてその結果によって必要であると判断されたなら、精神科医か心理学者の診断を受ける。

これは何度も強調しておきたいのだが、もし脳のパフォーマンスを上げたいと思っていて、自分にメンタルヘルスの問題があることを自覚しているなら、カウンセリングや瞑想、またはそれらの組み合わせで、ぜひ問題に対処してもらいたい。

その結果、人生が変わり、さらに認知機能も向上させることができるだろう。適切な治療を受けて回復に向かうことができれば、認知テストの点数も大きく伸びるかもしれない。

ここからは、あなたの健康状態やライフスタイル、生産性をさらに細かく見ていこう。脳のパフォーマンスを妨害しているボトルネックが見つかるかもしれない。

健康とライフスタイルの自己評価

ここからは、健康とライフスタイルを10項目にわたって評価し、最適化の必要がある分野を探り出す。それらの分野のどれかがあなたのボトルネックで、最高の脳パフォーマンスを妨げる要因になっているかもしれない。

また、メンタルヘルスに影響を与えそうな最近の出来事についても答えてもらう。出来事はポジティブなものとネガティブなものの両方だ。

そして最後は、ボトルネックを発見した場合のアドバイスだ。脳パフォーマンスの向上を目指す自己実験を行うときは、実験の前後でこのテストを受けることをおすすめする。

この調査は、今の時点でのあなた自身の健康状態を知るためにある。すべての質問に正直に答えてもらいたい。さあ、ペンか鉛筆を手に持とう。自分をふり返る時間だ！

健康とライフスタイル調査：最近の状態をふり返る	
ふり返る範囲の時間枠を決める	
過去30日、あるいは過去3カ月の典型的な1日をふり返り、すべての質問に答える（これからの30日とより似ていると考えられるほうの時間枠を選ぶ） **過去30日＿　過去3カ月＿** 次の質問に1〜5、あるいは「不明」で答える 1　ほぼなし：　時間枠内の0−10%の時間 2　ときどき：　時間枠内の11−35%の時間 3　だいたい半々：　時間枠内の36−65%の時間 4　ほとんど：　時間枠内の66−90%の時間 5　ほぼいつも：　時間枠内の91−100%の時間	
1 睡眠	
すっきりと目覚める	
睡眠時間は自分にとってちょうどいい	
日中はずっと覚醒している	
2 水分補給	
のどの渇きは感じない	
排尿は1日に数回	
尿は濁りがないか、ほぼ濁りがない	
3 空気と呼吸	
楽に呼吸できる。肺、鼻、口、のどが詰まったような感覚はない	
呼吸によって活力がわく。呼吸をするたびに質の高い空気を摂取できる	

呼吸しやすい空気に囲まれている。変な臭いや不快な臭いはない	
4 栄養状態	
集中力の妨げになるほどの満腹感、あるいは空腹感はない	
排便時に痛みはない	
微量栄養素をバランスよく摂取している（ビタミンD、コリン、オメガ3などを十分に摂取している	
多量栄養素（炭水化物、タンパク質、脂肪）をバランスよく摂取している	
5 体力とエネルギー	
最低でも30分の運動（心拍数が上がる、呼吸が荒くなる、体力を使う、自分に負荷がかかる身体の動きを一定時間続ける、などの状態になる運動）を行っている	
通常の1日を乗り切る体力がある。日常的な活動（階段を上る、バスに乗るために走る、犬の散歩、買い物袋を持って歩く、など）を行うときに息が切れたりしない	
6 安全	
身体的な安全を感じる（危害を加える他人、危険な環境などが身近に存在しない）	
心理的な安全を感じる（危害を加える他人、危険な環境などが身近に存在しない）	
7 社会的つながり	
他者とつながっていると感じる	
8 精神性と人生の意義	
自分の人生は意義深く前向きだと感じる。目的意識があり、より大きな世界とのつながりを感じる	

9 健康状態	
医学的な治療が必要な症状はまったくない。仕事、学校、その他の活動の妨げになるようなその他の症状もまったくない	
10 ライフイベントとストレス要因	
ここから先の質問は評価の基準が異なる。1～5で答えるのは同じだが、1は「はい」で5は「いいえ」とする	
出産と子供	
子供をつくるつもりで努力している、または最近子供が生まれた、または最近新しいきょうだいができた	
恋愛・結婚	
新しい恋人ができた、あるいはパートナーと同棲を始めた	
近々結婚する予定だ、あるいは結婚したばかりだ	
自分か近親者が最近離婚した、あるいは重要な人間関係を終わりにした（恋愛関係でも、そうでなくても）	
トラウマ	
自分、あるいは近しい間柄の人が、最近事故に遭った、収監された、あるいは重い怪我や病気で入院した。それ以外でも、「トラウマ」という言葉を聞くと思い出す最近の出来事がある	
死	
近しい間柄の人が最近亡くなった	
経済状態・仕事・社会情勢の変化	
最近失業した、新しい仕事を始めた、新しい学校に入った、あるいは新しい学期が始まった	
経済状態が最近変化した（よくなった、あるいは悪くなった）	

・「健康とライフスタイル調査」を採点する

自分の答えを見直してみよう。点数が高い分野は、おそらくあなたのボトルネックではないだろう。点数の低い分野はボトルネックになっている可能性があり、それがあなたの脳のパフォーマンスを下げているかもしれない。

・「健康とライフスタイル調査」を自己追跡に活用する

もっと厳密な基準値を知りたい、あるいはこの調査の質問を自己実験でも活用したいという人は、以下の方法を参考にしてみよう。

毎晩寝る前にこの調査を行い、１から５で点数をつけるのではなく「はい」か「いいえ」で答える。

「睡眠」「水分補給」「空気と呼吸」などカテゴリーごとに点数を計算する。計算方法は、カテゴリー内で「はい」と答えた質問の数を質問の総数で割り、１００倍してパーセンテージを求める。実際に計算してみよう。ここでは７日間のデータを集めたと仮定する。

「睡眠」のカテゴリーで毎日すべての質問に「はい」と答えたのなら、「はい」の数は21で、質問の総数も21だ（「睡眠」カテゴリーの質問数は３つであり、それが７日間なので７倍する）。この場合、スコアは１００パーセントになる。７日間で「はい」の数が８個だった場合、スコアは約38パーセントだ（８を質問総数の21で割って１００倍する）。

健康とライフスタイルのボトルネックと対策

健康とライフスタイル調査の各カテゴリーは、それぞれで1冊の本が書けるだろう。だから私も、この限られた紙幅ですべての答えを提供できると豪語するつもりはない。自分のボトルネックが見つかったら、その分野の本を読んでさらに深く知ることをおすすめする。ここでは、自分が使ってみて特に役に立った対策をいくつか紹介しよう。

◯睡眠

ボトルネック候補： 悪い睡眠習慣、睡眠環境、睡眠時間の不足、睡眠のタイミングの問題などをノートに書き出す。

解決策候補： パソコンやスマホのブルーライトは睡眠の妨げになる。「ナイトシフト」や「ブルーライトフィルター」などの機能を活用し、寝る前にブルーライトをあまり見ないようにする。

軽度の睡眠時無呼吸症候群の疑いがある人には、びっくりするような解決策を紹介したい。『ブリティッシュ・メディカル・ジャーナル』誌で発表された、ある「ランダム化比較試験[36]」の結果、オーストラリア先住民の民族楽器であるディジュリデュの演奏に、睡眠時無呼吸症候群の治療効果があることがわかったのだ。ディジュリデュは木製の長い管楽器で、演奏するときの息づかいで呼吸やのどの力が鍛えられるからだと考えられている。そのため、おそらく他の管楽器でも効果が期待できるだろう。

昼寝（ナップ）もいい睡眠習慣の１つだ。たった６分のパワーナップでも宣言的記憶（事実や経験の記憶）を向上させる効果がある。[37]

アメリカ軍は睡眠の技術を極限まで磨き上げ、どうやら寝たいときはいつでも１２０秒位内で寝られるようになったようだ。具体的には、顔から首、肩、腕というように、身体の各部位を順番にリラックスさせていく。頭から足まで順番に意識を向けていくボディスキャン瞑想に似ているテクニックと言えるだろう。[38]

光や音など睡眠の妨げになるものを避けるにはアイマスクと耳栓が有効だ。さらに寝る前のルーティン（寝る前の読書など）を確立しておくと寝つきがよくなる。

○水分補給

ボトルネック候補：　水分補給。

解決策候補：　いつも水筒を持ち歩き、水分補給が習慣になるまではアラームなどを活用する。地元の水道水の水質を確認する。水筒の材質はガラス、ＢＰＡフリーのプラスチック、ステンレス、アルミニウムを選ぶ。[39]

◯空気と呼吸

ボトルネック候補： 気温、大気汚染、ぜんそく、環境アレルゲン。世界保健機関の最近の発表によると、全世界で10人に9人が悪い空気の状態のなかで暮らしているという。アメリカに限れば10人に4人だ[40]。

研究によると、女性は気温が高いほうが作業効率が上がるが（摂氏25度前後）、男性はもっと低いほうがいい（摂氏22度前後[41]）。

「ＰＳＡＴ」はアメリカの高校生が受験する全国共通テストだ。ＰＳＡＴの点数と受験時の気温の関係を、数十の異なる変数を考慮する経済モデルを使って分析したある研究によると、理想的な気温から華氏で1度（摂氏にすると約0・6度）上がるごとに、ＰＳＡＴのスコアが平均して1パーセント下がることがわかった[42]。

アレルギーはどうだろう？ しょっちゅうクシャミや鼻水が出るのは、本人にとってわずらわしいだけでなく、研究によると認知能力にも大きな影響が出る。実際、花粉症の人は花粉の季節になると脳のパフォーマンスが急激に低下する[43]。

解決策候補： 温度計と空気測定器で気温と空気の質を監視する。サーモスタット、換気扇、エアコン、空気清浄機を活用して理想的な空気の状態に近づける。呼吸に問題がある人は、病院でアレルギーとぜんそくの検査をしてもらおう。ブタクサの花粉、ダニなどの環境アレルギーがある人は、舌下免疫療法などのアレルギーの治療を検討する。生活の質の向上につながるかもしれない。防ダニ効果のある寝具を使ってもいい。

◯栄養状態

ボトルネック候補：　摂取カロリーの総量、１日を通してカロリー摂取をどのように配分しているか、血糖値の急激な上昇、消化器官の問題、アレルギー。もちろん人によってさまざまだが、一般的な原因は、カフェイン（飲料、チョコレートなどのカフェインを含む食品）、乳製品、グルテンを多量に含む食品、高ＧＩ食品（糖分が多い）など。

解決策候補：　ＭＩＮＤダイエットなど、信頼できる研究に裏づけられた健康的な食習慣。食事日記をつけ、ブレインフォグやエネルギーの低下を招いていると思われる食品を避ける。ブレインフォグに悩んでいる人は、アレルギーの原因になることが多い食材を１つ選び、食べるのをやめてみる。食材を変えてくり返せば原因が特定できるだろう。

◯体力とエネルギー

ボトルネック候補：　筋力、あるいは心血管機能の低下によって体力が落ちている。気になる身体の痛み。

解決策候補：　病院で診てもらっても原因がわからない場合は、運動を始めて筋力と体力をつける。日常生活での疲れが減り、エネルギーが増すだろう。

○安全

ボトルネック候補：　ある特定の場所、あるいは人がストレス源になり、集中力、学習能力、創造性が低下している。

解決策候補：　これは根が深く、複雑な問題だ。ストレス源が何かによっては外部の助けが必要になるだろう（会社の人事部、学校のサポート、セラピスト、カウンセラーなど）。

あるいは新しいスキルや習慣、考え方を身につける必要があるかもしれない（たとえば、犯罪マップを参考にして通勤ルートを決め、問題のある場所を避ける[44]、護身術を学ぶ、瞑想を学ぶ、ニュースやSNSを見る時間を制限する、など）。

人生を変えるような大きな決断をしなければならないこともあるかもしれない（あなたを貶(おとし)める相手との関係を終わりにする、有害な職場を辞める、引っ越す、など）。今の段階でできることを見つけて実際に変化を起こせば、安全な環境が手に入る。

それだけでなく、これは脳の機能を最大化するうえで欠かせないことだ。

○社会的つながり

ボトルネック候補：　孤独感は、集中力の低下や苦痛の原因になり、深刻な病気との関連も報告されている[45]。

解決策候補：　健全な社会生活はメンタルヘルスに欠かせない条件だ[46]。ボランティアで人助けをする、[47]感謝の日記をつける、[48]認知行動療法[49]を受けるといった方法には、孤独感を和らげる効果があることがわかっている。

◯精神性と人生の意義

ボトルネック候補：　生きる目的がわからないといった感覚は、集中力や創造性、脳の力をフルに発揮することの妨げになる。

解決策候補：　瞑想や祈り、ボランティア活動、自然に親しむ、教会などの集まりに参加する、あるいは畏怖の念、感謝の気持ち、利他の精神を刺激するようなその他の活動に従事する。[50]

自己実験の効果を最大限に発揮するには、これらのボトルネックをできるだけ緩和しなければならない。ボトルネックの問題を解決すれば、脳のパフォーマンスが向上するのを実感することができるだろう。全般的な幸福感が高まるのは言うまでもない。

各項目についてはそれだけを扱った本がたくさん出ているが、この章では基本的な解決策とともに、他ではあまり見ないようなユニークな解決策も紹介している。

この章で学んだこと

1 健康とライフスタイルの主要10分野（睡眠、水分補給、空気と呼吸など）で自己評価を行い、脳のパフォーマンスの妨げになっていると思われるボトルネックを発見する。最近のライフイベントをふり返り、ストレス源になっている可能性のある出来事を探る（ストレスも脳のパフォーマンスに影響を与えるからだ）

2 健康とライフスタイル調査、ライフイベント調査を定期的に実施する。特に脳パフォーマンスの向上を目指す自己実験の前後は必ず行うようにする

次の4章では、認知機能の4つの分野について見ていこう。最初に登場するのは「実行機能」だ。この機能は、学習や仕事、日々の生活の管理で重要な役割を演じている。

PART 2

▼

向上したい
認知能力を決める

第7章 新しいIQ[1]

▼投資時間　23分
▼ゴール　脳の実行機能とは何かを理解し、自分の実行機能をテストする

高校生のころの会話が、今でも忘れられないという人は多いのではないだろうか。

私の体験をお話しししよう。同じ寮の女の子たちは、カフェテリアでいつも同じテーブルに座っていて、マークという男の子がたまに私たちのテーブルで一緒にランチを食べることがあった。

ある日、私はみんなより遅れてテーブルに到着した。席に着くと、他の人たちは何やら熱い議論をしている。私は会話に追いつこうとして、みんなのようすを観察した。

どうやらまずマークが何かの質問をして、そこからみんなの議論が始まったようだ。マークは質問するだけで議論には参加しない。マークは会話をきちんと理解し、ときどき巧みな質問を投げかけて会話を誘導している。

あのときの議題は、「社会的相互作用におけるインターネットの可能性」だった。マークは大きな視野から議論を俯瞰（ふかん）するだけでなく、誰が何を言ったか、誰はどんな立場かといった細部もきちんと把握している。

私はマークについて３つのことに気がついた。記憶力が優れているということ、他の人の考えに影響を与えないようにするために自分の意見を言うのを控える能力があるということ、そしてある話題から別の話題へと柔軟に移行できるということだ。

彼は私たちの表情を観察し、意見のバランスを取り、何らかの内部評価を行っている。すべて一瞬の出来事で、見たところ楽々とこなしているようだ。

マークの３つの能力に気づくと、私の頭に３つの疑問が浮かんだ。

彼が一度にこんなにたくさんのことを覚えられるのは、記憶の容量が他の人よりも多いからだろうか？　彼は平均的な高校生よりも自己コントロールの能力が優れているのだろうか？　彼は脳のギアチェンジが他の人よりも速くできるのだろうか？

もうわかった人もいるかもしれないが、このマークはマーク・ザッカーバーグだ。あの会話から数年後、彼はフェイスブックを始めた。高校時代のあの会話が、起業家としての彼に何らかの影響を与えたかどうかはわからない。それに私は、フェイスブックに何らかの評価を下すことを目指しているわけではない。

私が言いたいのは、あのはるか昔の会話には、「実行機能」と呼ばれる脳の機能を理解する3つのカギが隠されているということだ。その3つのカギとは、「目の前の出来事から適切な事柄を記憶する能力」「自分の意見を言うのをがまんできる自制心の強さ」、そして「驚異的な精神の柔軟性」をさしている。どれも実行機能にとってとても大切な要素だ。

しかし、そもそも実行機能とはどういうものなのだろう？　その実行機能を高めると、どんないいことがあるのだろうか？

脳の実行機能を科学的に解明する

次のことを想像してみよう。

あなたは自由自在に脳の回転スピードを上げることができるので、周りの人がみな半分眠っているように見える。あなたはすべての細部を詳細に検証することができ、それと同時に先回りして思考し、想定されるすべてのシナリオを描くこともできる。

チェスのゲームで、まだ誰も気づいていない一手が見えているような状況だ。頭に大量の情報を保存でき、その情報を駆使して目の前の問題を即座に解決することができる。凡庸な頭脳であれば、まずすべてを書き出す必要があるだろう。

これらのすべてができるのであれば、あなたは実行機能のスーパーヒーローだ。

実行機能は英語で「エグゼクティブ・ファンクション」という。つまり会社のエグゼクティブのように、脳内のさまざまな能力を統括する機能ということだ。

脳のエグゼクティブはどんなことをしているのだろうか？

それはＣＥＯの仕事を想像するとわかりやすいかもしれない。計画し、決断し、間違いを正し、問題を解決する。想定外の事態に対処し、脳の他の機能では手に負えない事態が起こったら即座に介入する。外界の脅威とチャンスに目を光らせ、新しい情報を整理して理解し、それを以前の経験と比較する。

実行機能がＣＥＯだとするなら、そのＣＥＯが頼りにするのは「ＷＩＦチーム」だ。ＷＩＦチームとは、「作業記憶（Working memory）」「抑制（Inhibition）」「脳の柔軟性（Flexibility）」をさしている。

作業記憶とは、情報を一時的に保管し、その情報を使って何らかの作業をする機能のことだ。たとえば、電話番号を聞き、その数字を覚えて電話に入力するのは作業記憶の仕事になる。暗算で大きな数字のかけ算を行う、会話の相手からちゃんと聞いているのかと問われたときに、相手の言ったことをくり返して聞いていたことを証明するのも作業記憶の仕事だ。

抑制の仕事は、相手が話しているジョークの落ちを先に言ってしまいたくなる気持ちを抑えること、ダイエット中にケーキを無視してサラダを選ぶこと、ネコ動画を見るのをがまんして重要なメールに集中することなどだ。

柔軟性とは、あるアイデアから別のアイデアへと注意を移行し、必要に応じて複数のアイデアを統合できる能力のことだ。違う人とのチャットを同時進行したり、複数のソースから得た情報を統合してレポートを書いたりするときに、柔軟性が発揮される。

以上のような能力を併せ持つのが実行機能だ。

この実行機能があるおかげで、私たちは持続的な集中力や目標に向かう力、連続的にタスクをこなす能力、情報の整理や段取りの能力、新しいタスクをこなす能力を発揮することができる。

自分の覚醒レベルをモニターするのも実行機能の役割の1つだ。自分がどれだけ意識がはっきりしているか、周りに注意を払っているかをモニターし、安全と有効性を確保する。覚醒レベルによって、難しいタスクにどこまで効果的に対処できるかが決まる。

不安が強すぎるときは、ごく単純なタスクをこなすことしかできないだろう。[2] とはいえ半分眠っているような状態ではそれさえもできなくなる。難しいタスクを成功させたいなら、中程度の覚醒レベルが必要だ。覚醒は強すぎても弱すぎてもいけない。

高すぎず、低すぎず：脳のパフォーマンスが最適化される中程度の覚醒レベル[3]

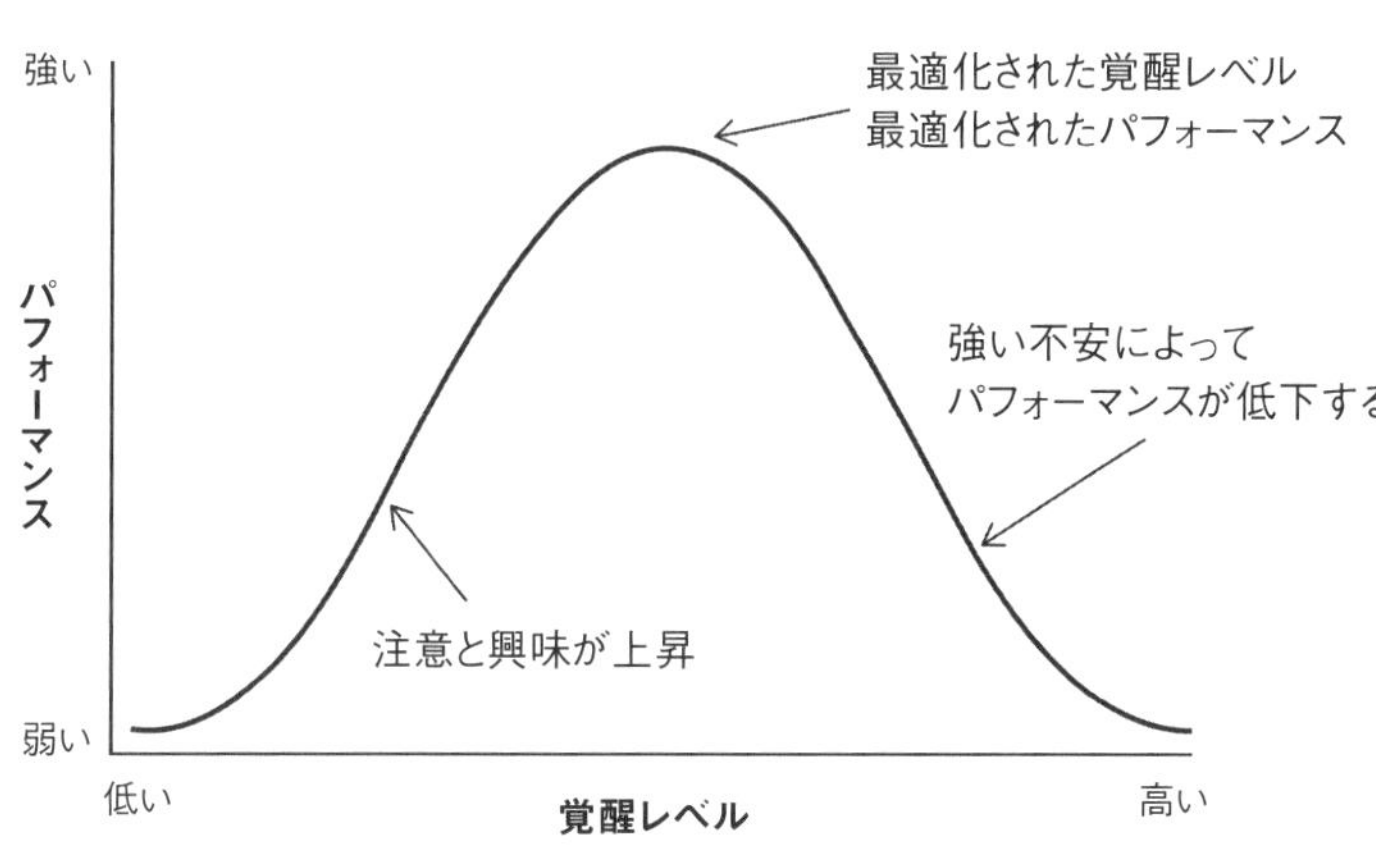

・実行機能は脳のどこにあるのか？

前にも述べたように、ＩＱテストは文化的バイアスの影響を大きく受けるため、脳のパフォーマンスを測定する基準としてはあまり信用できない。一方で実行機能については神経科学のデータが豊富にあり、その意味でより「リアル」であると考えられる。

自分のおでこに手をあててみよう。実行機能は、その指先からわずか数センチのところに存在する。まずおでこの皮膚があり、頭蓋骨があり、そしてその下にあるのが脳の「前頭前皮質」と呼ばれる部位だ。人の脳を脳スキャンで観察すれば、意思決定や計画といった実行機能に含まれる活動を行うと、脳のどこが光るかがわかる[4]。

意思決定や計画のために情報を活用するとき、前頭前皮質は、記憶を保存したり、新し

実行機能を司る前頭前皮質[6]

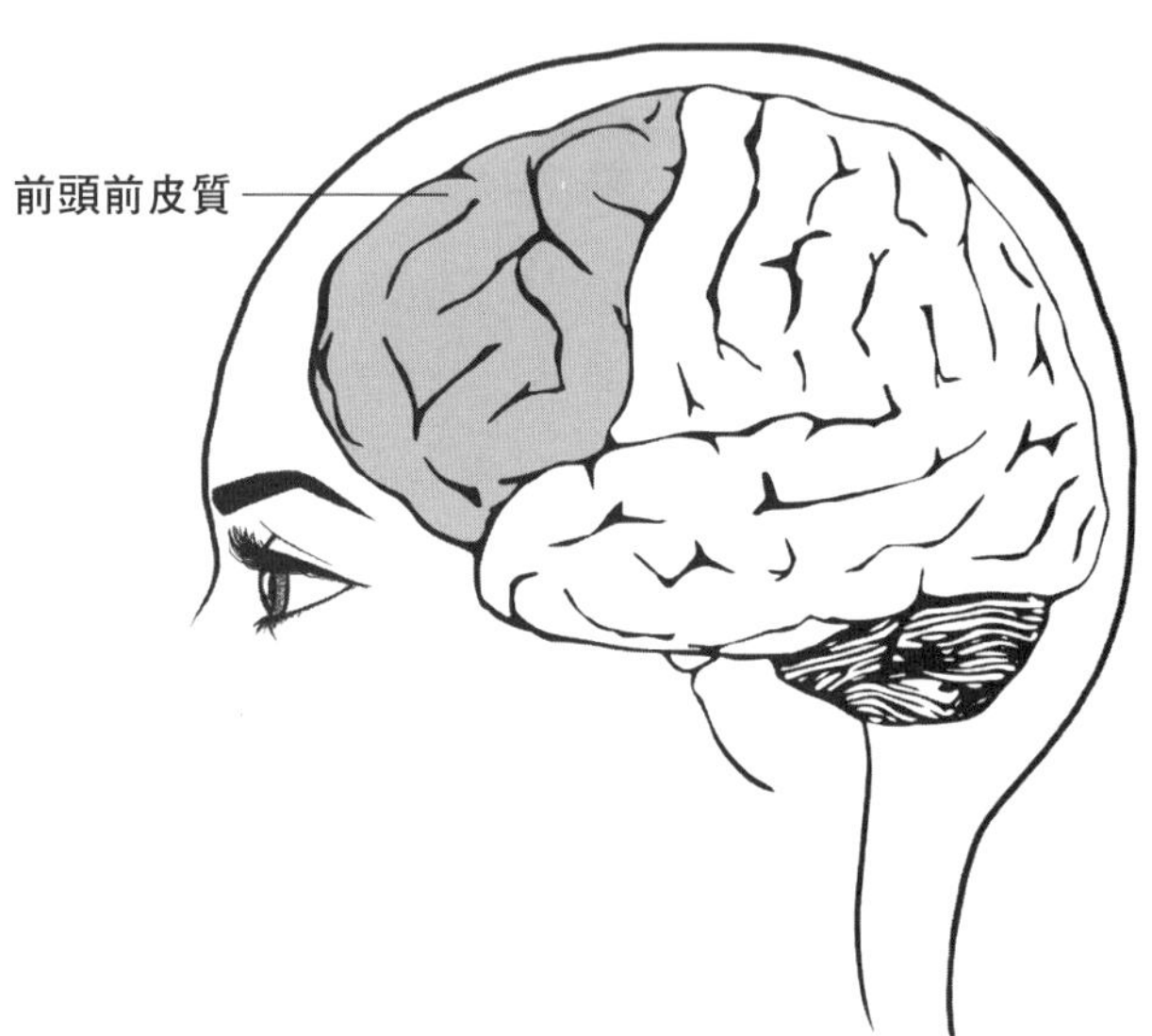

い知覚を処理したりする脳の他の部位とコミュニケーションを取らなければならない。さらに、意思決定の内容を脳の他の部位に伝える必要もある。

脳の他の部位は、その情報によってそれぞれの行動を起こす。記憶や知覚、行動の発動には、前頭前皮質だけでなく、脳の他の部位も深く関わっている。

そのため実行機能が司るタスクは、たいてい複数の脳の部位も担当することになる。[5]

作業記憶はなぜそんなに重要なのか？

実行機能は、人生のさまざまな側面における成功と結びついているようだ。

ニュージーランドのある都市に暮らす１０００人以上の子供を対象に、誕生から32歳までを追跡した研究がある。[7]研究者が注目したのは、子供たちの自己コントロール能力だ。これは実行機能が司る能力であり、抑制などの認知能力を必要とする。

この研究からわかったのは、10歳までに確立された自己コントロール能力を見ると、どうやらその後の人生における健康状態、経済状態、アルコール・ドラッグなどへの依存、犯罪を予測できるということだ。

両親の経済状態と社会的地位、そして子供自身のＩＱスコア（すでに述べたようにＩＱスコアは理想的な評価の基準ではないが、それでも多くの研究で依然として利用されている）を考慮して調整を加えても、自己コントロール能力がその後の人生に大きな影響を与えるということがわかる。

このニュージーランドの研究結果をふまえ、アメリカでも複数の研究が行われた。

その結果わかったのは、幼少時の作業記憶のスコアを見るだけで、小学校から大学までの学業成績を予測できるということだ。実際のところ、作業記憶を基準にした予測は、ＩＱを基準にした予測よりも正確だった。[8]

さまざまな症状も実行機能と関係がある。たとえばＡＤＨＤもその１つだ。ＡＤＨＤの特徴は注意力のコントロールに問題があることなので、実行機能と関わりがあるというのも納得できるだろう。意外なところでは、統合失調症も実行機能と関わりがあるとされている。

私が統合失調症と実行機能の関係を深く理解できたのは、クリスティン・フッカーという研究者から話を聞いたことがきっかけだった。彼女は当時、ハーバード大学で統合失調症の兆候があるティーンエイジャーを対象に研究を行っていた。

彼女によると、研究対象のある少年が、ある日自室で目覚めると、金属のような奇妙な匂いがしたという。そして部屋の壁を見ると、血が一面に塗られて光っている。彼は壁に向かって歩き、指先で壁に触れた。その指を鼻先に持ってくると、たしかに血の匂いがする。当然ながら、彼は心底怖くなった。

「そのとき、彼は立ち止まりました」とフッカー博士は言った。彼は目を閉じ、自分に尋ねた。この壁は本当に血まみれになっているのか？　彼の五感のすべてが、壁は本当に血まみれになっていると告げていた。

それでも彼は、これらすべての情報を頭のなかに保持したままで、そんなことはありえないと自分を納得させることができたのだ。合理的な思考が勝利した。この状況ではまともに考えることはできないと判断し、部屋を出ることにしたのだ。

フッカーによると、この少年と、統合失調症と診断された他のティーンエイジャーとの違いの1つは、作業記憶の大きさだ。彼の作業記憶は、平均よりも多くの情報を保持することができた。彼はおそらくそのおかげで、さまざまな矛盾する五感の情報を受け取っても、合理的な思考で正しい現実を認識することができたのだろう。

この少年の一件以来、フッカーは、実行機能を訓練することが精神疾患のある若者の助けになるのではないかと考えた。手に負えない動きをすることのある脳を制御できれば、脳の働きを正常に近づけることができるはずだ[9]。

作業記憶を活用することで、統合失調症のような重い精神疾患を制御することができるなら、精神疾患のない人でも大きな効果が期待できるかもしれない。

作業記憶は学業成績の助けにもなるようだ。

研究者のトレイシーとロス・アロウェイ（夫婦の研究者で、それぞれかつてスターリング大学とエディンバラ大学で教えていた）の研究によると、学業成績を予測する基準としては、IQよりも作業記憶のほうがはるかに優れているという。

幼稚園児の作業記憶を計測したところ、彼らが小学校6年生になったときの学業成績を95パーセントの正確さで予測できた[10]。

神童と呼ばれるような子供を対象にした最近の研究でも、実行機能のなかにある作業記憶の独特なパワーがさらに証明された。「神童」と判定する基準は、10歳以下で、芸術や音楽、数学などの分野で専門家と同等の能力を発揮できることだ。

こういった神童はＩＱも天才レベルだと思うだろうが、実際のところそうでない子供も多い。彼らのＩＱはだいたい１０８（平均よりわずかに上）から１４７（平均よりかなり上）までの範囲で、平均より下の子も何人かいる。

彼らが才能を発揮する分野は多岐にわたっているが、研究対象となった８人のうち６人は、作業記憶のスコアが一般人の99パーセントを上回っていた[11]。

これは小規模な観察研究なので、作業記憶の大きさが神童をつくり出しているかどうかまではわからない。とはいえ作業記憶のおかげで、それぞれの分野を人より速く習得できるようになったと考えることはできるだろう。

実行機能は、私生活にも仕事にも影響を与える。たとえば休暇の旅行に出かけるときも、事前の計画や荷造り、仕事のやりくりがうまくできるかどうかは実行機能で決まる。

また、頭のなかで同時に複数の考えを保持する能力（たとえば、同僚から先週の仕事の成果の報告を受け、それが今週の自分の仕事に与える影響について考える能力）も、やはり実行機能の管轄だ。

友人グループで食事に出かけたときに、ひとりがもっとたくさん注文したいと言ったとしよう。そんなとき、あなたは誘惑を退けて適正量を守ることができるだろうか？

あるいは、上司からそれまで見たことのない問題を解決するように言われたとき、あなたはどれくらい創造的になり、新しい解決策を思いつくことができるだろうか？

自分の実行機能をテストする

実行機能のテストはひと筋縄ではいかない。テストには「自己申告方式」と「パフォーマンスベース方式」の２つがあり、テストの結果をもっとも有効に使いたいなら両方のテストを受けることが望ましい。自己申告方式は、この章の終わりの「自己評価」を活用してもらいたい。そしてパフォーマンスベース方式もこの章の終わりのテストを活用できる。パソコンを使うテストはウェブサイトにある。

この本で紹介する介入を実施したら、また同じテストを受けて実行機能の変化を確認してみよう。

・自己テストで正確な結果は得られるのか？

自宅での自己テストで本当に正確な結果はわかるのだろうか？　やはり心理学者にテストしてもらったほうがいいのではないか？　そう思っている人もいるかもしれないが、何らかの精神疾患の診断を受けるのでなければ、自己テストでも問題ない。

心理学者と一対一の場合、心理学者はあなたを観察した結果に合わせてテストをカスタマイズしてくれるので、たしかに貴重な情報が手に入るだろう。しかし、このテストでいちばん大切なのは、くり返し（それも毎日！）受けることだ。

テストの結果を比較すれば、自分の変化を知ることができる。

さらに、パソコンを使ったテストもかなり正確な結果が出ることがわかってきた。すでに2010年には、マクリーン（ハーバード大学と提携した精神病院）のローラ・ジャーマインと同僚たちが、自宅のパソコンで受けるテストの結果も十分に有効だということを証明している[12]。また最近の研究でも、自宅で受けるオンラインのテストの有効性が証明された[13]。

実行機能の自己評価[14]

これは実行機能の核となる要素（作業記憶、抑制、柔軟性）を測定するテストだ。

それに加えて、「持続的な集中力や目標に向かう力」「連続的にタスクをこなす能力」「情報の整理や段取りの能力」「新しいタスクをこなす能力」も測定する。

これは他人と競うテストではない。あくまで自分の現状を知るためのテストであり、目的はある一定の時間枠における自分の実行機能を測定することだ。質問にはすべて正直に答えること。さあ、ペンか鉛筆を手に持とう。自分をふり返る時間だ！

ふり返る時間枠を決める

まず時間枠を決めて、その範囲で質問に答える。毎日の自己実験の効果を知るためにこのテストを使うなら、時間枠は「過去24時間」を選ぼう。24時間ごとにテストを行えばより正確な基準値を知ることができる。

自分の全般的な実行機能をもっとざっくり知りたいという人は、「過去30日」か「過去3カ月」を選ぶ。

自分が選んだ時間枠にチェックを入れる。

過去24時間＿　過去30日＿　過去3カ月＿

実行機能を評価する項目に1から5の点数をつける。1は「悪い」、2は「そこそこ」、3は「中程度」、4は「よい」、5は「とてもよい」だ。以下の3つの項目で評価する。

－主要責務：仕事、学校、その他の領域で、自分がもっとも達成したいこと、達成しなければならないことを選ぶ

－個人プロジェクト：今の時点で自分にとってもっとも大切な個人プロジェクトを評価する。たとえば、楽器の演奏を習う、庭造り、地元でのボランティア活動、など

－生活習慣：健康的な食事、睡眠、運動、約束の時間を守る、家事や雑務といった生活の基本

実行機能を6つの分野に分け、それぞれの分野の主要責務、個人プロジェクト、生活習慣に点数をつけていく。点数の合計がその分野のあなたの評価だ。たとえば、主要責務が3点、個人プロジェクトが2点、生活習慣が4点なら、その分野の評価は9点となる。

1 集中力と目標に向かう力　次の活動に従事するとき、あなたはどれくらい目標に向かって集中することができたか？

主要責務（例：仕事、あるいは学校）	
個人プロジェクト	
生活習慣	

2 連続的処理　次の活動に従事するとき、計画を立て、計画通りに実行することはできたか?(たとえば、大きな目標を決め、その目標に到達するための小さな目標を決め、それを計画通りに実行していく)。連続的にタスクをこなす能力、目標を小さなタスクに分割する能力、実行する順番に沿ってタスクの計画を立てること、計画通りにタスクを実行して目標を達成することも含まれる。	
主要責務(例:仕事、あるいは学校)	
個人プロジェクト	
生活習慣	
3 注意力のコントロール　次の活動に従事するとき、注意力を維持・コントロールすることはできたか?(さまざまな誘惑を無視する、目の前のタスクに興味が持てないとき、あるいは疲れているときでも、しなければならないタスクのために長時間にわたって集中力を維持する、状況の変化に気づき、必要に応じて自分の行動を変える、など)	
主要責務(例:仕事、あるいは学校)	
個人プロジェクト	
生活習慣	
4 新しい問題を解決する　以下の項目でまったく新しい問題に直面したとき、どれくらい効果的に問題を解決することができたか?	
主要責務(例:仕事、あるいは学校)	
個人プロジェクト	
生活習慣	
5 計画を守る　次の活動に従事するとき、計画を守り、段取りよく実行することができたか?	
主要責務(例:仕事、あるいは学校)	
個人プロジェクト	
生活習慣	
6 柔軟性　次の活動に従事するとき、態度や思考の柔軟性を保つことはできたか?(状況の変化に応じて考え方や行動を変える)	
主要責務(例:仕事、あるいは学校)	
個人プロジェクト	
生活習慣	

○採点

サブスコア

採点するときはどうしても全体の点数に目がいきがちだが、実際のところ、このような評価では項目ごとのサブスコアがもっとも役に立つ。自己実験を行っていると、このなかで自分がもっとも興味を持つ項目が見つかるかもしれない。たとえば、自分にとってのボトルネックは、個人プロジェクトや生活習慣ではなく、主要責任の項目だというように。あるいは、人生全般でもっとも大きなボトルネックは、計画を守って段取りよく物事を進める能力だということに気づくかもしれない（たとえば、他の項目は12点だったが、「計画を守る」だけが10点だった場合）。自分にとって気になる項目が見つかったら、自己実験のときはその項目に特に意識を向けてもらいたい。

総得点の範囲　18～90点

すべての点数の合計があなたの総得点だ。あなたの得点はどの範囲に入るだろう？

下位３分の１：18～41点
中位：42～66点
上位３分の１：67～90点

総得点が低かった人は、もしかしたら実行機能があなたのボトルネックになっているかもしれない。その場合は実行機能に特化した介入を行ってみるといいだろう。詳しくはPART3を参照してもらいたい。

パフォーマンスベース方式テスト

ここからはパフォーマンスベース方式のテストについて見ていこう。

このテストは、毎日の介入を行う前後に実施する。テストの結果は研究ノートに記録しておくこと。ここで注意してもらいたいのは、どのテストも練習効果の影響を受ける（くり返すほど習熟してうまくできるようになる）ということだ。

それを避けるには、あるテストを複数回実施して（たとえば、最初の1週間に1日1回ずつ）、上から2番目にいいスコアを自分の基準値とする。次に、介入期間のスコアを基準値と比較し、介入の効果を判定する。

ここで紹介するテストは書籍用につくられているが、インターネットでパソコン用のテストを受けることもできる。

・作業記憶テスト——本を使ったNバック課題

これは作業記憶のテストだ。同じ形式のテストは１９５０年代から使われているが、[15]ここで紹介するテストが誕生した背景には私の個人的な物語がある。

ある夜、私はこの章を書きながらこうつぶやいた。「読者は公園や飛行機のなかでこの本を読んでいて、インターネットが使えないかもしれない。どうすればいいだろう？」

それを聞いたコンピューター科学者の夫がこう答えた。

「本だけでテストができるようにすればいいんじゃない？」

私は目を見開き、「それだ！」と言った。このテストはそうやって誕生した。

○道具

・タイマー
・本（文字が書いてあってページ番号がついていれば、どんな本でもかまわない）
・何か書くものとニューロハッキングの研究ノート

○テストの進め方

１　本を開く。どのページでもかまわない。結果シートに開いたページ数を書く
２　タイマーを１分にセットして開始する
３　まずはウォーミングアップとして「Ｎ＝１」から始める。Ｎ＝１とは、１ページ後ろ

のページに書かれた最初の文字を覚えるということだ。たとえばそれが「o」だったとしよう。覚えたら次のページに進み、そのページに最初に書かれた文字を見て（たとえばそれは「l」かもしれない）、それから覚えている前のページの文字を記録する。今の時点では「o」の1文字が書かれているはずだ

4　次のページを見る。そのページの最初の文字（仮に「p」とする）を見たら、すぐに前のページの文字を記録する。今の時点で記録されているのは「o」と「l」の2文字になる

5　これをタイマーが鳴るまでくり返す。これはなかなか難しいタスクなので、成績がよくなくてもがっかりする必要はない

6　N＝1では簡単すぎるという人は、N＝2を試してみよう。N＝2とは「2ページ戻る」という意味で、現在のページを見ながら2ページ前の文字を記録し、なおかつ現在のページの文字も将来の記録のために覚えておくことになる。それでも簡単だったら、N＝3、N＝4と難度を上げていこう

〇採点

ここでは「正確性」と「スピード」を採点する。正確性は、正答率をパーセンテージで表す。スピードは制限時間内で、実際に開いて記憶に挑戦したページ数だ。スコアの範囲は、

最低で０点、そして制限時間内に開いたページの総数が最高点になる。

・処理スピード——定規落としテスト[16]

これは運動認知処理速度を測定するテストだ。実行機能で大切なのは、情報処理や行動を起こす速度だけではない。動きの速度も実行機能を評価する基準の１つだ。

自分の速度を知りたいなら、定規を使って反応速度を測定するという方法がある。これは厳密にいえば実行機能のテストではないが、反応速度が速い人は実行機能も高いという傾向がある。[17]このテストのスコアは、落ちてきた定規をつかんだ位置の目盛りで判定する。

○道具

・定規
・何か書くものとニューロハッキングの研究ノート

○テストの進め方

１　誰かに定規を持ってもらい、その下に自分の手を出す。定規を縦にして、０センチの端を自分の手にできるだけ近づける

２　利き手の人差し指と親指を伸ばしたところに、定規を上から落としてもらう。定規が

落ちてきた瞬間、できるだけ素早く定規を指でつかむ
3　つかんだ箇所の目盛りは何センチをさしているか？　この目盛りの数字が反応スコアだ。たとえば10センチのところをつかんだのであれば、反応スコアは10センチとなる

このテストを複数回行い（最低でも5回）、スコアの平均を出す。

その他のパフォーマンスベース方式テスト

ここで紹介するフランカー課題とストループ課題は1回だけ行うテストだ。くり返し行うと練習効果が発生し、正確に測定できなくなる。詳しく知りたい人はインターネットで検索してもらいたい。

・抑制テスト——フランカー課題[18]

これは抑制を測定する古典的なテストで、少なくとも1970年代から使われているが、ここでは少しひねりを利かせている。

○道具

質問	中央の不等号はどちらを向いているか?	答え
1	＞＜＞＞＞	右
2	＜＞＞＞＞	右
	左端の不等号はどちらを向いているか?	
3	＜＜＞＞＞	左
4	＞＜＜＞＞	右

・タイマー
・ここに書かれたテスト（もっと例が欲しい人はインターネットを検索）
・何か書くものとニューロハッキングの研究ノート

○テストの進め方

1　表の例を参考に不等号の向きを「右」か「左」で答える。ここで言う「中央」とは左端と右端から等距離にあるという意味だ
2　例：＜＜＞＞＞であれば、中央の不等号は＞なので「右」と答える
3　タイマーを1分にセットする。できるだけたくさん回答する
4　表を参考に採点する。正解は1点、不正解と無回答は0点だ

・抑制と柔軟性のテスト――ストループ課題[19]

このテストは、自動的な反応を抑制する能力と、変化に適応する能力を測定する。1世紀近く前、少なくとも1930年代から使われているテストだ。[20]

このテストでは、色の名前がその色とは違う色で書かれている。文字の色を尋ねる質問には色を答え、文字の意味を尋ねる質問には意味を答える。たとえば「黒」と書かれていたら、文字の色を尋ねる質問には「白」と答え、文字の意味を尋ねる質問には「黒」と答える。

○道具

・タイマー
・ストループ課題（ここでは10問しか載せていないが、テスト時間を1分とするなら75問前後は必要になるだろう。「ストループ課題」で検索すれば例題がたくさん見つかる）
・何か書くものとニューロハッキングの研究ノート

○テストの進め方

1　タイマーを1分にセットする
2　文字の色を答える（例1：「黒」であれば「白」と答える）

	文字の色は?	点数	答え（文字の色は?）
1	黒__	1	黒
2	白__	1	白
3	黒__	2	白
4	白__	2	黒
5	黒__	1	黒
	文字の意味は?		答え（文字の意味は?）
6	白__	1	白
7	黒__	2	黒
8	黒__	2	黒
9	白__	1	白
10	黒__	2	黒

3　文字の意味を答える（例2：「黒」であれば「黒」と答える）

4　表を参考に採点する。不正解は0点、正解は問題の難しさに応じて1点か2点

実行機能を向上させることは、ニューロハッキングで脳のアップグレードを目指す1つの方法だ。次の章ではまた別のメンタルターゲットである「情動制御」について見ていこう。

この章で学んだこと

1 実行機能は3つの脳の能力で構成されている。それは「作業記憶」「抑制」「脳の柔軟性」だ。実行機能を使う脳の活動は、「事前に計画を立てる」「同時に複数の考えを保持する」「誘惑を退ける」「問題の創造的な解決策を思いつく」などがある。これらの能力を司るのは、脳の前頭前皮質と呼ばれる部位だ

2 実行機能の高さは、学業、仕事、私生活での成功につながることが多い

3 実行機能の低さは、学業と仕事での苦労と関連があり、学業の中退や低収入につながる。また、統合失調症やADHDといったメンタルヘルスの問題を悪化させる可能性もある

4 自分の実行機能を測定するには、コンピューターを使ったテスト（脳トレをする人にはお馴染みのテストかもしれない）と、紙とペンを使うテストがある

第8章 新しいEQ

刺激と反応の間には、ある一定の空間がある。
その空間のなかにあるのは、自分の反応を自分で選ぶ力だ。
そしてその反応のなかに、私たちの成長があり、私たちの自由がある。

——ヴィクトール・フランクル

▼投資時間　12分
▼ゴール　情動制御とは何かを理解し、自分の情動制御をテストする

ヴィクトール・フランクルはオーストリア生まれの精神科医で、第二次世界大戦中はユダヤ人だったためにナチスの強制収容所に送られた。しかし彼は、絶望と恐怖に屈するのではなく、過酷な状況のなかにも生きる意味を見いだそうとした。

フランクルは、身のまわりで起こるすべてのことに注意を払うと誓いを立てた。

この苦しみのなかで、人間らしさを失わずにいられるのはどんな人たちか？好運にもこの強制収容所を生きて出ることができたら、観察から学んだことを世界中に知らせることができるだろう。絶望的な状況であっても、ただ肉体的に生き残るだけでなく、精神も強く保つには、何らかの心理的な戦略があるはずだ。

フランクルは生き残り、収容所での観察を1冊の本にまとめた。それが大ベストセラーの『夜と霧』（みすず書房）だ。またフランクルは、本にまとめられた考え方を用いて、精神科医として実際に患者の治療も行っている。多くの人が彼の本と治療に助けられ、人生の意味を深く理解できるようになった。

私自身は、フランクルの言う「空間」は「新しいEQ」を発揮する場所ではないかと考えている。新しいEQとは、「自分の感情をコントロールする能力」、すなわち「情動制御」のことだ。

刺激と反応の間にあるその空間に、意思決定のチャンスがある。その空間で何をするかが、私たちの未来を決める。その決定的な空間で、感情と思考を管理すること。それがこの章のすべてだ。その空間に、「私たちの成長があり、私たちの自由がある」。

情動制御を科学的に解明する

研究者や医師によると、情動制御は「自分自身の感情を監視し、評価し、調整する能力」と定義される。自分の感情を調整するとは、「感情の強度」と「感情の種類」「ある感情を維持する長さ」を自分でコントロールするということだ。この能力は、一部は意識的であり、一部は無意識だ。[1]「自己コントロール」と「意志の力」も情動制御に関係している。

情動制御の能力が高い人は、内部に大いなる矛盾を抱えている。さまざまな感情を経験しているが、それをそのまま表に出すことはなく、感情をコントロールして自分の態度を柔軟に変えることができるのだ。[2]つまり「感情を制御できること」と、「感情がないこと」はまったく違う。

情動制御ができる人には、2つの大きな特徴がある。

①感情の表現を遅らせることができる

お葬式の最中に、何らかの理由でいきなり笑いたくなったとしても、彼らは自分をコントロールすることができる。しかし状況が許すなら、彼らも自然発生的に笑い、泣き、感情を表現する。

②自分の感情、思考、生理反応に影響を与えることができる

大事なプレゼンテーションを前にして心臓がドキドキしていることに気づき、それは死期が迫っている証拠だと解釈すると、緊張はさらに高まる。

これは、情動制御ができない人の反応だ。効果的に感情を制御できる人は、プレゼンテーションを控えて緊張していることに気づいたら、自分にこう言い聞かせる。

「普段にも増して頭が冴えわたり、感覚が鋭敏になっている。理想的な状態だ！」

こうやって状況に対する態度を変えれば、自分を落ち着かせ、パフォーマンスを向上させることができる。

情動制御の能力が高い人は、仕事[3]や学校[4]、人間関係[5]でも成功する傾向がある。たとえば、クライアントとのミーティングの準備で最後の仕上げに入ったところで、ストレスで集中できなくなっていることに気づいたとしよう。そんなときは、ここでムリにがんばるよりも、休憩を入れたほうが、長い目で見て時間の節約になる。

そこであなたは立ち上がり、外を少し散歩して、リフレッシュした気分でまた仕事に戻る。興味深いことに、軽度の不安は、むしろ何かを学ぶときの助けになるようだ。

しかし効果的に学習するには、不安を低く抑えなければならない[6]。

情動制御は人間関係でも大きな見返りをもたらしてくれる。自分の感情をコントロールすることができる人は、パートナーに八つ当たりしてケンカになるようなことはない。

情動制御を身につけるには、どうやら時間をかけて訓練しなければならないようだ[7]。これに関してはいくつもの研究があるが、どの研究でも、年配の大人のほうが若者や子供よりも感情を制御する能力が優れている[8]。

それと関連して、年配者はポジティブな気分でいることが多く、ネガティブな気分でいることが少ない[9]。年配者はどんなスキルを身につけているのだろうか？

感情が高ぶるような状況で自分を効果的にコントロールするには、大きく分けて４つのステップがある。自分が各ステップのどこにいるかを認識し、意識的な選択をすることが、情動制御を成功させるカギだ。

ステップ１　自覚する

自分が今、感情が高ぶるような状況にいることを自覚する。自分の生理反応に気づくことも含まれる（例：手に汗をかいているので自分は緊張していると気づくなど）。

ステップ２　選択する

その状況のなかで、自分が注意を向ける対象を選ぶ。

ステップ３　解釈する

その状況をどう解釈するか自分で決める。

ステップ４　反応する

その状況にどう反応するか自分で決める。

感情を制御する能力が高い人は、周りの状況や自分の感情に無自覚な人とは違い、4つのステップを意識しながら、より効果的に状況に対処することができる。

特に「反応する」のステップでは、感情を制御する能力が高い人は複数の対処法を駆使しているようだ。[10] いくつか例を見てみよう。

・感情が高ぶるような状況で、そこにとどまるか、それとも去るかを選ぶ
・その場の緊張を和らげる方法を見つける（例：自虐的なジョークで笑いを誘う）
・物語を語ることで話題を変えるか、その場にいる人たちの状況に対する見方を変える
・出来事を俯瞰するために視点を変えようとする
・自分自身、あるいは自分の状況を別の視点から眺めようとする（例：争っている相手の視点に立って共感しようとする、自分の親友になったつもりで自分をなぐさめるなど）
・感情的なストレスの原因が長期にわたるものなら、新しい習慣を確立してそれを和らげようとする（例：緊張感の高いミーティングの前に瞑想クラスの予定を入れる、プレゼンテーションの後に昼寝を入れて心身をすっきりさせるなど）

情動制御の作動時、脳と身体で何が起こっている？

情動制御を行っているときの脳の動きは、脳スキャンで見ることができる。たとえば、まず被験者に、悲しい映画や楽しい映画といった感情が動かされるような映画を見せ、その後で感情を制御するように言う。そのときの脳をスキャンで見ると、脳の２つの部位が活発に動くことが多い[11]。

１つは脳の前部（実行機能のタスクを行うときに活発になる前頭前皮質）だ。そしてもう１つは、予想通りと言うべきか、扁桃体などの感情を司る部位だ（扁桃体には、周囲の環境で重要な物事、あるいは「突出した」物事を察知する働きがあり、恐怖や脅威を感じたときに特に活発になる）。脳の前部と扁桃体のつながりは、感情の制御を行うときに強くなる傾向がある[12]。

このことからわかるのは、実行機能と自己コントロールを司る脳の部位が、感情の部位の活動を制御しているらしいということだ。情動制御が苦手な人は、それが得意な人とは脳の活動パターンが大きく異なっている。自己コントロール能力が高い人は、脳の前部と扁桃体のつながりが強い傾向がある[13]。

とはいえ、情動制御は脳だけの仕事ではない。自分が激怒したときの感覚を思い出してみよう。身体のいろいろな部位が熱くなったように感じたのではないだろうか。副腎皮質（腎臓のなかにある部位）から「闘うか、それとも逃げるか」のホルモンが血中に分泌され、それが全身をめぐり、指先の体温上昇や、瞳孔の拡張など、さまざまな反応を引き起こすからだ[14]。

それと同じように、心拍変動（心臓が鼓動する速さやリズムの変化[15]）と、肌から分泌される化学物質も、感情に応じて変化する。おそらく、だからこそ感情に反応する身体の部位に集中するタイプの瞑想が、感情のコントロールで大きな効果を発揮するのだろう。

情動制御をテストする

現在のところ、情動制御の能力を測定するには、本人の自己申告に頼るしかない。だがこれから数年の間に、もっと生理学的に評価する手法が確立される可能性はある。情動制御を行うときのさまざまな身体の活動を察知できれば、その情報を活用して、より効果的に感情をコントロールすることができるようになるだろう。

しかし、そういった動きの多くはメンタルヘルスの分野で始まると考えられる。アメリカ国立精神衛生研究所の元所長が設立したスタートアップ「マインドストロング・ヘルス」では、患者のスマートフォンの使い方から、メンタルヘルスの問題を読み解く方法の研究が行われている。患者のスマホにインストールされたアプリを使うのだが、そのアプリが計測するのは、タップ、スワイプ、スクロールの速さであり、そういった動作の変化から精神状態の変化を察知する。

また、サンフランシスコに拠点を置くスタートアップで、2人のサイバーセキュリティ企業の元幹部が設立した「ニューラメトリックス」も、タイピングのリズムをバイオマーカー（生理的な変化の指標）として活用し、リズムの変化から脳や精神の機能の変化を読み取ろうとしている。スマートウォッチなどの活動量計の多くは、心拍変動を測定できるので[16]、おそらく近い将来には、スマートウォッチで情動制御能力がテストできるようになるだろう。

情動制御能力を数字で表すことはできるのだろうか？

もしできるのなら、それを基準値として自己実験の成果を評価することができる。次からは基準値を知るための自己評価の方法を見ていこう。

・情動制御の自己評価[17]をする

この自己評価で測定するのは、情動制御で核となる能力、すなわち自分の感情をモニターし、評価し、調整する能力だ。またここには、自分をなぐさめるスキル、衝動をコントロールするスキル、自己認識（自分の感情の状態を正しく把握すること）、注意を向ける先をコントロールする力なども含まれる。

ここで思い出してもらいたいのは、これは競争ではないということだ。目的はあくまで自分自身を知ることであり、ある一定の時間枠のなかで、感情をコントロールするあなたの能力をあなた自身がどうとらえているかということだ。正直に質問に答えてもらいたい。

ふり返る範囲の時間枠を決める

あらかじめある一定の時間枠を決め、その範囲内ですべての質問に答える。相互比較が可能になるように、すべての自己評価で同じ時間枠を選ぶこと（例：「実行機能」の自己評価で「過去30日」の時間枠を選んだのであれば、ここでも過去30日を選ぶ）。

毎日の自己実験を行っているときに、実験の効果を測定するためにこの自己評価を使いたいのであれば、時間枠は「過去24時間」を選ぶ。あるいは、24時間ごとに自己評価を行うとより正確な基準値が手に入る。

より長期にわたる情動制御のレベルをざっくり知りたいのであれば、「過去30日」か「過去3カ月」を選ぶ。

過去24時間＿　過去30日＿　過去3カ月＿

次の説明を参考に、それぞれの質問に1～5で答える。答えた数字があなたのスコアだ。たとえば、質問1の答えが1なら、その質問のあなたのスコアは1点になる。

1　ほぼなし：　時間枠内の0－10％の時間

2　ときどき：　時間枠内の11－35％の時間

3　だいたい半々：　時間枠内の36－65％の時間

4　ほとんど：　時間枠内の66－90％の時間

5　ほぼいつも：　時間枠内の91－100％の時間

1	怒っている、動揺しているときを含め、自分の感情に気づくことができる	
2	自分の感情を理解できる	
3	自分が望めば自分の感情を変えることができる	
4	感情が乱れている自分をなぐさめることができる	
5	感情的になると反射的に出てしまう行動や言葉を、自分の意思で始める、あるいは止めることで、衝動をコントロールできる	
6	動揺しているときにあえて他のことを考えることができる	

○採点

サブスコア

採点するときに総得点ばかりを見てしまいがちだが、この種の自己評価では、個々の質問の答えであるサブスコアのほうがむしろ役に立つことが多い。自己実験をしているときは、ある特定の質問でスコアがどのように変化したかを見ていくと、自分についての貴重な情報が手に入るかもしれない。質問ごとにスコアの変化を追跡してみることもおすすめする。

総得点の範囲　18～90点

各質問の答えの合計を３倍した数字があなたの総得点だ。スコアが高いほど、感情を制御する自分の能力に自信を持っていることになる。

スコアが低い人は、感情の制御がボトルネックになっているかもしれない。もしあなたがそうなら、情動制御をターゲットにした自己実験を試してみる価値はあるだろう。

下位３分の１　18～41点
中位　42～66点
上位３分の１　67～90点

・気分を評価する

情動制御を評価する手法のほとんどは、長期的な観察を目指している。情動制御の平均的なレベルを知るためだ。今この瞬間のレベルを知りたいなら、毎日の自己実験で「気分評価」の手法を使うといいだろう。使い方を説明しよう。

まず、感情の引き金になるものに自分をさらす（例：心配や怒り、恐怖を引き起こすような物事について考える）。次に、表で説明している「瞬間感情評価（ＭＦＡ）」を行う。

そして、この本で紹介している感情をコントロールするための介入のどれか１つを行う。介入が終わったら、再びＭＦＡを行う。そうして点数を計算し、気分が変わったかどうか判断する。

○採点

奇数の項目の答えをすべて足す。これがあなたの「不快な感情」のスコアだ。点数の範囲は９点から45点になる。次に偶数の項目の答えをすべて足し、「気分のいい感情」のスコアを出す。これも点数の範囲は９点から45点になる。

総得点だけでなく、各項目のサブスコアの変化も追跡すると、自分についてより深く理解できるかもしれない。自己実験を行う過程で、18のうち１つか２つの感情が特に変化することもある。それらの変化が貴重な気づきにつながるだろう。

MFA：瞬間感情評価（MFA）[18]

以下の18種類の感情のうち、半分は気分のいい感情で、もう半分は不快な感情だ。今この瞬間の自分の感情に注目し、どの程度当てはまるかを1から5で答える。1は「ほとんど当てはまらない」、あるいは「まったく当てはまらない」で、3は「まあまあ当てはまる」、そして5は「まさに当てはまる」だ。

私の今の感情は	
1　悲しい	
2　やる気がある	
3　怒っている	
4　思いやりを感じる	
5　怖い	
6　感謝	
7　嫌悪感	
8　興味津々	
9　不安	
10　目的意識がある	
11　気持ちがかき乱されている	
12　畏敬の念に満ちた	
13　後悔	
14　活気に満ちた	
15　不機嫌	
16　頭が冴えている	
17　落ち着かない	
18　満ち足りた	

気分のいい感情スコアから、不快な感情スコアを引いた数字が、あなたの総得点だ。

下位3分の1　マイナス36〜マイナス12
中位　マイナス13〜プラス11
上位3分の1　プラス12〜プラス36

総得点が低い人は全般的に沈んだ気分で、総得点が高い人は全般的に気分が上向きだ。

ここまでは、脳の実行機能と、情動制御について見てきた。次の章からはみなさんお待ちかねの項目について見ていこう。それは記憶と学習だ。

この章で学んだこと

1　情動制御とは、自分の感情を監視し、評価し、調整する能力のこと

2　感情が高ぶるような状況を効果的にコントロールするには４つのステップがある
①感情が高ぶる状況に置かれていることを自覚する
②その状況のなかで注意を向ける対象を選ぶ
③その状況をどう解釈するかを選ぶ
④その状況への自分の反応を選ぶ

3　情動制御を行っているとき、脳内と身体のさまざまな部位が活発になっている。感情を「司る大脳辺縁系（扁桃体を含む）」「理性を司る脳の前部」「腎臓内の副腎皮質」「指先の温度を含む末梢神経系」「瞳孔の拡張」「化学物質を分泌する肌の表面」などだ

4　感情を自己制御する能力のレベルは自己評価で測定することができる。しかし将来的には、より生理学的に測定する手法が開発されるかもしれない

第9章

記憶と学習

記憶とは複雑なものだ。

真実の親戚ではあるが、真実と双子ではない。

――バーバラ・キングソルヴァー

▼**投資時間** 15分
▼**ゴール** 記憶のしくみを学び、自分の記憶力をテストする

「隣は空いてる？」

見上げると、そこには笑顔を浮かべた巻き毛の男子学生がいた。あれはＭＩＴの最初の年だった。心理学入門のクラスで、私は最前列に近い席を素早く確保していた。

「どうぞ」と、私は笑顔で答えた。後でわかったのだが、彼の名前はニマ・ヴェイセだ。私

は彼に、心理学に興味を持ったきっかけを尋ねた。すると彼は笑って言った。「ぼくの記憶力はちょっとおかしいんだ。だから心理学が何かの助けになるかと思ってね」

授業が始まると、心理学の教授がスクリーンにさまざまなものを映していった。画面が変わるごとに、一緒に映るものの数がどんどん増えていく。映写が終わると、教授は少し時間をおき、そしていくつ覚えているかを学生に尋ねた。

私たちの何列か後ろに座る学生は9つのものを覚えていた。ニマと私は6つしか覚えていなかった。「これは作業記憶のテストだ」と、教授は言った。するとニマは、「ぼくの記憶はきっと他の名前がついているんだろうな」とつぶやいた。

その数年後、カリフォルニア大学アーバイン校の研究に参加したニマは、自分が世界に数十人しかいない人の1人だということを知った。彼のような症状は、「超記憶症候群」、あるいは「非常に優れた自伝的記憶（HSAM）」と呼ばれる。基本的な症状は、人生の出来事を忘れられないことだ。[1]

彼らは、誰かとの会話や、テレビ番組の内容を、そのときの周りの光景や使われた言葉にいたるまですべて正確に覚えている。私も数分から数時間なら覚えていられるかもしれないが、ニマのようなHSAMの人たちは永遠に覚えているのだ。

事実だと立証できる過去の出来事について尋ねると、超記憶の持ち主は97パーセントの確率でそれらを正しく覚えている。たとえ大昔の出来事でも記憶は正確だ。[2]

ニマは後に、その能力を生かして、人生で見たことのある1500枚以上の絵画の記憶を元に独特の芸術作品を創造するようになった。[3]

絶対に忘れないなんて、私からすればすごいことだ。しかし当人のニマによると、それはたしかにすごいことだが、同時に問題もある。私たちは物事を忘れないように必死になっているが、忘却には便利な側面もあるからだ。

たいていの人は、いつもの通勤の2分間は忘れてもかまわないが、祖父が亡くなる前日に一緒にケンタッキーダービーを観戦したときの2分間は覚えておきたいだろう。しかし超記憶の持ち主は、どちらの記憶も同じように覚えているのだ。人生における重要度はまったく関係ない。

人間の脳には不思議がたくさんあるが、その1つがごく少量の電力、具体的にはわずか20ワットで動くということだ。消費電力は少ないが、その能力は、千倍もの電力を必要とするスーパーコンピューターを上回ることもある。[4]人間の脳にこの能力があるのは、少なくとも部分的には、忘れることができるからだ。

ニマのような超記憶の持ち主たちは、自分の人生のすべてを覚えている。専属の映画撮影クルーに人生を記録してもらっているのと同じようなものだが、そこには代償もあるかもしれない。

超記憶の持ち主のなかには、多すぎる記憶がじゃまになると訴える人もいる。頻繁に昔のことを思い出し、新しい情報を処理することができず、さらに昔の記憶を適切なときに取り出して有効に活用することもできないという。

超記憶の持ち主は人生の出来事をすべて覚えているが、他の面では平均的で、なかには平均以下になる人もいることがわかっている。さらには、私たちと同じように記憶違いもする。[5] どうやら超記憶の能力も、私たちにとってまったく手が届かない存在ではないようだ。そこでこんな疑問が浮かぶ。そもそも彼らは、どうやって人生のすべての出来事を覚えているのだろうか？

２０１５年に行われた超記憶症候群の研究によると、記憶が正確な人ほど、強迫性障害の傾向が強いという。つまり、昔の出来事を何度も頭のなかで再生してしまうということだ。研究者の考えでは、ニマのような人たちも情報を「符号化」する方法は通常と同じだが、自伝的な情報を「統合」する方法が他とは異なっている。[6]

記憶の統合は時間に依存する作業で、最近の経験が長期の記憶に統合されるというプロセスをたどる。[7] もしかしたら超記憶の持ち主は、この統合のプロセスが普通の人よりも優れているのかもしれない。出来事を何度も頭のなかで再現することで、記憶を定着させていると考えられる。

記憶と学習を科学的に解明する

記憶には3つの段階がある（自伝的記憶だけでなく、すべての記憶がそうだ）。それは「符号化」「貯蔵」「検索」だ。

①符号化

五感のいずれかが何かを知覚したときに始まる。

②貯蔵

五感の情報がフィルターにかけられて「感覚記憶」になる。感覚記憶がとどまるのはわずか数秒だ。それから感覚記憶の小集団がフィルターにかけられて「短期記憶」となる。短期記憶の持続期間は数秒から数分間で、時には30分にわたることもある。その後、その短期記憶の小集団が「長期記憶」になる。長期記憶は生涯続くこともある。

情報がこれらの段階をすべて通過し、正しく符号化されるのは簡単なことではなく、いくつもの障害を乗り越える必要がある。たとえば、同時に他の情報が脳に入ってきてじゃまをするかもしれない。あるいは、情報にこれといった印象がなく、記憶に残らないこともあるだろう。これらのプロセスの多くは、自分のコントロールが及ばない範囲で起きている。
そのため、あまり覚えていたくない情報が完璧に保存され、ぜひ覚えておきたい情報が忘れられてしまうこともある。

③検索

記憶と言われて連想するのは、この最後の段階だろう。「もう少しで思い出せそうなのに！　もうここまで出ているのに！」という状況になるのは、検索が正しく行われていないからだ。

一般的に、記憶に残る出来事や事実は、ある一定の基準を満たしている。

それは「強い感情と結びついていること」「驚きの要素があること」、そして「以前に見たものと同じパターンに当てはまること」だ（あるいは、ただ単に覚えておこうと努力したから記憶に残るということもある）[8]。

これらの基準を満たさない出来事や事実は、忘れられてしまうことが多い。

ＰＡＲＴ１に出てきた「共に発火するニューロンは共に結びつく」「同調性を失ったニューロンはつながりを失う」という２つの言葉を覚えているだろうか？

この後者の言葉が、ニューロンレベルでの忘却を表現している。以前はとても仲のよかった友達でも、生活環境が変わって離れていけば共通の話題がなくなるように、共に発火することをやめたニューロンもお互いに疎遠になっていく。
脳にとって忘れるとは、ニューロン同士が疎遠になることだ。

脳のどこで記憶と学習は行われるのか？

記憶は大きく4つの種類に分けられ、それぞれの記憶が人生の各側面で大きな役割を果たしている。この章の初めに登場した「自伝的記憶」は脳のさまざまな部位が関わっているが、そのうちの1つが「扁桃体」だ。

作業記憶は第7章の「新しいＩＱ」でも見たように、数秒から1分の間、脳により多くの情報を保持して活用する能力のことだ。

脳スキャンで見ると、作業記憶に関連する脳の部位はだいたい前部に集中している。一方で自伝的記憶は、脳の側面にある「側頭葉」と後頭部にある「後頭葉」も関わっている。[9]

学校の勉強で必要になる記憶は「意味記憶」と呼ばれる。アイデアや概念、事実を覚えるための記憶だ。国の首都、外国語の語彙、元素の周期表を覚えるのはすべて意味記憶になる。

また意味記憶は、過去ではなく未来の記憶も含まれることもある。それは「展望的記憶」と呼ばれ、「覚えておくべきことを覚えておく」という意味になる。たとえば、自分に向かって「帰りに牛乳を買うのを忘れないように」と言い聞かせるとき、あなたは展望的記憶を発動させている。

「エピソード記憶」（自伝的記憶はここに含まれる）と意味記憶を司るのは、「海馬」と呼ばれる脳の部位だ。記憶でも脳の前部が関わっているが、側頭部のほうがより重要な役割を演じている。

何らかのスキルが必要な動きをするときに頼りにするのが「手続き記憶」だ。自転車に乗るときや、自動車を運転するとき、私たちは手続き記憶を活用している。

この種の記憶では、最初のうちは自分の動作を意識する必要があるが、慣れてくると何も考えずに動けるようになる。こういった習慣や手続きの記憶は、どうやら脳の「線条体」と呼ばれる部位で、保存と処理が行われているようだ。

そして、その記憶が線条体に送られる過程で、脳の前部が決定的な役割を果たしている。学習の最初の段階である符号化で、もっとも大きな働きをするのは作業記憶であり、作業記憶を司るのは「前頭前皮質」だ。

だが、ある物事を十分に学習すると、それ以降は前頭前皮質を使わなくなる。

ＰＡＲＴ１でも見たように、あるタスクの初心者と熟練者の脳をスキャンで撮影すると、両者の違いがよくわかる。初心者はそのタスクをするときに、作業記憶やその他の実行機能を苦労して連動させているので、前頭前皮質が盛んに発火する。

対してタスクの熟練者の脳はいたって静かだ。彼らは自動的なプロセスや長期記憶だけを

記憶と学習を司る脳の部位：扁桃体、線条体、海馬[11]

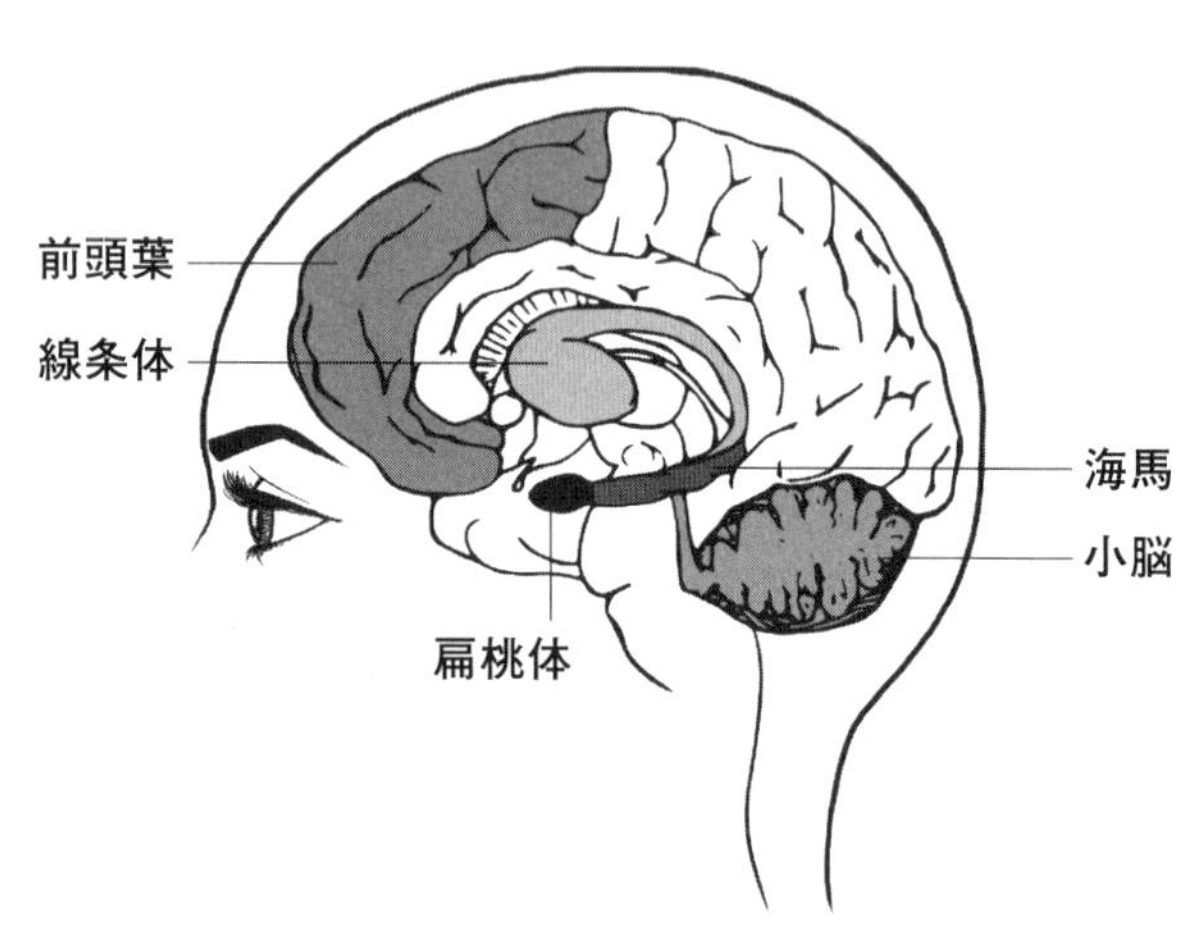

頼りにタスクを遂行することができる。ここでは線条体や「小脳」など、さまざまな脳の部位が関わっている。またこのことは、タスクだけでなく、態度や行動の学習にも当てはまる。

実行機能研究のパイオニアであり、ブリティッシュコロンビア大学で教えるアデル・ダイアモンドは次のように言っている。

「子供も他の子をぶってはいけないということは頭ではわかっている（前頭前皮質で理解している）。

しかし、その知識がまだ自動化されていない段階で、何かカッとなるようなことがあったら、その子は他の子をぶつだろう。何かが自動化されるには（つまり、前頭前皮質の管轄から離れるには）、同じ行動を何度もくり返すしか道はない[10]」

なぜ記憶と学習は重要なのか？

高度な「記憶力」と「学習能力」はなぜ役に立つのだろう？

理由の１つは、時間の節約になることだ。情報を頭のなかに保存しておけば、いちいち確認する手間がはぶける。たとえば何らかの外国語を習得している人は、わざわざグーグル翻訳の助けを借りる必要がない。

それに加えて、記憶と学習は自信にもつながる。外科医が手順を確認するために、手術の最中に何度もユーチューブの動画を見ていると想像してもらいたい。あるいは、ＴＥＤのプレゼンテーションでずっとメモばかり見ている講演者や、コートの真ん中で立ち止まりドリブルのやり方を確認するプロのバスケットボール選手でもいい。

昨今では、学習スピードの重要性がさらに高まっている。学士か、それ以上の学歴を要求する仕事も増えてきた。[12] 低スキルや中スキルの仕事は、どんどんＡＩに取って代わられている。

２０３０年までには、全世界で７５００万人から3億７５００万人が仕事を変えるとみられている。新しいスキルを早く習得できる人は、この変化に適応してチャンスをつかめるということだ。[13] ＡＩに奪われる心配がない仕事をしている人でも、頭に入れなければならない情報の量は恐ろしいほど増えている[14]。

記憶力と学習能力が高ければ、この変化の時代をクールに乗りこなすことができるだろう。

記憶力と学習能力をテストする

先に登場した友人のニマのように、自分も超記憶の持ち主かどうか知りたい人は、カリフォルニア大学アーバイン校のウェブサイトで診断テストを受けることができる[15]。その他の記憶と学習に関しては、自己申告方式とパフォーマンスベース方式のテストがある。

これらのテストで基準値を測定すれば、自己実験を始めてからの数値と比較することができる。次からは自己申告方式のテストで使う質問を見ていこう。

・記憶と学習の自己評価[16]

このテストの目的は、現状の記憶と学習の能力を評価して基準値を出すことだ。

ここでは2種類の記憶に注目する。それは、「エピソード記憶（場所や時間、感情と結びついた個人の記憶）」と「意味記憶（言葉や概念、数字）」だ。

このテストの目的は、あくまである一定の時間枠における自分の記憶と学習の能力を、あなた自身がどう考えているかを知ることだ。すべての質問に正直に答えよう。

時間枠を選ぶ

選んだ時間枠を念頭にすべての質問に答える。

この調査の答えを基準値として使いたい、あるいは毎日の自己実験である特定の介入を行った後に効果を知るために使いたい場合は、時間枠は「過去24時間」を選ぶ。

長期にわたる全般的な記憶力と学習能力をざっくり知りたい場合、時間枠は「過去30日」か「過去3カ月」を選ぶ。

過去24時間__　過去30日__　過去3カ月__

各質問の答えがそのままスコアになる。たとえば、質問1の答えが1なら、あなたのスコアは1点だ。

1　ほぼいつも:時間枠の91－100%の時間

2　ほとんど:時間枠の66－90%の時間

3　だいたい半々:時間枠の36－65%の時間

4　ときどき:時間枠の11－35%の時間

5　ほぼなし:時間枠の0－10%の時間

該当なしの場合は「なし」と書く

・新しい数字を覚えるのに苦労した	
・すでに知っている数字を思い出すのに苦労した	
・新しい事実を学ぶのに苦労した	
・すでに知っている事実を思い出すのに苦労した	
・新しい言葉を学ぶのに苦労した	

・すでに知っている言葉を思い出すのに苦労した	
・名前、または顔(あるいはその両方)を覚えるのに苦労した	
・すでに知っている名前、または顔(あるいはその両方)を思い出すのに苦労した	
・何かを置いた場所を思い出すのに苦労した(鍵、財布、車、など)	
・やろうとしていたことを思い出すのに苦労した	
・すでにある約束を忘れていたために、予定を二重に入れてしまった、あるいは2人の相手に同じ約束をしてしまった	
・いつもの習慣を忘れた(髪をとかす、薬を飲む、支払いをする、など)	
・文字を読んでもなかなか頭に入らなかった	
・前に読んだことを思い出すのに苦労した	
・前に聞いたことを思い出すのに苦労した	
・途中でじゃまが入ると、話していたこと、やっていたこと、または考えていたこと(あるいはそのすべて)を思い出すのに苦労した	
・聞いたばかりの道、または聞いたばかりの指示(あるいはその両方)を、覚える、または思い出す(あるいはその両方)のに苦労した	
・ずっと前から知っているはずの道、または指示(あるいはその両方)を思い出すのに苦労した	

○採点

サブスコア

採点するときはどうしても全体の点数に目がいきがちだが、実際のところこのような評価では、項目ごとのサブスコアがもっとも役に立つ。自己実験を行うときは、項目ごとのスコアの変化が大きなヒントになる。自分にもっとも重なる項目を3～5個選んでみよう。あなた自身が考える自分の記憶力と学習能力をもっとも正確に描写している項目だ。これらの項目を個別に追跡すると、貴重な情報が手に入るかもしれない。

総得点の範囲　18～90点

答えが「なし」の項目は総得点に含めない。

各項目の答えの合計があなたの総得点だ。次に、その総得点を、答えが「なし」以外の項目の数に5をかけた数字で割る。その結果を今度は72倍する。

あなたの総得点はどのレンジに入るだろうか？

下位3分の1　18～41点
中位　42～66点
上位3分の1　67～90点

総得点が低い人は、もしかしたら記憶か学習（またはその両方）がボトルネックになっているかもしれない。あなたがもしそうなら、記憶と学習をターゲットにした介入を試してみよう。時間とともにスコアが上昇しているなら、それはニューロハッキングの自己実験がうまくいっている証拠かもしれない。

・記憶と学習のテスト――パフォーマンスベース方式

言葉を学習する能力を簡単に計測したいなら、次のテストを試してみよう。

■言葉の学習のテスト

○道具

・タイマー
・単語リスト1と2（次ページ）
・覚えた単語を記録するための紙と何か書くもの

○テストの進め方

1　タイマーを1分にセットする
2　タイマーをスタートし、単語リスト1にある20の単語を見る。できるだけたくさん覚

える。1分たったらリストを裏返しにする

3　1分間の休憩を入れる。覚えた単語のことは考えない！

4　またタイマーを1分にセットし、覚えている単語をノートに書く

5　単語リストを表に返す。20の単語のうち覚えていたのは何パーセントだろうか？

○単語リスト1（介入前に行うテスト）

犬　テーブル　山　帽子　列車　民主制　チューリップ　キヌア　さざ波　こだま　賢い

円盤　暖炉　不思議　不賛成　迷路　森　膝　絵画　目

○単語リスト2（介入後に行うテスト）

猫　カウチ　空　コート　飛行機　君主制　ヒナギク　ウコン　穴　沈黙　愚かな　長方

形　電子レンジ　失望　お祝い　ゲーム　砂漠　耳たぶ　彫刻　手

次の章では、脳のアップグレードで最後のターゲットを見ていこう。

それは「創造性」だ。

この章で学んだこと

1 記憶には「短期記憶」と「長期記憶」がある。「エピソード記憶」とは人生の物語（エピソード）を記憶することであり、「意味記憶」とは概念や事実を記憶すること、「手続き記憶」とは物事のやり方を記憶することだ

2 学習には「符号化」と「貯蔵」という2つの段階があり、そして学習したことを思い出すのが「検索」だ

3 学習のスピードを上げると、自動化によって絶え間なく変化するグローバル市場に適応し、自分のキャリアをコントロールできるようになる。記憶力を向上させると、すでに知っていることを最大限に活用することができるようになる

第10章

創造性

創造性は使い切ることができない。
それは使えば使うほど増えていく。

——マヤ・アンジェロウ

▼投資時間　17分
▼ゴール　創造性をより深く理解し、自分の創造性をテストできるようになる

2015年の冬、私は中国の蘇州で開催された教育関連の会議で講演をすることになった。現地にいる間、会議の主催者のはからいで、私を含む国外からの講演者たちは、上海地区にある革新的なK－8学校を視察することができた。

そこではたくさんの新しいアイデアを目にすることができた。たとえば、中学校の先生が

定期的に研究論文を発表していたりする。まるでアメリカの大学教授のようだ！

しかしそのなかで、特に印象に残った教室がある。

訪問したほとんどの学校と同じように、その学校も学業的な達成に誇りを持っていた。ところが美術の授業を視察したときは、まったく新しい体験をすることになった。教室のあらゆる壁、あらゆる平らな表面、あらゆる棚に、絵画やドローイング、壁画、彫刻などが飾られている。圧倒的な量で、どの作品も豊かな感情表現とコントロールされた創造性を兼ね備えている。プロのアーティストの作品にもまったく引けを取らない。

作品の質も驚くほどバラエティに富んでいた。傑作のすぐ隣に、棒人間にしか見えないような作品が並べられている。私の困惑した表情に気づくと、美術の先生は声を出して笑った。

通訳を介して彼の話を聞いたところによると、その学期は、作品の質だけでなく、作品の量も同じくらい評価して成績をつけることになっているということだ。つまりいい作品を創造するだけでなく、たくさんの作品を創造しなければならない。私たちが訪問した時点で、教室は生徒たちの芸術作品であふれかえっていた。

あの教室を見たとき、私のなかで何かが引っかかった。そして教室を出るとき、私は突然、7年生のときの国語の先生を思い出した。

その先生は私たちに、日記を書くという課題を出した。日記も成績の対象になるが、評価するのは中身ではなく書いた量だ。誠実な内容の日記をたくさん書いた人が、いい評価をもらえる。

私たちはみんな驚き、そして少し疑心暗鬼になった。

「何か裏があるんですか？」と、ひとりの生徒が尋ねた。先生はただ笑うと、同じことをくり返した。「裏なんかありませんよ。ただ好きなことを書いてください。その日の出来事でもいいし、詩でも、歌詞でも、物語でも、エッセイでも、買い物リストでも……とにかく書いてください」

中国の美術の先生も、私が7年生のときの国語の先生も、どうやら同じ目的があったようだ。それが何なのかは、この先を読んでいけばわかるだろう。

創造性を科学的に解明する

そもそも創造性とは、いったい何なのだろう？

それを正確に理解している人などいるのだろうか？

創造性の定義は、とてつもなく難しい。さらに測定するとなると、ほぼ不可能に思える。

私自身、創造性をこの本に含めるかどうかでさんざん悩んだものだ。とはいえ、ニューロハッカーである私たちのゴールは、脳の能力を高めて日々の生活に生かすことなので、ここで創造性を外すわけにはいかない。

この本では、創造性の定義を、計測可能なごく狭い範囲に限定することにした。

私が目指しているのは、より現実の世界に即した創造性の評価だ。創造性の特徴で誰もが同意するのは、何か新しいものを生み出すという点だろう。創造するのだから、何かをつくるということだ。

そこで私は、多くの研究者も使っている（非公式ではあるが）定義を採用することにした。創造性とは、ある一定の時間内において、何か役に立つ新しいものをいくつ生産できるかということだ。創造性の高い人は、創造性の低い人よりも、ある一定の時間枠で、何か役に立つ新しいものをたくさんつくることができる。


創造性には天才レベルのＩＱが必要だと考えている人もいるが、複数の研究によると、どうやらそうではないようだ。大人のＩＱテストは子供向けよりも難しい内容になっているので、平均的なＩＱの子供が大人のＩＱテストを受けると、大人の平均より低いスコアになる。だからといって、子供より大人のほうがＩＱが上なのかというと、そういうわけでもない。たとえば、スパゲティと糸、粘着テープ、マシュマロを使って塔をつくるという課題を与えたところ、幼稚園児のチームが大人のチームに勝つという結果になった。

大人のチームには、弁護士チームやビジネススクールの学生チームも含まれる。しかし幼稚園児チームは、そのすべてに勝利を収めたのだ。[1]

複数の研究により、「閾値仮説」と呼ばれるものが存在することが証明されている。[2]閾値とは「境となる値」という意味で、個人のパフォーマンスを観察したところ、きわめて高度な創造性に求められるのは、天才レベルのＩＱではなく、平均よりやや高い程度のＩＱ（たとえば１２０ほど）だという結果になった。つまり、創造的な人とそれ以外の人を分ける閾値はＩＱ１２０ということだ。

ＩＱ１２０とは、具体的にどれくらいのレベルなのだろうか？　たいていの人は80から１２０の間に入り、平均は１００だ。１３０以上になると、ある特定の種類のＩＱテストでは上位2・2パーセントに入る。数十年前は、ＩＱテストの製作者たちはＩＱ１３０以上の人たちを「天才」と呼んでいた。[3]

ところが２０１３年、ドイツで行われたある研究によって、閾値仮説に新しい解釈が加わることになった。[4]それ以前の研究は、だいたい少人数の大学生を被験者に選んでいたが、この研究は教育レベルやＩＱレベルの異なる３００人以上の被験者を対象にしている。

被験者はまず、創造性を測る心理テストを受ける。昔からよく使われているテストだ。たとえば、「1分間で1つのレンガの使い道をできるだけたくさん考える」とか、「3フィート×2フィート×2フィートの穴に入っている土の量を立方インチで答えなさい」というような問題が出る（ちなみに後者の答えは「ゼロ」だ。これは穴なのでそもそも土は入っていない[5]）。

その他にも、現実の世界で実際に発揮した創造性についての質問もある（「洋服をデザインしたり、自分でつくったりしたことはあるか？　何回つくったか？　そのなかで売れたものはあるか？」）。そして被験者の回答を分析したところ、驚くべき発見があった。古典的な創造性テストのパフォーマンスで見られたＩＱの閾値は、以前の研究結果よりもかなり低かったのだ。なかには１２０よりはるかに低い85だった人もいる。

現実世界で発揮した創造性に関しては、以前の研究に比べ、性格とＩＱの両方がより大きな役割を果たしていることがわかった。

ＩＱが高く、さらに新しい経験に対してオープンな性格（性格診断で核となる性格の１つ）の人は、創造性が高い傾向が強い。それに加えて、実際に発揮した創造性に関しては、以前の研究で見られたようなＩＱによる影響の逓減（ていげん）は見られなかった。ＩＱの高い人ほど、実際に創造性を発揮することも多いという結果になったのだ。ＩＱがもっとも高い人にいたるまで、その傾向は変わらなかった。

この研究からわかるのは、ＩＱの低い人にも創造的な能力はあるが、それを発揮するチャンスを与えられていないのかもしれないということだ。一方でＩＱの高い人たちは、創造性を発揮するチャンスに恵まれていて、実際に発揮した創造性を認められることも多い。

どうやら私たちの社会では、創造性を発揮できるかどうかは、能力よりも特権で決まっているようだ。

創造性の判断基準はＩＱ以外にも存在する。

研究によると、ある種の思考法が新しいアイデアや発明につながっているようだ。

「リニア思考」とは、直線的（リニア）に考えるということであり、「論理的思考」や「合理的思考」をさしている。創造性との関係が深いのは、「ダイバージェント思考」「ラテラル思考」、そして「コンバージェント思考」（あるいは「収束的思考」）だ。

「ダイバージェント」は「分岐した」という意味で、「ダイバージェント思考」は「多くの解決策を思いつくことで創造的なアイデアを生む」という意味になる。

「ラテラル」は「平行」という意味で、「ラテラル思考」とは「問題を別の角度から眺めることで、間接的に問題を解決する」思考法のことだ。

「コンバージェント」は「収束」という意味で、「コンバージェント思考」とは「ある問題に対して１つの決まった答えを出すこと」になる。

それに加えて、「思考の流暢さ」という要素もある。これは素早く考えて一定時間内にできるだけたくさんのアイデアを出す能力のことであり、必ずしもいいアイデアである必要はない。

創造性を育てるには？

「まともな頭の持ち主であれば、量が質を保証するという考えに賛成するだろう」と、ベストセラー作家のスティーヴン・キングは言う。「量産は上質を生まないという考え方もあるが、私に言わせれば、それはただお高くとまっただけの空っぽな意見であり、しかも本当ではない」[6]

人類史上もっとも創造的とされる人たちは、みな驚くほど多くの作品を生み出している。たとえばチャールズ・ダーウィンは、生涯で約120本もの論文を発表した。アルバート・アインシュタインは約250本、ジークムント・フロイトは約330本だ。トーマス・エジソンは、2000近くの発明で特許を取得している。ヨハン・セバスティアン・バッハは生涯で1000以上の曲をつくり、パブロ・ピカソにいたっては、絵画や彫刻、ドローイングを合わせて2万以上の作品を残した。[7]

私自身は、7年生のときに授業の課題で日記をつけた経験が実際に助けになっている。当時のクラスメートはみな、以前に比べて自意識過剰にならずに気軽に文章を書けるようになったと言っていた。さらに書くことが嫌いだった生徒も、この課題のおかげでむしろ書くことが好きになった。

私にとって、あれは創造性の蛇口を開けるような体験だった。それまでは頑固な完璧主義者だった私も、もっと気軽に文章を書けるようになった。評価されるという恐怖がない状況だったので、詩や歌、短編などを自由に生み出すことができた。

すでに見たように、アウトプットの量を大幅に増やすと創造性の向上につながる。そのうえ、量産にともなう気分の高揚や解放感によって、新しいアイデアも浮かびやすくなるようだ。[8] 量産体制のときは、自分で自分を批判しなくなる。

もちろん、ただいい気分になって魔法が訪れるのを待っていれば、それだけで創造的になれるわけではない。実際のところ、創造性と感情の関係についてはまだよくわかっていないのが現状だ。感情の強度や、アンビバレンス（ある対象に対して相反する感情を同時に持つこと）さえも、創造性において何らかの役割を果たしているようだ。[9]

研究者の間では、ポジティブな気分が創造性につながると昔から信じられていた。

ところが最近の研究によると、どうやらそう単純な話でもないらしい。強度の高い感情は、たとえネガティブな感情であっても、目標達成の助けになることがある。それに対して強度の低い感情は（こちらもネガティブな感情であっても）、柔軟な思考につながるという。これは視点を変えて、「大局に立つ」ときに必要な思考だ。[10]

経験も大切な役割を果たす。すでに見たように、創造性の要件は「新しいこと」と、「役に立つこと」だ。

ある分野について何も知らなければ、運よく創造的なアイデアの2～3個は浮かぶこともあるかもしれないが（特にあなたが他の分野の専門家で、専門分野の知識をこの分野に応用できた場合）、専門知識を持たない人に、何が新しくて何が役に立つかを判断することはできないだろう。創造性を発揮するには、自分のスキルのレベルに合った問題であることもカギになる。[11]

簡単にいうと、大切なのは「数をこなす」こと、「正しい気分である」こと（幸せか悲しいかということよりも、感情の強度がカギだ）、そしてもちろん、その分野で一定以上の「スキルや専門知識がある」ことも欠かせない。

それらすべてが、あなたの創造性に影響を与える。

脳のどこに創造性は存在するのか？

右脳と左脳の違いについて聞いたことはあるだろうか？

右脳は創造性を司り、左脳は理論を司るという説だ。がっかりさせるようなことを言って申し訳ないが、脳画像を使った最近の研究によると、その説はどうやら間違っている。

右脳と左脳の違いという考え方が生まれたそもそものきっかけは、言語中枢が左脳にあり、空間認識能力が右脳にあるとされているからだ。しかし最近の研究で、現実はもっと複雑で、もっと興味深いことがわかってきた[12]。

創造的思考が必要なタスクをしている人の脳を脳スキャンで観察すると、ある1つの部位だけでなく（たとえば右脳だけ、左脳だけなど）、前頭葉、頭頂葉、大脳辺縁系を結ぶもっと大きなネットワークが活動していることがわかる[13]。

この現象が観察されるのは、無作為に選んだ被験者だけでなく、フリースタイルラッパーやジャズの即興演奏家といった高度に創造的な人たちも含まれる[14]。

なぜ創造性を高める必要があるのか？

創造性を高めることを目的とした介入を行ったほうがいい理由はたくさんある。

第一に、創造性を高めると特別な集中力を体験することができる。それは「フロー」、あるいは「ゾーンに入る」と呼ばれる状態だ。

何かに没頭するのは、本質的に快楽を与えてくれる体験だ。そして創造性を発揮して産みの苦しみの状態にあるとき、人はよくフローの状態になる[15]。多くのアーティストや科学者、パフォーマーが時間の感覚を失ったり、我を忘れたりするほど何かに没頭した経験を語っている。

第二に、創造性はおもしろいキャリアにつながる可能性がある。21世紀に生きる私たちは、気候変動からＡＩとの共存まで、さまざまな現象に対して革新的な解決策を出すことが求められている。

さらに、貧富の格差を解消する、食糧のサプライチェーンをより持続可能にする、他の惑星に旅行する方法を考えるなど、今日的な課題に創造性が必要になることはいうまでもない。

これらの問題を解決する人になりたいのであれば（なかにはかなりの収入が期待できるキャリアに発展するものもあるだろう）、まず創造性を高める必要がある。

また、創造性が高ければ、個人として歴史に名を残す可能性も生まれてくる。

現世での富と名声が欲しいのなら、他の人がしていることを、他の人よりもずっと早く、ずっと上手にすればいい。しかし、人々から永遠に記憶されるような存在になりたいのであれば、創造性がカギになる。

自分の創造性を最大限まで高めれば、もしかしたら次のココ・シャネルや、エジソン、マリー・キュリー、ベートーベン、あるいはドストエフスキーになれるかもしれない。自分の芸術作品が美術館に飾られ、自分の音楽を誰もがダウンロードし、自分の会社が上場され、自分が開発した治療法が数百万人の命を救い、自分の発明が世界中の店で売られるのだ。

自分の創造性をテストする

まず「自己申告方式」のテストで基準値を求め、それから「パフォーマンスベース方式」のテストでも基準値を求める。この2つの基準値と比較することで、自己実験の効果を測定することができる。

ここでは自己申告方式のテストの質問を紹介している。パフォーマンスベース方式のテストについてはウェブサイトを参照してもらいたい。

・創造性の自己評価[16]

これは創造性の核となる要素を評価するテストだ。

核となる要素には、有用性や新しさ、ラテラル思考、ダイバージェント思考、フローの状態になる能力、創造物の量と質、2つ以上の分野における創造性、ハードスキル（経験や訓練で身につけたスキル）を用いて創造性を発揮する能力、などがある。

ここでも確認しておくが、このテストは競争ではない。自分の創造性を自分がどう見ているかということを知るためのテストだ。決められた時間枠を念頭に、正直に質問に答えてもらいたい。

時間枠を選ぶ

決められた時間枠を念頭に、すべての質問に答える。

毎日の自己実験で、ある特定の介入の効果を知るためにこのテストを使うなら、時間枠は「過去24時間」を選ぶ。

より長期にわたる自分の全般的な創造性をざっくり知りたいのであれば、時間枠は「過去30日」か「過去3カ月」を選ぶ。

過去24時間__　過去30日__　過去3カ月__

次にあげた各分野について自分が創造性を発揮した経験があるかどうか考え、その後の項目に1から5で答える。分野は自分で思いついたものを加えてもかまわない。

アート：絵画、ドローイング、彫刻、音楽、ダンス、執筆、料理、DIY、手芸

デザイン：デジタル、服飾、建築、インテリア、景観

エンターテインメント、他者の説得：アニメーション、ユーモア／コメディ、ドラマ／舞台、マーケティングと広告

ケア：医療診断、人にものを教える、個人間の争いの解決

組織的リーダーシップ、あるいは創業：政策、経済政策

科学、数学、工学：発見か発明、またはその両方

次の項目に1から5、あるいは「なし」で答える

1　まったく当てはまらない

2　当てはまらない

3　どちらとも言えない

4　当てはまる

5　とても当てはまる

　該当なしの場合は「なし」と書く

・私の創造的な仕事の量は多い、私は多作だ	
・私の創造的な仕事は斬新である、または有用である(あるいは両方)	
・定期的に「フロー」の状態になる。(フローとは何かの活動に完全に没頭した状態。エネルギーの高い状態で何かに集中し、創造の結果だけでなく、その過程も楽しむことができる)	
・私はラテラル思考が得意だ(ラテラル思考とは間接的なアプローチで問題を解決すること。主に物事を違う角度から眺める思考法をさす)	
・私はダイバージェント思考が得意だ(ダイバージェント思考とは、数多くの解決策を出して創造的なアイデアを生むこと)	
・私は創造的な活動でハードスキルを用いている(ハードスキルとは経験や訓練によって身につけたスキルのこと)	
・私は少なくとも1つの分野で創造性がある	
・私は複数の分野にまたがって創造性がある	
・新しいプログラム、あるいはコースを企画した	
・自分が企画して、世間の注目を集めた活動が1つかそれ以上ある	
・新しい規則や規程を定めることに成功した	
・解決は難しいと思われていた争いを解決した	
・解決は不可能だと思われていた問題を解決した、または今まで誰もしたことがないことをした	
・ある分野のスキルのある人たち、またはその分野の経験がある人たち、あるいはその両方から、その分野における創造的な仕事で称賛された	
・地元のレベル、あるいはそれよりも大きな規模で賞をもらった、コンクールで勝った、あるいは優秀な人が集まるグループに選ばれた(自分が所属する学校、会社、自治体、など)	
・地元メディア、あるいはもっと広域のメディアで、自分の活動が報道された	
・自分の創造的な作品が、他人によって出版された、生産された、製作された、上演された、あるいは共有された	
・私の創造的な作品にお金を出す人がいる	

◯採点

サブスコア

採点するとき総得点ばかりを見てしまいがちだが、この種の自己評価では、個々の質問の答えであるサブスコアのほうがむしろ役に立つことが多い。自己実験をしているときは、ある特定の質問でスコアがどのように変化したかを見ていくと、自分についての貴重な情報が手に入るかもしれない。

創造性の自己評価から、もっとも共感できる項目を3～5個選ぶ。自分の考える創造性にもっとも近い項目だ。これらの項目を個別に追跡していけば、自分に関する貴重な情報が手に入るかもしれない。

総得点の範囲　18～90点

各項目につけた1～5の答えがそのまま点数になる。たとえば、項目1の答えが1なら、あなたのスコアは1点だ。「なし」と答えた項目は最終得点に含まない。

各項目の答えの合計があなたの最終得点になる。答えが「なし」にならなかった項目の数を5倍した数字を出し、最終得点をその数字で割る。次に、そこで出た答えを72倍する。それがあなたの総得点だ。あなたはどの範囲に入るだろう？

創造的アウトプット追跡評価
この自己評価は、テストというよりも追跡調査に近い。ある決められた時間枠（たとえば、自己実験の期間中など）のなかで自分の創造性がどう変化するか追跡する。自己評価の代わりに使ってもいいし、自己評価に追加する形で使ってもいい。
時間枠を選ぶ（例：30日間、3カ月、など）
どの分野の創造性を評価するか？（先ほど出てきた分野のリストから1つ選ぶ）
創造的な活動（発明、絵画、など）にどれくらいの時間を費やしたか？
創作の量は？（絵画の枚数、詩の数、など）
自分の創作活動について自分はどう感じるか？（どれくらい集中していたか、どれくらいの頻度でフローを経験したか？）
自分の創作的な仕事に対してどのようなフィードバックを受け取ったか（もし受け取ったのなら）？　（メンターからの称賛、メディアでの紹介、同業者に引用される、など）

下位3分の1　18〜41点
中位　42〜66点
上位3分の1　67〜90点

点数が低い人は、もしかしたら創造性がボトルネックになっているかもしれない。あなたがもしそうなら、創造性をターゲットにした介入を試してみよう。

今後、スコアが上がっていくようなら、ニューロハッキングの実験が成功しているかもしれないという証拠になるだろう。

・創造性のテスト——パフォーマンスベース方式

◎他の使い道を探すテスト

○道具

・タイマー
・課題
・紙とペン
・何か書くもの

○テストの進め方

身のまわりにあるモノの他の使い道をできるだけたくさん考える。制限時間は1分。

例：石——ペーパーウェイト、武器、ドアストッパー、お守り、オーナメント、庭に敷き詰める砂利、水槽に入れる、庭の飾り、彫刻の道具、靴に入れて足を刺激する、など（1分で10の使い道）

○課題

籠　CD　机　地図　棚　タバコ　シャツ　カメラ　新聞

○採点

質と量の両方が評価される。このテストでは自分で自分の答えを評価するので、できるかぎり公平な採点を心がけること。たとえば、課題が「籠」で、「果物を入れる」と答えたのなら、創造性を高く評価することはできない。「帽子」や「火種」という答えのほうがより創造的だ。一般的な使用法から離れているほうが、より創造性が高いと評価できる。

もっとも高い得点を獲得するには、より創造的な使い道をよりたくさん思いつかなければならない。

◎言葉の流暢さのテスト

○道具

・ランダムな文字を表示する装置（https://randomlettergenerator.com）
・タイマー
・課題
・紙
・何か書くもの

○テストの進め方

ランダムな文字を表示する装置を使ってある文字を出し、その文字から始まる単語をできるだけたくさん考える。制限時間は1分。

例：「R」という文字が出たときに、私が1分間で思いついた単語

Ribald Ribbing Ribs Ribbed Ribber Ripped Ripping Rips Rip Ripest Rotten Rot Rots Rottenest Rotted Rock Rocks Rocking Rocker

ここまでは4つの主な脳の働きについて見てきた。自分にとってのボトルネックや、まず取り組むべき分野が見つかったのではないだろうか。まだわからないという人も心配はいらない。次の章で、最初のターゲットを見つける方法をさらに詳しく見ていこう。

この章で学んだこと

1 創造性とは、新しくて役に立つアイデアや創造物を生み出す能力である

2 質の高い創造性を身につけるには、まず量をこなすことに集中する。つまりとにかくたくさん作品を生むということだ。また、ある1つの分野（あるいは複数の分野）のスキルや専門知識を持っているのも助けになる。意外なつながりを発見して、そこから創造的な発想につながるかもしれないからだ

3 ポジティブな気分でいることは創造性の助けになるかもしれない。しかし、ポジティブかネガティブかということよりも、大切なのは感情の強度だ

4 IQテストのスコアが低い人は、そもそも創造性を発揮するチャンスが少ない傾向があるが、実際のところ、IQの低さが必ずしも創造性の障害になるわけではないようだ。IQが高く、なおかつ新しい体験に対してオープンである人が、より創造性が高いことがわかっている

5 自分の創造性を測定する方法はいろいろある。「他の使い道を考えるテスト」や「創造的アウトプット追跡評価」などの心理テストを活用して、ある一定期間内での創造的な活動や達成を測定する（1カ月間で書いた詩の数、1年間で書いた記事の数など）、あるいは機能テストを活用する

第11章

メンタルターゲットを決める

▼投資時間　9分
▼ゴール　最初のニューロハッキングの実験でターゲットにする脳の能力を選ぶ

ここまで読んで、脳の能力は大きく4つに分けられることは理解できただろう。

そのうちのどれをターゲットにするかがまだ決まらない人は、2つの基準で考えるといいかもしれない。それは、「デコボコ」と「グラグラ」だ。

小さな町を遠くから眺めていると想像してみよう。家の多くは同じくらいの高さだ。役所や教会などは他よりも高いかもしれないが、それでも2階か3階分くらい高いだけだ。

次に、マンハッタンの遠景を思い浮かべてみよう。建物の高さは、超高層ビルがあれば、ほとんど見えないような1階建てのガソリンスタンドもある。

マンハッタン遠景[1]

ここで、もっとも高い建物がなくなったマンハッタンを想像してもらいたい。それはすでにマンハッタンには見えないはずだ。

高い建物がなくなったマンハッタン遠景

逆に、もっとも低い建物を取り除いたらどうなるだろう？　それもマンハッタンには見えないはずだ。

低い建物がなくなったマンハッタン遠景

人間の脳はすばらしい働きをする器官ではあるが、その能力にはデコボコがある。自分の脳を理解するには、長所と弱点を含めたすべてを見なければならない。

脳のデコボコとは何か？

どんな人でも、その脳には多種多様なスキルと能力が詰まっている。高度な知性や感情的な強さを誇る部分もあれば、他と比べて弱い部分もある。

研究者が使う「デコボコ」という表現は、「優れた能力」と「劣った能力」の差が他の人に比べて大きいという意味だ。[2]

デコボコを数字で表現すると、注意力や記憶、創造性などの能力において、その人の「平均的な能力」と、「ピークの能力」との差ということになる。

人間の脳は多かれ少なかれ何らかのデコボコがあり、そのためたとえ平均的なＩＱの人が２人いたとしても、彼らの長所と短所はまったく違うという可能性がある。

自分の脳のデコボコを知れば、ボトルネックになっているかもしれない分野や、タスクの完成に必要でも自分には欠けている能力が見つかるかもしれない。また、その弱点があってタスクを完成できないために、他の分野の長所を発揮するチャンスまでなくなってしまうこともある。

たとえば、歌がとてもうまくても、楽譜を読むことができなければ、楽譜が読めることを条件にしている合唱団に入ることはできない。この場合、楽譜を読む能力があなたのボトルネックだ。

しかし、ニューロハッカーである私たちは、スキルのボトルネックではなく、能力のボトルネックを探している。理論上は、ボトルネックを見つけ、それを取り除くことに成功すれば、かつては阻害されていた能力を手に入れることができるはずだ。

学校や職場では、何か大きなボトルネックを持っている人は、その弱点に沿って「○○ができない人」というレッテルを貼られ、それに応じた扱いを受ける。

そのような人が、長所のほうを基準に判断してもらえることはない。ボトルネックのせいで、せっかくの長所も見えなくなっているからだ。

以前、ある母親から娘が抱える問題の話を聞いたことがある。彼女の娘は言葉を話す能力が優れていて、抽象的な概念も操ることができた。それ以外の知能の分野もすべて上位1パーセントに入る。しかし、彼女のボトルネックは言葉の処理が遅いことだった。そのため、読む能力では下位10パーセントだ。

学校によっては、彼女のような能力のデコボコを持つ子供は「二重の例外」と呼ばれるだろう。二重の例外とは、「ギフテッド」と呼ばれるような特性と、「発達の遅れ」に該当するような特性の2つを併せ持っているという意味だ。[3]

残念ながら、彼女の通っている学校は違った。ただ他の子と同じ速さで読めないという弱点だけが注目され、長所のほうは見てもらえなかった。学校は彼女にとって地獄の苦しみになってしまった。そこで娘を心配する母親に、私はこうアドバイスした。

専門の先生に教えてもらうことに加え、ニューロハッキングの実験もしてみるといいかもしれない。読書スピードを上げることをターゲットにした実験をすれば、ボトルネックが解消できるかもしれない。

・デコボコとボトルネックを計測する

それでは、デコボコとボトルネックはどうやって計測したらいいのだろうか？

まず、さまざまな脳の能力を測るテストを受け、「いちばん高い点」「いちばん低い点」「平均点」を出す。それぞれの点数の差が小さければ、デコボコはそんなに大きくない。特に問題となるボトルネックもないと考えられる。

最高点と最低点の差がかなり開いているなら、あなたの脳にはデコボコがありそうだ。その場合は点数が低い分野をアップグレードすれば、もっとも大きな効果が期待できる。すべての能力で高い点数が出たのなら、ボトルネックの心配はいらない。その代わり、最高点の分野をさらに磨くか、より安定したパフォーマンスが出せるように訓練したほうがいいだろう。

さまざまな脳の能力のなかで、ボトルネックになることが多いのは注意力だ。特に子供であったり[4]、抑うつや[5]、不安[6]、寝不足[7]、ブレインフォグ[8]、ＡＤＨＤ[9]の症状がある人はその傾向が強い。

注意力をコントロールできないと、効果的な記憶や学習、創造性が阻害され、感情の抑制も効かなくなる。たとえば、記憶と学習、創造性、情動制御など他の分野では優れた能力を秘めているかもしれないが、注意力というボトルネックを解決しないと、秘められた能力は秘められたままで終わってしまうだろう。

そのため、実行機能の点数が他の分野に比べて著しく低い人は、ニューロハッキングの最初のターゲットに実行機能を選ぶことを強くおすすめする。実行機能が向上すれば、他の分野も自動的に向上するかもしれない。それは、それらの分野が向上するように直接働きかけたからではなく、ただボトルネックを取り除いたからだ。

脳のグラグラとは何か？

デコボコとは、脳のさまざまな能力の間でレベルの違いが大きいことだった。それに対して「グラグラ」とは、ある1つの能力のレベルが安定しないことだ。不安定さが大きい能力があるなら、それがあなたのボトルネックかもしれない。ニューロハッキングの自己実験でターゲットにしてみる価値はある。

具体的に説明すると、脳のグラグラとは、ある1つの分野（たとえば実行機能）におけるパフォーマンスが、いいときと悪いときで大きな差があることだ。

パフォーマンスが安定しない原因はさまざまで、1日のうちの時間によって変わることもあれば、年齢や習熟度によって変わることもある。その他にも、全般的な健康状態からも影響を受けるだろう[10]。

グラグラの度合いが大きい分野をアップグレードすれば、その見返りはかなり大きい。秘められた能力が発揮できるようになるかもしれないからだ。

自分のグラグラの度合いを知るには、時間を変えてパフォーマンスを計測すればいい。他の分野に比べて時間による変化が大きい分野があれば、それがあなたの全体のパフォーマンスを阻害するボトルネックかもしれない。

個人的に、グラグラには2つの定義があると考えたい。

1つは、パフォーマンスのピークに注目した定義だ。その場合、グラグラは、自分の「平均的なパフォーマンス」と「最高のパフォーマンス」の差と定義される。

もう1つは逆で、パフォーマンスのボトムに注目する。この場合、自分の「平均的なパフォーマンス」と「最低のパフォーマンス」の差がグラグラだ。

最初の定義でわかるのは、ニューロハックが成功したら到達できる地点だ。そしてもう1

つの定義からは、目下のところもっとも大きな足かせになっている要素がわかる。

・クロノタイプとグラグラの関係

グラグラはある特定の脳の能力で現れるが、「クロノタイプ」も大きく関係している。クロノタイプとは、簡単にいえば「朝型」か、それとも「夜型」かということだ。

グラグラとクロノタイプの関係を初めて知ったときはとても驚いたのだが、今から思えばそんなに驚くようなことではない。私は子供時代、対照的なクロノタイプを間近で見ながら育ったからだ。特に朝食のテーブルは興味深い観察対象だった。

私の母は、いつでも家族全員を起こして、一緒に朝食を食べようとした。その一方で、父親と姉、私は、イヤイヤ起きてきてそれぞれの席に座り、コーヒーをすすりながら欠伸(あくび)をかみ殺している。そして朝からにぎやかな母の独演を聞きながら、タイミングを見計らって笑ったりうなずいたりする。

私たち3人は、キッチンを飛び回る母を恐怖と感嘆の目で見つめていた。どうやらわが家では、母だけが朝型人間の魔法の薬を持って生まれてきたようだ。

「ママはなんで朝からあんなに元気なの？」と、私はよく姉にむかってつぶやいた。すると姉も、「本当に私たち血がつながっているのかな？」とつぶやき返したものだ。

どんなクロノタイプの人であろうとも、1日のうちの時間によって脳のパフォーマンスは大きく変わる。[11] 同じ人であっても、1日のうちでピークとボトムの間でかなりの差が開くこともある。

以前、SAT（大学進学標準テスト）の模試を受けたとき、試験の時間によって点数に50～100点の開きがあることに気がついた。

たいていの人は、思春期の間はクロノタイプが夜型に傾いている。そのため、学校の授業を早い時間に始めるのは生徒のためにならない。現代の科学では、クロノタイプと合わない時間に授業を受けるとパフォーマンスが下がるということがわかっている。[12]

2018年、イギリスで行われたある研究が発表された。

56人の健康な人を集め、朝型と夜型に分ける。そして1日のさまざまな時間に、注意力を要する2種類のタスクを実施してもらう。クロノタイプの分類は、自己申告に加え、活動量計と唾液の分析（コルチゾールとメラトニンの数値を調べる）といった客観的な基準でも判断した。

結果、同じ人であっても時間によってパフォーマンスのレベルは異なり、特に最高と最低の間には大きな差があった。朝型の人は、朝一番に受けた実行機能のテストで100点近い結果を出すが、時間がたつにつれて点数がどんどん下がっていく。最低点が出たのは午後2時ごろで、点数は90点近かった。

つまりこれを数値で表すと、わずか数時間で脳のパフォーマンスが10パーセント近くも低下したことになる。朝はあんなに簡単だったテストが、お昼をすぎるころにはかなり難しくなっているのだ。[13]

グラグラが脳のパフォーマンスに影響を与えることは明らかだ。しかし、それに対して何かできることはあるのだろうか？

完璧な世界であれば、ただ自分のクロノタイプに合ったリズムで生活すればいい。[14]たとえば夜型なら、午前11時より早いミーティングの予定は入れないというようにする。

しかし多くの人は、他の誰かが決めたスケジュールで生活せざるをえない。個人的には、学校も職場も、今より柔軟なスケジュールを受け入れるべきだと考えているが、それが実現するまでは、自分にとっての最悪な時間帯をニューロハッキングで乗り切るしかない。

夜型の人であれば、朝一番にニューロハッキングを実施すれば、午前中からすっきりした頭ですごすことができるだろう。

たとえば、自己実験を行って2つの介入の結果を比較し、朝食後からすぐに活動的になれる介入を見つけるという方法もある。あるいは、朝型なのに夜の試験を受けなければならない場合は、午後の遅い時間に介入を行ってみよう。

もちろん、最高のパフォーマンスを発揮できるのは、やはり自分のクロノタイプにいちばん合った時間帯だ。しかしそれができないときは、2つの介入を試して結果を比較し、より即効性のある介入を最悪の時間帯に使うという方法がある。

・年齢と経験、その他のグラグラの原因

グラグラには他にも原因がある。子供と高齢者は、若者や中年に比べ、脳のパフォーマンスが安定しないという研究結果もある。[15]また健康状態に問題のある人は、脳のパフォーマンスのグラグラも大きいようだ。[16]

他の原因としては、経験不足もあげられる。たとえば、仕事に要する時間を上司に報告するとき、経験の浅い人は必要な時間を正確に把握できないことが多い。[17]

この種の不安定さは、経験を積むほど小さくなっていく。あるタスクを何度もくり返せば、そのタスクに必要な時間を正確に予測できるようになる。

私自身、エンジニアを部下に持つマネジャーでもあるので、経験の浅いエンジニアほど仕事の所要時間の予測が不安定になるのは実感している。ベテランも正確に予測できるわけではないのだが、新人に比べればだいたいあてになる予測を出してくれる。

たとえばベテランであれば、所要時間の予測は間違っていても、実際にかかる時間の1・5倍の時間を予測するという点はいつも安定していたりする。それが経験の浅いエンジニアになると、予測が長すぎたり短すぎたりとまったく安定しない。それが、経験の浅さがグラグラにつながるということだ。

この章で学んだこと

1　脳の能力のうち、どの分野をターゲットにするかを決めるときは、「デコボコ」と「グラグラ」を基準に決めるという方法もある。どちらも脳のパフォーマンスのボトルネックを見つける助けになる。ボトルネックになっている分野を集中的に対策すれば、より大きなアップグレードの効果が期待できる

2　第7章から第10章で実施した自己評価の結果を比較し、自分のデコボコのレベルを評価する

3　第7章から第10章で紹介したテストのうち、パフォーマンスベース方式のテストをくり返し実施すれば（実施方法は第4章の「自己実験の基本を学ぶ」を参照）、自分のグラグラを発見することができる

第12章

自分の人生を採点する

自分が向かっている場所がわからなければ、それ以外の場所にたどり着く。

――ヨギ・ベラ

▼投資時間　12分

▼ゴール　人生全般における自分の生産性と満足度を追跡する方法を学ぶ。この方法で、ニューロハッキングが実際に効いているかをチェックすることができる

せっかく脳をアップグレードしても、それを人生全般に生かさないのなら意味がない。

この章では2つの評価基準に注目する。それは「有言実行スコア」と「人生満足度スコア」だ。この2つの基準を使って自分の人生を定期的に評価していれば、生きがいや人生の満足度といった、科学的ではないかもしれないがとても大切な人生の側面で、ニューロハッ

キングがどんな効果を上げているかを測定することができる。

有言実行スコアとは？

新年の誓いを深堀りすることに決めた私は、まず２０１１年に自分が立てた新年の誓いを追跡してみることにした。私は毎年、新年の誓いを立てている。しかも「今年中に人間的にさらに成長する」といった漠然とした目標ではなく、具体的な目標だ。私生活と仕事のそれぞれで目標を決めていて、どちらも「ＳＭＡＲＴ」という基準を満たしていなければならない。

ＳＭＡＲＴとは、「Specific（具体的）」「Measurable（計測可能）」「Actionable（実行可能）」「Relevant（現状にとって適切な）」「Time-based（時間ベース）」の頭文字だ。[1]

次に、自分の有言実行スコアの追跡を始める。これは、すると宣言したもののうち、実際にしたものの割合をパーセンテージで表した数字だ。

２０１１年の新年の誓いを分割し、四半期ごとの小さな目標を立てた。それぞれの四半期の期間中に、報告義務のある仲間に電話してその四半期の目標を報告する。

基本的に、私たちは週に1回のミーティングを行い、前の1週間をふり返り、次の週にやることをお互いに約束する。さらに、年の初めと四半期の初めには特別ミーティングを開き、その年と四半期の目標をお互いに確認する。

ミーティングばかりしていると思われるかもしれないが、ここで大切なのはミーティングの頻度よりも、定期的に必ず会うことだ。私たちよりずっとミーティングの回数が少なくても、うまくいっている例もある。

「有言実行スコア」を具体的に見ていこう。この本の草稿を完成させることになっていた年、私は次のような新年の誓いを立てた。

「12月31日までに、本の最初の草稿を完成させて編集者にメールで送る。第1四半期の終わり（3月31日）までに、目標の長さを満たした草稿を完成させる。自分しか読まないので内容は雑でかまわない。第2四半期の終わり（6月30日）までに最初の2章を編集者にメールで送り、フィードバックをもらって全体の方向性を確認する」

本の執筆は仕事の目標であり、その年の個人的な目標は結婚式の準備をすることだった。そちらの目標では、第1四半期が終わるまでに日時を決め、式場を予約し、招待状を発送することに決めた。

個人的に、新年の誓いを追跡するときにもっとも役に立った道具はスプレッドシートだ。特にグラフを自動的に作成できる機能が便利だ。あるいは、紙のノートのほうが便利だという人もいるだろう。

いずれにせよ、追跡をすることで、「する」と宣言したことと、実際に「した」ことの比較が可能になる。さらに、うまくいったこと、いかなかったことを確認し、毎年何かを学ぶこともできる。私が使っているツールは年月とともに進化していったが、基本的なところはだいたい同じなので、２０１１年の結果と２０１８年の結果を比較してグラフを作成してみた[2]。

この有言実行スコアに加え、私は自分の人生満足度スコアも追跡していた。目標の達成が実際に自分の幸せにつながっているかどうか確認したかったからだ。

有言実行スコアではいい成績を出しても、人生満足度が低いのであれば、もしかしたら間違った目標を設定しているのかもしれないし（本当はやりたくないけれど、やらなければならないと思い込んでいる）、あるいは目標設定が間違っていたのかもしれない（目標が簡単すぎる）。

それと同じように、目標をほとんど達成していなくても人生満足度が高いのなら、やはり目標設定が間違っていたのかもしれない（目標が多すぎる）。

有言実行スコアと人生満足度スコアの両方を管理するうえで大切なのは、「がんばりすぎない」ということだ。

人生満足度スコアとは？

人生満足度スコアの追跡を始めるとき、私が参考にしたのはMITの「ライフデザイン」の授業だった。講師を務めていたのは、ニューヨークに拠点を置くエグゼクティブ・コーチング会社ハンデルグループ創業者のローレン・ハンデル・ザンダーだ。

スタンフォード大学ビジネススクールでライフデザインを教え、フォーチュン500企業のエグゼクティブたちをクライアントに持つ彼女は、何事も恐れず、すべての人から正直な気持ちを引き出そうとする。

彼女にかかると、誰もが自分の本当の望みを告白してしまうのだ。たとえば、アカデミー賞俳優のフォレスト・ウィテカーは、「ローレン・ザンダーは単刀直入にものを言う」と言っている。[3]

彼女が何よりも大切にするのは、個人の責任と尊厳だ。私もそれには共感できる。

彼女の授業で特に楽しかったのは、「18の分野」と呼ばれる自己評価のエクササイズだ。結局私は、卒業してからもずっとそのエクササイズを使い続けることになる。ザンダーによると、人生にはもっとも大切な18の分野があり、それらに集中することが自己の成長につながるという。仕事や人間関係、健康、家庭、お金、精神性、などだ。[4]

ザンダーの採点法では、人生のそれぞれの分野に1～10で点数をつける。この自己評価を行うことで、ある特定の時点での自分の状態と、理想の状態との差がわかるようになっている。

ザンダーの採点法に従うと、私はひどい状態だった。1～10点のうち、5点は「6点の状態が長く続いている」、6点は「弱いがひどい状態というほどではない」、10点は「最高だが持続性はない」となる。つまり、ここで目指すのはつねに9点の状態を保つことだ。

まず18の分野それぞれについて理想の状態を思い描き、それを文章にする。

次に、それぞれの分野で理想の状態と現状を比較し、なぜまだ理想を実現していないのかと自分に尋ねる。差を説明する自分の言い訳に意義を唱えることが、ザンダーの授業でいちばん大切なことだった。

1年間の講義が終わってからも、私は18の分野すべてで人生を評価することを続けていこうと考え、ポジティブ心理学についての本を読むようになった。

ポジティブ心理学とは比較的新しい心理学の分野で、人生を謳歌している人の秘訣を科学的な手法で研究することを目指している。これはとてもおもしろい分野で、幸せを計測する独自の道具を生み出してきた。そのうちの1つ「人生の輪」[5]という道具は、ザンダーの18分野の考え方とよく似ている。

また、私が必ず1カ月に一度は受けるようにしている幸福度評価もある。

これはポジティブ心理学者のパイオニアであるマーティン・セリグマンの考えから生まれた評価法だ。セリグマンは、精神的なウェルビーイングと幸福は5つの感情で構成されていると考えた。

それは「ポジティブな感情（Positive emotion）」「エンゲージメント（Engagement：何かに深いつながりを感じること）」「人間関係（Relationship）」「意義（Meaning）」「達成（Accomplishment）」であり、頭文字を取って「ＰＥＲＭＡ」と呼ばれる。[6]

この5つの感情で自分の状態を評価し、自分がどれくらいの頻度で5つの感情を経験しているか考える（「ほぼまったくない」から「ほとんどいつも」まで）。

私はさらに、人生を追跡するシステムを自分でもつくろうと考えた。

「人生の輪」や「18の分野」だけでなく、「人生満足度尺度」と呼ばれる人気の評価法の考えも取り入れている。ちなみに、「人生満足度尺度」を開発したのは、ポジティブ心理学のもうひとりの父と呼ばれるエド・ディーナーだ。[7]

これらの調査を長期間にわたって続けることで、現時点での人生満足度スコアがより具体性を持つようになり、コントロールできると感じられるようになった。

体重や安静時の心拍数が遺伝とライフスタイルの組み合わせで決まるように、人生の満足度もまた、遺伝的な要素もあれば、自分の意思でコントロールできる要素もある。

多くの人にとって、大学を出て社会人になったばかりの数年間は、ストレスや興奮、不安に満ちている。それは私も同じだ。大きな人生の変化をいくつか経験した。スタートアップ企業を辞め、長く続いた恋人と別れ、自分にとって「大人になる」とはどういうことなのか、その答えを探し続けた。


人生満足度スコアと、有言実行スコアの追跡を続けていたおかげで、自分の人生が正しい方向に進んでいるか、より大きな幸せと成功に向かっているかということが、客観的に評価できた。この章の終わりで、私が使っている人生満足度評価と有言実行ワークシートの改変バージョンを紹介している。

新しい仕事や引っ越し、新しい恋人といった変化を経験するなかで、それらの変化が、人生の各分野にどのような影響を与えているかということがわかるようになった。

そして突然、私は主観的な決断をより客観的にくだす方法を手に入れた。

恋人との関係で大きな悩みを抱えていたときに、私は過去をふり返り、これは変則的な状況であり、永遠に続くわけではないと気づくことができたのだ。

そして仕事の面では、前の2つの仕事と今の仕事を比較し、以前の仕事の1つでは、今よりも頻繁に満足感を覚えていたことに気がついた。これは早期発見できた警告であり、新し

仕事面の有言実行スコアと人生満足度スコア：2011－2017

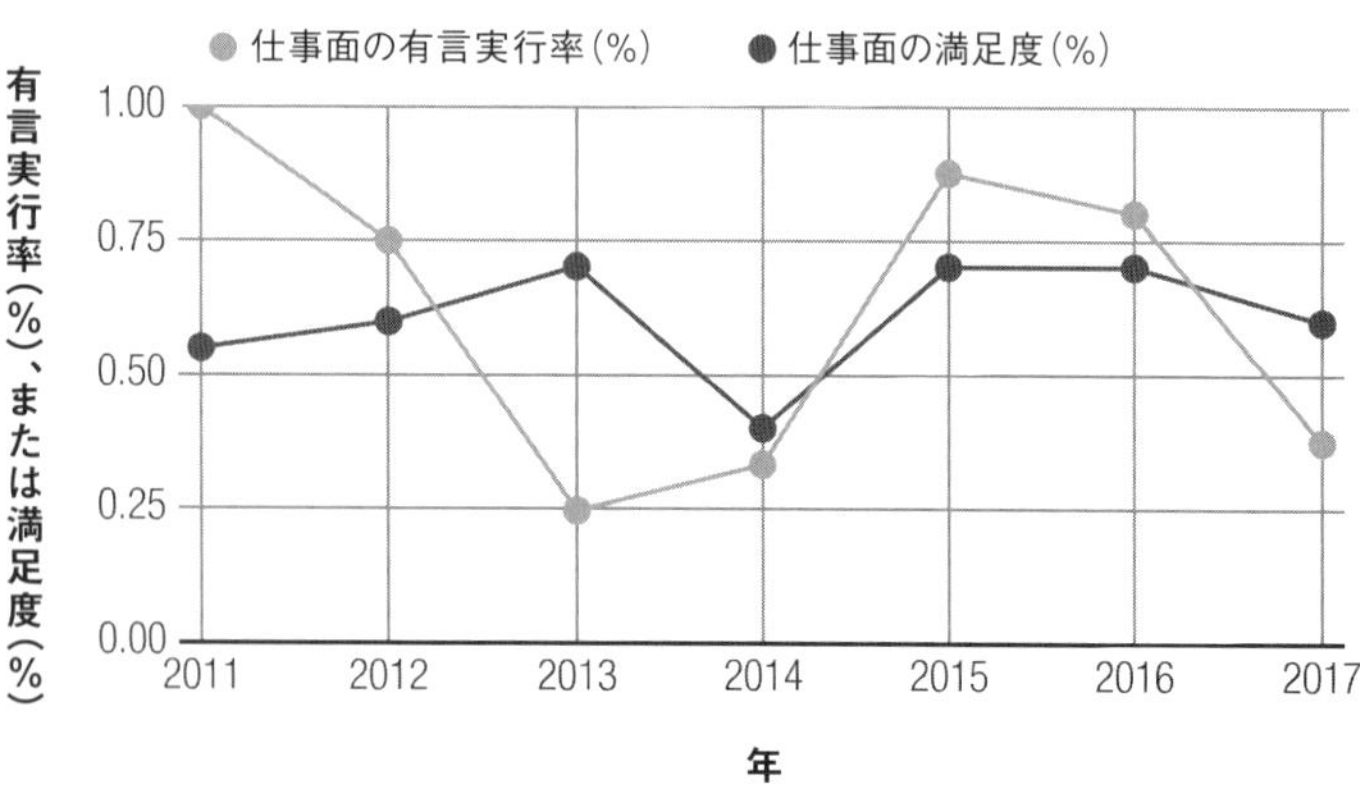

い仕事をより批判的に眺め、問題点を見つけることに役立った。

そして２０１４年になると、長く続けてきた追跡がついに実を結び始めた。より賢く目標を設定し、その結果、目標を達成すると実際に人生の満足度も向上するようになった。

２０１４年から２０１７年にかけて、人生満足度スコアと有言実行スコアが同じ動きをするようになった。片方が上昇すれば、もう片方も上昇する。そしてもちろん、片方が下がれば、もう片方も下がった。

上のグラフは、私の有言実行スコアと人生満足度スコアの変化だ。２０１１年から２０１７年までの仕事面を計測している。

データをどう読み解くのか？

もちろん、私自身のデータに対する私の解釈が唯一絶対の答えというわけではない。仕事や人間関係への感情を評価する基準は人によってさまざまだ。リビングに置かれた家具への満足度でさえも、1つの基準だけでは解釈できない。

このエクササイズのポイントは、何かを決めるときの最優先事項を自分に思い出させることにある。その最優先事項とは、人生の満足度を最大化することだ。これを忘れていると、決断のたびに軸がぶれてしまうだろう。

他の誰かを満足させなければならない、完璧な人間であればこうすべきだといった間違った基準で決断してしまうことになる。

しかし私は、人生満足度スコアと、有言実行スコアを追跡していたおかげで、自分が本当にすべきことを見つけることができた。グラフを見れば、大きな喜びをもたらしてくれた成功や、とても悲しくなった失敗がひと目でわかり、そういった自分に対する知識をもとに意思決定をすることができる。

報告義務のある仲間がいることも、ひとりよがりの解釈や自分勝手な思い込みを避ける助けになった。私の仲間は、自分でも気づいていなかった行動のパターンを指摘してくれた。

そして私のほうも、仲間に同じような気づきを与えることができる。

これが仲間とともにがんばることの大きな喜びだ。報告義務のある仲間についてもっと詳しく知りたい人は、第5章の「モチベーションを保つ方法」を読み返してみよう。

ライフスコアを追跡する

ここからは、私が使っている人生満足度評価と、有言実行ワークシートの改変バージョンを紹介しよう。

くり返しになるが、これは競争ではない。大切なのは、自分の人生満足度と有言実行スコアについて、自分がどう感じているかということ。すべての項目に正直に答えてもらいたい。さあ、ペンか鉛筆を持とう。自分をふり返る時間だ！

人生満足度と有言実行率の自己評価[8]

人生満足度評価と有言実行ワークシート

パート1：人生満足度評価

時間枠を選ぶ

ある特定の時間枠を念頭に各項目を評価する

この調査の答えを基準値として使いたい、あるいは毎日の自己実験である特定の介入を行った後に効果を知るために使いたい場合は、時間枠は「過去24時間」を選ぶ

より長期にわたる全般的な人生満足度を記録したいのであれば、「過去30日」か「過去3カ月」を選ぶ

過去24時間__　過去30日__　過去3カ月__

・私生活

1から10で評価する

1　理想の状態だと感じたことが一度もない／惨めに感じた

5　ときどき理想の状態だと感じる

10　しばしば／一貫して理想の状態だと感じる

・ワーク（学校、仕事、など）

1から10で評価する

1　理想の状態だと感じたことが一度もない／惨めに感じた

5　ときどき理想の状態だと感じる

10　しばしば／一貫して理想の状態だと感じる

	私生活	ワーク（学校、仕事、など）
1 いい気分		
a. よく笑った		
b. 新しいことを学んで自分の成長を感じた		
c. リフレッシュのための休みや体験を実行した		
d. 冒険や成長につながるような体験に対してオープンだった		
2 フロー		
a. 課題と自分のスキルのレベルが合っていた。課題に対して、自分はできる、興味深いと感じることができた		
b. フローを体験した――時間の経過も忘れるほど今この瞬間に完全に没頭し、今していることに完全に集中した		

3 人間関係：核となる関係とネットワーク		
a. 個人的な人間関係に満足だった（家族、友人、同僚、仕事の人脈）		
b. 人間関係の成長があった。未来のことを考えると前向きな気分になる		
・私生活の人間関係		
a. 主要な人間関係に満足だった（恋人、親友、パートナー、など）		
b. その主要な人間関係は前向きに成長していた。未来に希望を持てた		
c. 新しい関係を探しているなら、いい結果に向かって前進していると感じた		
・ワークの人間関係		
a. 自分にとっていちばん大切なワークの関係に対して前向きな気分だった（上司との関係、教師との関係、メンターとの関係、ビジネスパートナーとの関係、最大顧客との関係、など）		
b. その関係が自分がワクワクするような方向に進んだ		
c. ワークにおいて主要な関係はないが欲しいと思っているなら（メンターや新しい雇用主を探している、新しい学校に通う計画がある、など）、その目標を達成した、または目標を超えた成果があった		
4 健康と外見		
a. 自分は健康だと感じた		
b. 自分の見た目に満足だった		
c. 自分の身体の機能に満足だった		
5 物理的空間		
a. 自宅、あるいは職場が物理的空間として満足だった		
b. 自宅、あるいは職場が心理的に満足だった		
6 お金		
a. 自分の収入に満足だった、あるいは未来の収入に希望が持てた		
b. 自分の貯蓄額に満足だった		
c. 自分のお金の使い方に満足だった		
7 達成		
a. 日々達成したことに満足だった		
b. 目標を達成した、または目標を超えた		

8 時間管理		
a. 自分の時間の使い方に満足だった		
b. 自分が使っている時間管理術はうまく機能した		
9「より大きなもの」とのつながり		
a. 自分よりも大きな何かにつながりを感じた（精神的に、あるいは他の形で）		
b. 畏敬の念、感謝、思いやりを感じた		
10 バケットリスト		
a. 夢、希望、自分の内なる声を聞くことに関して前進があった		
b.「バケットリスト」（死ぬまでにやりたいことのリスト）があるなら、この期間にリストの項目で何らかの進展があった		
11 人生全般		
a. 人生全般に満足だった		
b. 自分が達成したことに満足だった		
c. 目標に向かっての進歩に満足だった		
d. 今の人生で変えたいところはほとんどないと感じた		

パート2：有言実行ワークシート（私生活とワーク）

年間ワークシート 年の初めに次の項目を確認する	私生活	ワーク（学校、仕事、など）
目標の記録		
去年の目標は何パーセント達成できたか？（今年が初めてなら空欄にする）		
去年をふり返る		
どの目標を達成し、どの介入に効果があったか？　達成できなかった目標、効果のなかった介入は何か？　前進するには何が必要か？（今年が初めてなら空欄にする）		
新しい目標		
今年の終わりまでに達成したい目標を書く		

ヒント:人生満足度評価の答えを参考に目標を選ぶ 例:締め切りまでに完成した原稿を編集者に提出する(自分で推敲し、同僚にも推敲してもらい、ファクトチェックも終わらせる) 全部で3〜5個の目標を選ぶ。どの目標もSMART(「Specific(具体的)」「Measurable(計測可能)」「Actionable(実行可能)」「Relevant(現状にとって適切な)」「Time-based(時間ベース)」)の基準を満たしていること ガイドライン:目標の70−80%を達成することを目指す それよりスコアが低くなるなら目標が高すぎるのかもしれない。逆にスコアが高くなるなら目標が低すぎるのかもしれない		
四半期ワークシート 四半期の初めに次の項目に答える	私生活	ワーク(学校、仕事、など)
目標の記録		
前四半期の目標は何%達成できたか?(この四半期が初めてなら空欄にする)		
前四半期をふり返る		
どの目標を達成し、どの介入に効果があったか? 達成できなかった目標、効果のなかった介入は何か? 前進するには何が必要か?(この四半期が初めてなら空欄にする)		
新しい目標		
この四半期の終わりまでに達成したい目標を書く。1年の目標の分割バージョンであるのが理想だ。四半期の目標を達成していけば、最終的に1年の目標を達成できることになる 例:この四半期の最終日の前日までに最初の草稿を仕上げる 全部で3〜5個の目標を選ぶ。どの目標もSMARTの基準を満たしていること ガイドライン:目標の70−80%を達成することを目指す それよりスコアが低くなるなら目標が高すぎるのかもしれない。逆にスコアが高くなるなら目標が低すぎるのかもしれない		
週間ワークシート 各週の初めに次の項目に答える	私生活	ワーク(学校、仕事、など)
目標の記録		
先週の目標は何%達成できたか?(今週が初めてなら空欄にする)		

先週をふり返る		
どの目標を達成し、どの介入に効果があったか？　達成できなかった目標、効果のなかった介入は何か？　前進するには何が必要か？（今週が初めてなら空欄にする）		
新しい目標		
週の終わりまでに達成したい目標を書く。四半期の目標の分割バージョンであるのが理想だ。週ごとの目標を達成していけば、最終的に四半期の目標を達成できることになる 例：今週の終わりまでに1章分の草稿を仕上げる 全部で3～5個の目標を選ぶ。どの目標もSMARTの基準を満たしていること ガイドライン：目標の70－80％を達成することを目指す それよりスコアが低くなるなら目標が高すぎるのかもしれない。逆にスコアが高くなるなら目標が低すぎるのかもしれない		
日ごとのワークシート 1日の初めに次の項目に答える		
目標の記録		
昨日の目標の何％達成できたか？（今日が初めてなら空欄にする）		
昨日をふり返る		
どの目標を達成し、どの介入に効果があったか？　達成できなかった目標、効果のなかった介入は何か？　前進するには何が必要か？（今日が初めてなら空欄にする）		
新しい目標		
その日の終わりまでに達成したい目標を書く。週の目標の分割バージョンであるのが理想だ。日ごとの目標を達成していけば、最終的に週の目標を達成できることになる 例：今日の午後4時までに200語書く 全部で3～5個の目標を選ぶ。どの目標もSMARTの基準を満たしていること ガイドライン：目標の70－80％を達成することを目指す それよりスコアが低くなるなら目標が高すぎるのかもしれない。逆にスコアが高くなるなら目標が低すぎるのかもしれない		

この章で学んだこと

1 自分が実生活で達成したことを追跡すれば、ニューロハッキングによって脳の特定の能力だけでなく、人生全般の向上にもつながったかを確認することができる

2 人生満足度スコアを使って、ニューロハッキングの実験が全般的な幸福感（ウェルビーイング）の向上につながったか評価する

3 人生満足度を追跡すると、自分自身や人生について新しい気づきがあるかもしれない。ごくシンプルな人生満足度スコアを分析してもいいし、あるいはもっと複雑な方法を使って人生のさまざまな分野で満足度を計測してもいい

4 有言実行スコアを向上させると、生産性が上がるだけでなく、人間関係の充実にもつながる。自分自身にも他者に対しても、有言実行を果たせるようになる

PART
3
▼
自己実験の介入を選ぶ

第13章

意図的なプラセボ

できると信じても、できないと信じても、たいていどちらも正しい。

――孔子

▼投資時間　19分

▼ゴール　プラセボの力を理解し、ニューロハッキングの実験でそれを意図的に活用できるようになる。プラセボにだまされるのではない

ヘンリー・ビーチャーはアメリカの若い軍医で、第二次世界大戦では北アフリカとイタリアに出征した。[1]軍医たちのほとんどは、兵隊をできるだけ生かすこと、そして自分も生き残ることを第一に考えていた。

しかし、物資の支給がどんどん少なくなっていくにつれ、多くの軍医は鎮痛剤を必要量の半分にして投与するようになった。なかにはまったく鎮痛剤を投与しなかった例もある。

そんな状況のなか、ある看護師の行動がビーチャーの目にとまった。患者には鎮痛剤だと言いながら、ただの生理食塩水を投与していたのだ。

ビーチャーは、なぜそんなことをするのかと尋ねた。すると彼女は、この偽の薬を与え、さらに熱心に看病すると、弱った兵士が実際に元気になると答えた。

ビーチャーが観察したところ、たしかに看護師の言う通りだった。この変則的な治療には実際に効果がある。患者たち自身も治療のおかげで楽になったと報告し、回復率も驚くほど高かった。[2]

ビーチャーはアメリカに戻ると、数十の代替薬による治療例を集めて分析を行った。

この代替薬は「プラセボ」と呼ばれる。1955年のクリスマスイブ、ビーチャーの画期的な論文が学術誌の『ジャーナル・オブ・ジ・アメリカン・メディカル・アソシエーション』に掲載された。論文のタイトルは「強力なプラセボ」[3]だ。

ビーチャーの遺産は現在も生き続けている。「ランダム化二重盲検プラセボ比較試験」は、新薬の治験における絶対的なスタンダードだ。プラセボにそこまでの力があるのなら、どんな薬も「二重盲検」でその効果を実証されなければならない。

二重盲検とは新薬の治験で使われる手法だ。被験者を集めて本当の薬と、プラセボを投与するのだが、被験者も実験者もどちらが投与されたのかわからない。こうすれば、その薬に本当に言われているような効果があるのか確認できる。

過去数十年で行われた研究によって、プラセボにはあらゆる種類の肉体的な痛みを効果的に取り除く力があることが証明された。[4] 最近では、痛み以外の症状、たとえば「抑うつ」[5]「不安」[6]「パーキンソン病」[7]「重症の関節炎」[8] などの治療にプラセボを活用する方法が研究されている。

たとえばある研究では、睡眠研究の被験者から無作為に選んだ人たちに、「あなたの睡眠の質は平均以下だ」、あるいは「あなたの睡眠の質は平均以上だ」と告げた。

こうやって専門家から告げられた睡眠の質は、自己申告による睡眠の質よりも、言語流暢性や処理速度といった認知機能のテストの結果をはるかに正確に予測することができた。[9]

つまり、「あなたは前の晩によく眠れなかった」と言われた人は、実際の睡眠の質に関係なく、睡眠不足の人に特有の認知機能の働きになるということだ。認知機能の拡張を目指す本にプラセボの章が入っているのは、このような結果になる研究がたくさん存在するからだ。

プラセボ効果を科学的に解明する

「棒や石は私の骨を折るかもしれない。しかし言葉は私を傷つけない」ということわざがあるが、このことわざは科学的には間違っているようだ。心理的な痛み、特に社会的拒絶や傷心を経験した脳は、肉体的な痛みを経験した脳と驚くほど似た活動をする。[10]

どうやら脳は、痛みの種類の違いにはかなり無頓着であるようだ。脳は肉体的な痛みと心理的な痛みを同等の経験と扱い、さらには実際の痛みと想像上の痛みも同等の経験と扱う。この脳の機能は、もしかしたらニューロハッキングの効果を最大化する助けになるかもしれない。

プラセボのしくみについては、いくつかの説明がある。

そのなかの3つをこれから詳しく見ていこう。まず痛みが消えるというケースでは、プラセボは「エンドルフィン」を分泌させる働きをする。エンドルフィンは天然の痛み止め[11]のようなもので、脳内の「オピオイドシステム」から分泌される。

大きな切り傷ができたときのことを思い出してみよう。最初のうちは激しい痛みを感じるが、そのうち痛みが消えたということはないだろうか？　これは体内に備わった痛み防御システムが働いているからだ。

プラセボはどうやら、脳内の神経伝達物質が分泌されるきっかけになるようだ。報酬系を制御する「ドーパミン」、情動や睡眠、食欲などを制御する「セロトニン」といった神経伝達物質に働きかける作用がある[12]。

プラセボがパーキンソン病に効果があるのは、ドーパミンの分泌で説明できるかもしれない。パーキンソン病の原因の一部は、ドーパミンを分泌する「黒質」と呼ばれる部位のニューロンが劣化することだ[13]。そこでプラセボによってドーパミンが分泌されると、ドーパミンの欠乏が解消され、パーキンソン病の症状である身体の硬直や震え、動きのぎこちなさなどが緩和されることになる。

うつ病もプラセボの効果が確認されている。これはおそらくセロトニンの働きが関係しているのだろう。抗うつ剤が効くのは、脳内のセロトニンレベルを上げるからだ。脳内に放出されたセロトニンは細胞内に再取り込みされるのだが、「選択的セロトニン再取り込み阻害」という手法で再取り込みされないようにして、脳内のセロトニンを増やす。

ハーバード大学メディカルスクールのテッド・カプチャクの研究チームは、最先端のプラセボ研究を行っている。彼らの発表によると、プラセボはセロトニンとまったく同じように神経経路に働きかけるので、うつ病の治療に効果があるのかもしれない。[14]

プラセボのしくみをもっと概念的にとらえると、プラセボ効果は脳の予測機能で説明できるかもしれない。[15]

誰かが何かを話しはじめたときに、相手が最後まで言わないうちに自分が続きを言ってしまったという経験はあるだろうか？　相手から「なぜ自分が何を言いたいのかわかったの？」と尋ねられると、あなたはおそらく「ただわかっただけ」とか、「前にも同じことを言ったから」などと答えるだろう。

この「相手の発言を完成させる」という現象は、「その人が話すのをよく聞いている」、あるいは「その人の好きな話題や話の流れをよく知っている」という状況で起こることが多い。自分では気づいていないかもしれないが、私たちは脳内で一般的な「予測モデル」を構築し、それに基づいて相手の言葉を予測しているのだ。

この予測モデルは、つねにパターンを探して一般化する働きをする。科学者のなかには、人間がプラセボの影響を受けやすいのは、このモデルが原因なのではないかと考える人もいる。

私たちはパターンを見つけ、報酬を期待する。それがあまりにも習慣になった結果、あるパターンを検知すると、実際に報酬がなくても、報酬があったように感じてしまうのかもしれない。

・プラセボの形式は関係あるのか？

２０１６年、私は好運にもハーバード大学でテッド・カプチャクの講演を聴くことができた。カプチャクが強調していたのは、プラセボ効果には細部が大切だということだ。そして細部がどう影響するかは、文化によって異なる。

たとえばアメリカのような国では、錠剤のほうが生物医学デバイスよりも効果が大きい。また、文化によっては注射がいちばん効果がある。医師の白衣と、診察室の壁に飾られた賞状や資格証が大きな威力を発揮する文化もある。

価格も重要だ。デューク大学のダン・アリエリーの研究によると、高価な錠剤のほうが安価な錠剤よりもプラセボ効果が大きくなるという[16]。

カプチャクの研究を読んでいくと、プラセボの色までも効果に影響を与えるということがわかる。刺激剤は赤いプラセボ、制酸薬は白いプラセボ、抗不安薬は緑のプラセボ、気分の高揚には黄色いプラセボがいちばん効果が大きい[17]。

・プラセボは注意力の向上にも効果がある

衣服にもプラセボ効果がある。複数の研究で、衣服によって脳のパフォーマンスが変わることが観察された。特に詳しく研究されているのは、制服やお守り（好運のネックレスやペンダント、ブレスレットなど）、そして好運の靴下だ。

おかしなことに、これらのいわば「迷信」には本当に効果があるようなのだ。とにかく本人が信じている限りは効果がある。

たとえばある研究で、参加者を集めて選択をともなう注意力のテストを無作為に割り当てた。参加者は白衣を着ている人と、着ていない人に分けられ、結果は白衣を着ている人のほうが成績がよかった。

そのフォローアップ研究では、白衣を着た参加者を無作為に2つのグループに分けた。1つのグループは、それは医者の白衣だと告げられる。そしてもう1つのグループは、それは画家の白衣だと告げられる。どちらの白衣もまったく同じだ。そして注意力のテストを実施したところ、医者のものだと言われた白衣を着ているグループは、画家のものだと言われた白衣を着ているグループより成績がよかった。[18]

なぜこんなことが起こるのだろう？　研究によると、白衣は一般的に医師や科学者を連想させ、そして医師や科学者には「思慮深い」「注意深い」といったイメージがある。そのため白衣を着ると、自分も医師や科学者になったような気分になり、自然と思慮深くなったり、注意深くなったりするという。

おそらく白衣を着て何か創造的な作業をしてもらったら、画家の白衣と言われたグループのほうがいい結果になっただろう。

・痛みを予期する

プラセボ効果には、「ノセボ効果」という邪悪な双子がいる。ノセボ効果は猛烈にパワフルだ。実際は病気ではないのに、自分は病気だと思い込むと、本当にその病気の症状が現れるのだ。

カイロプラクターのジョー・ディスペンザは、ニューヨーク・タイムズ・ベストセラーの著作『あなたはプラシーボ』（めるくまーる）のなかで、末期がんで余命数カ月と診断され、診断通りに数カ月後に亡くなったある男性を紹介している。

この男性は、ものが飲み込みにくくなったので医者に診てもらったところ、転移性食道がんで、すでに手遅れの状態だと診断された。彼は医者のすすめに従って手術を受け、食道と胃からがん組織を切除した。

驚くべきことが起こったのは、彼の死後のことだ。主治医が検死を行ったところ、体内にがん細胞がほとんど存在しなかったのだ。最初に末期がんと診断したときのスキャン画像を他の医師が確認したところ、残念なことに診断の間違いが発見された。がんだと判断された箇所は、実際はただの画像のエラーだった。

どうやらその男性の肉体は、彼自身と周りの人の思い込みに応じて、実際に生きるのをやめてしまったようだ。「彼が亡くなったのは、ただ単に身近な人全員が彼の死を確信していたからだ[19]」とディスペンザは書いている。

また他の研究でも、中国では呼吸器の病気になるという兆候を持って生まれた人は、たとえそれが迷信でも、実際に肺の病気で亡くなる率がかなり高くなることがわかっている。ただし、その迷信の影響を受けるのは、中国の占星術を信じている人だけだ[20]。

・プラセボはすべての人に効果があるのか？

ヘンリー・ビーチャーは、論文「強力なプラセボ」を発表した１９５５年、すでにプラセボには効く人と効かない人がいるということを認識していた。それ以来、さまざまな研究が行われ、効果のある人とない人の違いがわかってきた。

そこには「心理学的な理由」と、「生物学的な理由」の両方がからんでいる。

心理学的な理由については、それほど驚きはないだろう。プラセボに反応する人は新しい経験に対してオープンな性格であることが多く、自分の肉体の内部を意識できるという点で、「自己認識（内受容感覚）」の能力が高い傾向がある。[21]

生物学的な影響も大きい。[22]ある種の神経解剖学的・神経生理学的な特徴を見れば、その人がプラセボにどう反応するかがわかる。さらに、ドーパミンの分泌量が多くなる遺伝子を持っている人ほど、プラセボ治療の効果が高くなる傾向がある。[23]

あなた自身はどちらのタイプなのだろうか。

それを理解するには、いくつかの要素を見る必要がある。「23andMe」のようなサービスを利用して遺伝子検査を受ければ、自分がプラセボに反応しやすい遺伝子を持っているかどうかがわかる。たとえば、ドーパミンの分泌量に影響を与える「COMT遺伝子」と関連する遺伝子マーカーの「rs4680」を探せば、自分が「a／aバリアント」を持っているかどうかがわかる（a／gやg／gではなく）[24]。

もちろん、プラセボ効果は複雑であり、遺伝子ですべてが説明できるわけではない。だから、自分のrs4680にa／aバリアントがなかったからといってがっかりすることはない。それでもプラセボの効果を期待できる可能性は十分にある。

答えを見つけるいちばんの方法は、やはり実際にプラセボを試してみることだろう。

しかし、そこである重要な疑問にぶつかることになる。

・プラセボは自分自身にも使えるのか？

自己実験を行う私たちにとって、これは重大な問題だ。プラセボに効果があるのは、プラセボだと知らないときだけなのだろうか？

これについては多くの研究があり、たとえ被験者がプラセボだと知っていても効果があったと報告されている（この種の実験を「オープンラベルプラセボ試験」という）。ただし、プラセボに反応するという人間の身体の特徴について、被験者が教えられている場合に限られる。

２０１０年、カプチャクは「過敏性腸症候群（ＩＢＳ）」の患者を対象にある研究を行った。患者を２つのグループに分け、１つのグループにはこう告げた。

「ただの砂糖など、何の効果もない物質でつくったプラセボを与えるが、人間の精神と身体の関係から生まれる自然治癒力によって、プラセボでもＩＢＳの治療に効果があることがわかっている」

そしてもう1つのグループは何の治療も受けない（ただし、主治医などからもう1つのグループと同程度の観察は受ける）。

すると驚いたことに、プラセボを与えられていると知っているグループは症状が大きく改善し、生活の質も向上したのだ。[25]

2017年、ハーバード大学とスイスの研究チームが大規模な研究を行った。オープンラベルプラセボ（事前にプラセボであることを告げて与えるプラセボ）が、心臓の痛みに与える影響を調べたのだ。ここでも被験者を2つのグループに分けて比較した。

どちらにもプラセボを与えるのだが、1つのグループにはプラセボの効果について何の説明もせずにただプラセボを与えることを告げ、もう1つのグループにはプラセボの効果（先ほど登場した「人間の精神と身体の関係から生まれる自然治癒力」など）を説明したうえでプラセボを与えることを告げた。

実験の結果、説明を受けたほうが、説明を受けなかったグループよりもプラセボの効果が高いことがわかった。さらに、説明とともにプラセボを与えられたグループは、本物の鎮痛剤だと思ってプラセボを飲んだグループと同等の効果があったという。[26]

2つめのハードルは、プラセボが効果を発揮するには、たとえば白衣を着た医師など他の人から与えてもらう必要があるのかということだ。だが、自主的に飲んだプラセボと、他の誰か（特に権威のある人物）に与えられたプラセボの効果の違いについては、信頼できる研究を見つけることができなかった。

他の人に与えてもらう実験もしてみたいという人は、自分が尊敬していて、信頼できる人を相手に選ぼう。そして彼らにも介入に参加してもらい、「信頼できる医学研究の結果、人間の精神と身体には密接なつながりがあり、そのしくみを利用して自分をアップグレードできることがわかった」と言ってもらうのだ。

バカなことをしているような気分になるかもしれないが、ぜひ試してもらいたい。自分で与えるプラセボには、他にも効果があるものがいくつかある。視覚化もその1つだ。

学習(とパフォーマンス)をアップグレードするための視覚化

これまで見てきたように、身体と精神のつながりは脳のアップグレードに貢献する。私がそれをもっとも強く実感した経験の1つはスポーツだ。

私はスカッシュという競技でジュニアオリンピックに出場したことがある。最初の試合の前に、私は試合会場から離れた静かな場所へ行き、そこで目を閉じた。そして会場へのドアが開いた瞬間から試合が終わるまで、自分がすることをすべて頭のなかで思い描いた。

自分の足はどう感じるか、観衆の声援はどう聞こえるか、口のなかがどれくらいカラカラになるか、ラケットを握った手はどう感じるか。そして今度は、試合中の自分を思い描く。完璧なサーブに、完璧なラリー。ピンチに陥っても完璧に立ち直る。

実際に試合が始まると、私の相手はとても強かった。正確で力強いショットを打ち、身体もしっかり鍛えている。すぐに彼女が優勢になった。それでも、ラリーが終わるたびに、私はまた視覚化を行った。目を閉じて、直前のラリーを再現し、自分の間違いを見つけ、間違いを修正する自分を思い描く。

試合が進むにつれ、彼女の弱点が見えてきた。そして自分も思い描いた通りのショットが打てるようになった。私のメンタルゲームが向上すると、相手の集中力が切れてきた。ミスショットを打つたびに悪態をつき、主審が私に有利な判定をするたびに不満をあらわにする。こうなれば、後はただ相手の自滅を待てばいい。

そして、彼女は自滅した。ミスショットを連発するようになった。最終ゲームに入ると、彼女はほとんど実力を発揮できなくなっていた。一方で私は、自分にとって最高のプレーができている。結果、私は試合に勝った。

多くのアスリートが視覚化を活用している。むしろスポーツだけでなく、あらゆる種類のパフォーマンスで活用されている。

ある若い男性は、成功を目指してハリウッドに進出した最初の年に、自分宛に「俳優業への支払い」として1000万ドルの小切手を書いた。現金化するのは3年後の感謝祭だ。

彼は毎日、オーディションを受けた。毎晩、視覚化を行った。有名なマルホランド通りに車を停め、夢をかなえるまでの道筋をすべて頭のなかで思い描いた。

そして、3年後の感謝祭を迎える数日前、彼は映画『ジム・キャリーはMr.ダマー』の出演料として小切手を受け取った。その若者の名前はジム・キャリーだ。彼はその後、『マスク』『エース・ベンチュラ』など次々とヒット映画に出演した。[27]

視覚化を活用できる分野は他にもあるのだろうか？

私が聞いた話では、収監された囚人のなかには、1日中チェスの動きを頭のなかで思い描いている人もいるという。たとえばロシアの人権活動家ナタン・シャランスキーは、投獄されている間ずっと、読むことも書くことも、誰かと話すことも禁止されていたため、生き残り策としてチェスを活用したという。

「KGBは私の精神が弱っていくことを願っていた。ところが私の精神は、むしろどんどん強くなっていった」と彼は言う。[28]そして10年後、彼の努力が実を結んだ。チェスの世界チャンピオンのガルリ・カスパロフに勝ったのだ。[29]

1995年、ハーバード大学メディカルスクールのアルバロ・パスクアル＝レオーネは、視覚化の効果の研究に着手した。研究対象は、「身体的なパフォーマンスに与える影響」と「脳の働きに与える影響」の両方だ。

彼はピアノを弾く能力に着目した。ピアノに関して同等のスキルレベルを持つ学生を集めて2つのグループに分け、1つのグループは実際にピアノを使って練習してもらい、もう1つのグループはただ頭のなかでピアノの鍵盤を想像して、指を動かして練習してもらう。

数週間後、それぞれのグループの平均的なピアノを弾く能力を計測したところ、驚きの結果になった。想像上のピアノで練習したグループは、本物のピアノで練習したグループほどではないが、それでも指の動きがかなり向上したのだ。

しかし、ここで大切なのは、想像上のピアノで練習したグループの脳を観察したところ、本物のピアノで練習したグループと同じような変化があったということだ。これはつまり、視覚化だけで脳の神経回路に十分な変化を起こせるということを意味する。[30]

ジム・キャリーやナタン・シャランスキー、想像上のピアノで練習したグループに共通しているのは、ほぼ自分の想像力だけを使ったということだ。

それでも彼らは、視覚化とイメージトレーニングの驚くべき効果を実証している。[31]

成長マインドセットを介入として活用する

ここ数十年で、スタンフォード大学のキャロル・ドゥエック教授は、心理学と教育の分野で名前が知られるようになった。そのきっかけは、「成長マインドセット」を持つことの利点を研究し、世の中に広めたことだ。

成長マインドセットは、厳密な意味でのプラセボではない。

とはいえ、精神が精神それ自体に影響を与えると力を活用するという点では共通している。ここでの目標は意図的にプラセボを活用できるようになることなので、成長マインドセットもプラセボを活用する一手段として、この章で取り上げることにした。

成長マインドセットのある人は、「成功には努力が絶対に欠かせない」、あるいは「少なくとも大切な要素ではある」と信じている。彼らは、才能がないから努力が必要だとは考えない。むしろ、努力が才能を呼び覚ますと考える。[32] そのため成長マインドセットのある人は、逆境にあっても粘り強くがんばり抜くことができる。

彼らの多くは新しいことを学ぶのが好きだ。間違いも失敗も、新しいことを学ぶ過程にはつきものだと考え、そこでくじけたりはしない。彼らは失敗から学び、むしろ積極的に新しい挑戦を探す。

そのような成長マインドセットの対極にあるのが、「固定マインドセット」だ。

固定マインドセットを持つ人たちは、才能や能力は生まれながらに決まっていると考える。彼らの考えでは、世の中には「賢い人」と「賢くない人」の2種類がいる。そして賢くない人として生まれたのなら、努力してもどうにもならない。生まれたときから知能の限界が決まっているからだ。

彼らにとって学校とは、それぞれの生徒の知的な能力を発見する場所であり、それを伸ばす場所ではない。そのため当然の結果として、彼らは何か難しいことに直面すると、あきらめてしまうことが多い。

彼らにとっての成功とは、生まれながらの才能を生かして簡単に達成するものだ。もし努力が必要なら、それは本当の成功ではない。

成長マインドセットは、多くの分野で介入として活用されてきた。その目的は、態度や考え方を変えることだ。なかでも注目したいのは、性格についての考え方だ。

成長マインドセットを使えば、「性格は変えられる」と信じられるようになる。

ある研究で12～15歳の子供を集め、コンピューターを使った成長マインドセットのトレーニングを受けてもらった。

その結果、30分のセッションを1回受けただけで、子供たちは不安感が大幅に減り（平均して12パーセント以上の向上）、抑うつも大幅に減った（平均して26パーセント以上の向上。子供の親もこの結果に同意している）。[33]

PART5では、プラセボの力を活用した自己実験の具体的な方法を紹介している。そのうちの1つは、シナモンに創造性を向上させる効果があると参加者に告げるという研究がもとになっている。ちなみに、シナモンは本当に効果を発揮した。[34]

また別の自己実験は、鼻腔スプレー（または錠剤）には感情をコントロールする効果があると参加者に告げる実験から生まれた。こちらの実験も実際に効果があった。[35]

しかし、すぐに自己実験に飛びつく前に、あといくつかの介入についても見ておこう。次の章に登場するのは「運動と汗」だ。

この章で学んだこと

1　医療の世界では、プラセボとは本物の治療や処置のように見えるが、実際には心理的に働いて効果を出す手法のことをさす。ポジティブな効果と、ネガティブな効果の両方がある。ネガティブな効果は、たとえプラセボを飲んでも、言われた通りの副作用が出たりすることだ

2　プラセボには2つのしくみがあるようだ。1つは、パターンを求める脳の機能を乗っとること。もう1つは、身体の生理機能を乗っとることだ

3　自分でプラセボだとわかっていても効果はある。治療が「偽物」だとわかっていても、実際に症状が改善することは、複数の研究で証明されている。ただし条件は、参加者がプラセボ効果についての知識を与えられていることだ

4　プラセボの形式も効果に影響がある。薬の色や制服、処置の値段などの違いによって、実際に効果の出方も変わる

第14章 運動と汗

健全なる精神は健全なる肉体に宿る。

――ユウェナリス（古代ローマの詩人）

▼投資時間　17分
▼ゴール　運動が脳のパフォーマンスのアップグレードにつながることを理解し、運動をニューロハッキングの実験に組み込む方法を学ぶ

高校生アスリートのご多分に漏れず、私も2年生になるあたりである悩みにぶつかった。勉強と運動のどちらを優先したらいいのだろうか？

大学のスポーツ推薦を狙うのであれば、もっと校外の試合に出て国内ランキングを上げる必要がある。一方、全米トップクラスの理系学部に進学したいのであれば、数学と科学の上級クラスでいい成績を取らなければならない。どちらにしても、私はすでに出遅れていた。

高校の最初の2年間（アメリカの高校は4年制）は、運動も勉強も成績が安定しなかった。完全に集中できるときもあるが、次の瞬間は心ここにあらずの状態になったりする。宿題を忘れるだけでなく、大事なスカッシュの試合の最中に他のことを考えてしまったこともある。

ありがたいことにどちらの問題も、2年生に上がる前の夏に解決するチャンスに恵まれた。その夏、私はある有名な研究室でインターンをすることが決まっていて、さらにイギリスで開催されるスカッシュの合宿にも参加することになっていた。

私の聞いた話では、イギリスのスカッシュのレベルはアメリカよりかなり高いという。私はコーチのマーク・ルイスに、参加するのが怖いと打ち明けた。コーチはうなずいた。

「怖いという気持ちはあったほうがいい。準備のしかたを教えよう。とにかく身体を人生で最高の状態に仕上げるんだ」

コーチが教えてくれたのは、自転車とトラックでのダッシュを組み合わせた「高強度インターバルトレーニング」という方法だった。かなりきついトレーニングで、さらにいつものスカッシュの練習と筋トレも続けなければならない。

それでも春が終わるころになると、私は自分の変化に驚いていた。体力もスピードも信じられないくらい向上している。

他にも気づいたことがある。頭がいつもよりすっきりしていたのだ。

スカッシュの合宿に参加すると、コーチのアドバイスが正しかったことがわかった。最初の週が終わるまでに私の筋肉は悲鳴を上げていたが、その春のトレーニングのおかげで怪我はしなかったのだ。

研究室でのインターンも同じだった。最初の週は、昼休みになるまでに頭がパンクしそうになっていた。さらに大学院レベルの微生物学の教科書をわたされ、週末に勉強しておくように言われる。私はムリに笑顔をつくると、「がんばります！」と応じた。

1日の終わりはいつもくたくただったが、翌朝にはエネルギーが完全に回復していた。どうやら身体を鍛えた効果が、頭脳の持久力にも波及していたようだ。

その年の秋は、それまででいちばん勉強が大変な時期だったうえ、スカッシュのシーズンも始まっていたので、毎週のように試合で遠征しなければならない。授業はどんどん難しくなり、さらに勉強できる時間は以前より少なくなっている。

それなのに、以前の不安定さ（あるテストでAを取ったと思ったら、次のテストの前に宿題を忘れる）がすっかり消えていたのだ。もちろん、これが完璧な実験でないことはよくわかっていたが、それでも私は考えた。

いつもよりきついトレーニングで身体を鍛えたことは、脳の機能にどれくらいの影響を与えたのだろうか？

運動の効果を科学的に解明する

運動はもしかしたら、手に入るかぎり最高の認知能力を向上させる介入かもしれない。

これまでの研究によると（研究対象は私だけでなく、他にもたくさんいる）、「実行機能」「記憶と学習」「情動制御」「創造性」という4つのメンタルターゲットすべてに効果があるようだ。さらに、効果が出るのも早い。1回の運動だけで脳の変化が観察できる。なかには運動が終わる前に、変化が出るケースもあったほどだ。

運動は実行機能と注意力にどのような影響を与えるのか？

2016年、神経科学者で、カナダ王立協会フェローのアデル・ダイアモンドが、同僚のダフネ・リンと共同で、実行機能をターゲットにした介入の評価を発表した[1]。

2人によると、計画と集中を要する運動（ヨガなど）や、問題解決と自己コントロールを要する運動（テコンドーなど）から、幅広い効果が認められたという。また2人は、多くの競技スポーツとチームスポーツには、実行機能を向上させる効果があるという仮説を立てたが、残念ながらそれを証明する質の高い研究を見つけることはできなかった。

２０１４年に行われたある「ランダム化比較試験」は、放課後の運動プログラムの効果を検証している。プラグラムに参加した２００人の児童は、運動によって実行機能が向上したのだろうか？　研究の結果、抑制と柔軟性で大きな向上が見られ、さらに脳内の電気活動にも前向きな変化があったことがわかった。[2]

私が思うに、スカッシュのようなスポーツで激しい試合を経験すると、同じような認知能力への効果があるのではないだろうか。しかし、私の意見が自分の経験に引っぱられていることは明らかだ。もっと客観的な研究も見ていく必要がある。

運動を1回行うだけで頭がよくなるのか？

２０１２年、ノースカロライナ大学のユーカイ・チャンの研究チームが、１回の運動が認知能力に与える急性の影響について調べるため、79の研究を集めてメタ分析を行った。[3]

これらの研究には全世界から合わせて２０００人以上が参加し、女性や男性、子供、年配者、健康な人、健康状態がよくない人が含まれる。研究は、ごく軽い運動から最高に激しい運動まで、あらゆる強度の運動を網羅している。運動の種類も、「有酸素運動（エアロビクス）」「無酸素運動（ダッシュ）」「レジスタンス運動（筋トレ）」、そして「有酸素運動とレジスタンス運動の組み合わせ」とさまざまだ。

チャンの研究チームは、実行機能と記憶を含む複数の認知能力に注目した。

分析の結果わかったのは、1回の運動でも、認知能力に小さくはあるが前向きな効果があるということだ。また、運動中や運動直後、運動からしばらく後でも、結果は同じだった。

運動によってもっとも大きな影響を受ける認知能力の1つは注意力で、なかでも特に集中力への影響が大きかった。

チャンらの分析によると、数ある認知能力のなかで、集中力を要するタスクのパフォーマンスがもっとも向上したという。実行機能と記憶は次のような基準で評価された。「意思決定を含むテストの成績」「言語による自己表現力」「刺激を記憶する力」「間違った反応を抑制し、正しい反応を選択する力」だ。

そして評価の結果、参加者の能力は15～20パーセント向上していた。[4]

もちろん、運動の効果は人によって異なる。

そこで次からは、個人による違いについて見ていこう。ここでは特に、チャンの研究チームや他の研究チームが、深く探った「7つの質問」を検証する。質問を提示し、その答えを見ていくという形を取るので、自分でも質問の答えを予想しながら読んでみよう。

①今すぐエネルギーレベルを上げたいときは(運動とカフェインのどちらが有効か)?

2017年、アメリカの研究チームが睡眠不足の女子大学生を集め、眠気を払うには何がいちばん効果的かという調査を行った。

彼女たちの睡眠時間は平均して6・5時間だ。参加者を「運動をするグループ（10分間、階段を上ったり降りたりする）」「コーヒー半杯分に等しいカフェインを摂取するグループ」と、「プラセボを飲むグループ」に分けたところ、短期間でもっともエネルギーレベルが上昇したのは運動をしたグループだった。[5]

②運動後に頭がよりすっきりするのは（身体を鍛えている人とそうでない人）？

アメリカスポーツ医学大学協会が定めた基準に従って、人々のフィットネスレベルを低・中・高に分類すると、運動後の認知能力の向上は、高レベルのフィットネスの人で平均して12パーセント以上の向上、中レベルのフィットネスの人で平均して8パーセント以上の向上だった。[6]

低レベルの人の結果はまちまちだった。むしろ運動前より認知能力が落ちてしまった人もいたが、23パーセント近くも向上した人もいる。認知能力が落ちてしまったのは、おそらく運動による疲れも一因になっているだろう。

全般的に、運動はあらゆるフィットネスレベルの人にとって認知能力を高める効果があるようだ。そして運動の直接的な効果がもっとも大きいのは、フィットネスレベルが高い人だと考えられる。この結果は、チャンのメタ分析とも一致している。

③強度の高い運動と低い運動ではどちらの効果が大きいのか？

運動後の認知能力は向上する傾向がある。これはどんな強度の運動でも同じことだ。アメリカスポーツ医学大学協会のガイドラインにより、運動の強度は、運動によって達成された心拍数が、最大心拍数の何パーセントになるかで判定する。

強度が「軽度から中度」の運動（最大心拍数の50〜76パーセント）の場合、認知能力の向上は平均して8パーセントだった。「高強度」の運動（最大心拍数の77〜93パーセント）になると、平均して12パーセントほど向上する。「さらに強度の高い」運動（最大心拍数の93パーセント以上）では、効果はさらに大きくなる。平均して実に約16パーセントの向上だ。

効果のなかった唯一の運動は、最大心拍数の50パーセント未満だった「ごく軽い」運動だ。この場合、認知能力は平均して約4パーセント下落した。

④どれくらい汗をかけばいいのか？

ハーバード大学メディカルスクール教授のジョン・レイティと科学ライターのエリック・ヘイガーマンによる著書『脳を鍛えるには運動しかない！』（ＮＨＫ出版）で、特に興味深いのは、「ウォーキングとジョギングとダッシュ」を生物学的に分析した記述だ。[7]

これらの似たような動きの影響は、その強度によってどのように変わるのだろうか？

・ウォーキング――満足度を高める

レイティとヘイガーマンによると、最大心拍数の55～65パーセントの強度でウォーキングを行うと気分がよくなる。

ウォーキングのような強度の低い運動では、身体が脂肪燃焼モードに入り、血中の「遊離トリプトファン」が増加する。トリプトファンは、いい気分を生み出す物質として知られるセロトニンの前駆体（ある物質に変化する前の状態）であるだけでなく、「ノルエピネフリン」とドーパミンの分泌を変える働きもある。

つまり私たちは、歩くとセロトニンが増加して気分がよくなり、ノルエピネフリンとドーパミンの分泌で注意力とモチベーションが高まるのだ。人間の脳が歩くことを好きになるように進化したのもうなずけるだろう。

・ジョギング――今ストレスを感じれば、将来の不安が小さくなる

ジョギングは中程度の運動に分類され、心拍数は最大の65～75パーセントだ。ジョギングにも独自の利点がある。中程度の運動は基本的に、身体にストレスをかけるトレーニングだ。血中のアドレナリンとコルチゾールが増加するので、身体の回復力が向上する。

ストレス反応を起こした身体は、正常な状態に戻ろうとする。その正常に戻す働きをするのが、視床下部から下垂体系と呼ばれる脳の部位だ。この脳から生まれた「脳由来神経栄養因子」（レイティはそれを「脳の肥料」と呼んでいる）が新しいニューロンの土台となり、さらに神経回路を強化する役割も果たしている。

「心房性ナトリウム利尿ペプチド」とは、心臓の筋肉でつくられるホルモンであり、ストレスを和らげる働きもする。エンドルフィンとエンドカンナビノイドは、痛みを軽減し、気分を落ち着かせる働きがある。

・走るまたはダッシュ――今苦しめば、将来は脳が大きくなる

高強度の運動（最大心拍数の75～90パーセントの運動）を行うと、身体は「これは緊急事態だ」と判断する。無酸素ゾーンに入る、つまり血中だけでなく筋肉に蓄えられたエネルギーも使うようになると、脳下垂体から「ヒト成長ホルモン（ＨＧＨ）」が分泌される。

ＨＧＨの分泌量は年齢とともに減少するが、脳の大きさを決める重要なホルモンであり、これまで見てきたような「成長因子の多くを制御する」「神経伝達物質のバランスを保つ」「ニューロンの成長を促す」といった働きがある。

ＨＧＨは運動が終わってからも血中に残り、数時間にわたって働き続けることができる。『脳を鍛えるには運動しかない！』のなかで、レイティとヘイガーマンは、イギリスのバース大学で行われた研究を紹介している。その研究によると、自転車で30分のスプリントを行ったところ、ＨＧＨの値が６００パーセント上昇し、運動が終わって2時間後まで上昇を

続けたという。

⑤1回の運動で認知能力の向上を最大化するには？

チャンの研究チームの分析によると、もっとも効果が大きくなるのは「有酸素運動」と「筋トレ」の組み合わせだ。運動直後の認知能力が平均して12パーセントほど向上する。それとは対照的に、有酸素運動だけの場合は平均してわずか4パーセントしか向上しない。さらに筋トレだけの場合、認知能力は平均して12パーセントほど低下してしまう。

それでは、これらの発見から私たちは何を学べばいいのだろうか？

各種の研究を見てわかるのは、運動によって認知能力を高めたいなら有酸素運動と筋トレの組み合わせがいちばん効果的だということだ。この章の終わりで具体的な運動メニューを紹介している。

しかし、これらの発見からわかるのは、あくまで「平均」でしかない。ここまで見てきたすべての介入がそうであるように、あなたの脳は、研究に参加した人たちの脳とは違う反応をするかもしれない。

まずはいくつか試してみて、自分にいちばん向いている方法を見つけよう。

また、ある運動で期待したような認知能力の向上がなかったとしても、運動には認知能力の向上以外にもさまざまな効果がある。たとえば筋トレは、骨粗鬆症の予防と心血管機能の向上の助けになる。[8]

2010年、ジョージア大学のケイト・ランボーンとフィリップ・トムポロウスキが行った研究によると、認知能力を高めたいのならランニングよりも自転車のほうがいいようだ。

2人は運動と認知能力に関する40以上の研究を分析し、「自転車は運動中・運動後ともにパフォーマンスの向上が見られたが、一方でマシンによるランニングは運動中のパフォーマンスはむしろ低下し、運動後にわずかな向上が見られただけだった」としている。

具体的な数字で見ると、ランニング後の認知能力の向上は約4パーセントで、高い人では8パーセント。そして自転車は約8パーセント、高い人で12パーセントの向上だった。

⑥認知能力に与える運動の効果は年齢によって変わるのか？

1回の運動でもっとも大きな認知効果を得られる年齢層は3つある。「高校生の年齢の子供」「30歳以上の大人」、そして「65歳以上の高齢者」だ。

この年齢層に入る人たちは、運動によって平均して4〜8パーセント認知能力が向上するとされている。「幼稚園児」や「20〜30歳の若者」も運動の効果はあるが、認知能力の向上は平均して2・5パーセントだ。

ここで注意してもらいたいのは、これらの数字は膨大な研究から得られた平均値にすぎないということだ。運動の効果には個人差があり、効果が平均よりずっと小さい人もいれば、ずっと大きい人もいるだろう。

⑦運動がもっとも効果を発揮する「時間」は？

チャンの研究チームによると、午前中に運動を行うと認知能力の向上は平均して16パーセント近くにもなる。午後と夜に関しては統計的に有意な結果は得られなかった。おそらく結果に大きなばらつきがあるからだろう。

午後の運動は平均して約4パーセントの向上、そして夜の運動はむしろ平均して約8パーセント低下していた。私も午前中の運動をおすすめするが、私自身は朝に運動はしていなかった。この本の執筆中はだいたい夜中の3時15分ごろに就寝していたので、午前中の運動は拷問（ごうもん）に近かったからだ。

「記憶と学習」の能力にどのような影響を与えるのか？

私は高校時代、勉強の合間にトレーニングをなんとかして詰め込もうと工夫するなかで、「キャリステニクス」と呼ばれる「自重トレーニング」を試してみた。休み時間にキャリステニクスを実施し、まだ心拍数が上がったままで次の授業を受けたところ、いつもより頭が冴えて理解が早くなっていることに気がついた。

それを友達に話したところ、彼女は私を使って自己流の実験をしたいと言ってきた。休み時間に跳躍運動や腕立て伏せをした場合と、ただ立ち上がってストレッチをした場合を比較すると、どちらのほうが次の授業の学習効率が上がるのだろうか？

実験の結果が出ると、そのうわさはすぐに広まった。間もなくして、私たちは休み時間になると女子トイレに集合するようになった。そして大音量で音楽を流しながら鏡の前で跳躍運動を行い、そしてセットしておいたタイマーが鳴ると急いで教室に戻る。すると本当に頭がすっきりして、次の授業に集中できる。

チャンの研究チームによると、すでに習熟している認知スキル、たとえば足し算や引き算のテストでは、運動後に実施するとパフォーマンスが約8パーセント伸びるという。

それが新しい情報（たとえば、15の単語を制限時間内に覚えるなど）になると、パフォーマンスの向上は19パーセント近くになった。なかには23パーセント前後も伸びた人たちもいる。

ドイツのミュンスター大学は、健康な若い男性を集めて実験を行った。

被験者を「15分間ただ座っているグループ」と「ダッシュとスローランをくり返す（3分間ダッシュして、その合間にスローランを入れる）グループ」、そして「ペースが一定のスローランを40分続けるグループ」に分けた。[9]

それぞれの活動の直後に単語を記憶してもらったところ、ダッシュを行ったグループは他のグループより20パーセント早く単語を記憶した。またこのグループは、「神経栄養因子（脳の肥料）」の増加量も他のグループより多かった。さらにドーパミンの分泌量も他のグループより多く、ドーパミンは記憶の中期保持（新しく覚えた単語を1週間後も覚えている）の向上と関連がある。

ダッシュにはさらに、記憶の長期保持（新しく覚えた単語を8～10カ月後も覚えている）に関連する「エピネフリン（アドレナリン）」の分泌量を増やす効果もある。運動による学習効果の違いは、こんなに長く続くのだ。

新しいことを学んだ直後に激しい運動をしてもまったく効果はないが、数時間後に激しい運動をするのであれば、より効果的に記憶を保持できるのだろうか？

ある研究では、72人の被験者にまず写真と場所をセットで覚えてもらった。そして「覚えた直後に35分の激しい運動を行うグループ」と「覚えてから4時間後に35分の激しい運動を行うグループ」と、「ただ自然の景色を映したビデオを見るグループ」に無作為に分けた。ここでの運動は、最大心拍数の80パーセントになる高強度の運動だ。

その48時間後、3つすべてのグループに、写真と場所のセットをどれくらい覚えているかテストを受けてもらった。いちばん成績がよかったのは、記憶の4時間後に激しい運動を行ったグループだった。[10]

「情動の自己制御」にどのような影響を与えるか？

情動の自己制御とは、自分の感情や態度をコントロールすることだ。長い目で見れば、運動には自己制御を向上させる効果があるように思われる。

オーストラリアのマッコーリー大学で、参加者に4カ月にわたって自分の行動や態度を追跡してもらう研究が行われた[11]。開始から2カ月後、参加者は定期的に運動をするように言われる。運動をしない最初の2カ月を「統制段階」として、統制段階と運動を始めてからの期間を比較したところ、参加者の自己制御の能力は多くの側面で大きく向上した。

たとえば、ストレスや精神的苦痛、喫煙、カフェインやアルコールの摂取が減少し、食生活が健康的になり、感情をコントロールする力が増し、家事を積極的に行い、仕事や勉強に対する意欲が高まり、無駄な浪費が減った。

「創造性」にどのような影響を与えるか？

運動には他にも「エネルギーを高める[12]」「ネガティブな感情を減少させる」「ポジティブな感情を増幅する」という効果もあるようだ。アメリカとカナダの大学で行われた研究で、10

分間の運動でネガティブな感情が減退することがわかった[13]。

　運動には気分を高める効果がある。そしてポジティブな感情は創造性と関連があるので、[14]運動で創造性が高まるのも不思議ではないだろう。

　運動が気分を高め、そしていい気分になると創造性が高まる……。これはつまり、運動はただ気分を介して創造性を高めているということなのだろうか？

　イギリスのミドルセックス大学の研究チームが、運動とダイバージェント思考の関係を調べる研究を行った。参加者を2つのグループに分け、1つには「中立的な」ビデオを見てもらい、もう1つには有酸素運動をしてもらう。その後、どちらのグループもダイバージェント思考が必要な課題に取り組む。

　その結果わかったのは、運動を行うと、創造性のなかでも多様な答えを生み出す能力が高まるということだ。しかも、この効果に本人の気分は関係ない[15]。

　創造性を高めるにはどの運動が適しているのかという問題に関しては、スタンフォード大学の研究の結果、ウォーキングは「コンバージェント思考とダイバージェント思考」の両方を短時間で高める効果があることがわかった。

　彼らの行った実験では、参加者を3つのグループに分け、それぞれ「座る」「ウォーキングマシンで歩く」「外を歩く」という活動をしてもらった。その結果、外を歩いたグループがもっとも質の高いアナロジー（類推）を思いついたという[16]。

オーストリアのグラーツ大学の研究チームによると、定期的に運動をしている人は、自然発生的に創造性を発揮する能力が高まる可能性があり、一方で座りっぱなしの人は、かなり意識的に努力しないと創造性が発揮できないことが多い[17]。

この研究によると、定期的に運動をする人も、座りっぱなしの人も、高い創造性を発揮することができる。さらに高い創造性は、自分がまったく予期していなかった瞬間（古典的な「エウレカ！」の瞬間）と、意識的に創造性を発揮しようと努力したときの両方で、発揮されるということもわかった。

この章で学んだこと

1 運動には認知パフォーマンスを向上させる効果がある。軽度から中度の運動をした直後では、認知パフォーマンスが平均して約8パーセント向上する。激しい運動からかなり激しい運動をした直後では、認知パフォーマンスの向上は平均して12～16パーセントになる

2 筋トレの直後は認知能力が低下する。しかし筋トレと有酸素運動を組み合わせると、認知能力は向上する。すぐに認知能力を高めたいなら、ランニングよりも自転車のほうが有効だ

3 運動が認知パフォーマンスに与える効果は年齢層によって異なる

4 1日のどの時間に運動するかということも効果に影響を与える。午前中の運動は認知パフォーマンスを平均して16パーセント近く高める。午後の運動は約4パーセントの向上、そして夜の運動はむしろ約8パーセント低下させる

5 運動は脳の4つの機能（実行機能、情動制御、記憶と学習、創造性）それぞれに影響を与える。さらに気分の向上、睡眠の改善といった効果もある

第15章 ブルーの光あれ

▼投資時間　12分

▼ゴール　ブルーライトが脳のパフォーマンスを向上させるしくみを理解し、それをニューロハッキングの実験に組み込む方法を学ぶ

私は人生のほとんどを雪の多いボストンですごしてきたが、どうやら私にとっては、陽光あふれるカリフォルニアで暮らすことが「季節性感情障害（ＳＡＤ）」の原因になるようだ。２０１９年１月、長期にわたる仕事のプロジェクトが始まり、私は昼夜逆転に近い生活を送るようになった。夜は好きな時間まで起きていて、明け方近くに就寝して昼過ぎまで寝ている。私は元々夜型なので、この生活パターンはまさに天国のようだった。

最初は両者の関連に気づかなかった。

季節性感情障害（SAD）と光療法

この「バンパイア・スケジュール」（命名は私の母だ）を始めて数週間がたったころ、気分の変調を自覚するようになった。友達のジョークを聞いてもまったく笑えない。ToDoリストの中身もおかしくなっていた。1日の終わりになると、終わっていないタスクがその日の始まりよりもむしろ増えているのだ。

ただ壁をじっと眺めていることが多くなった。そしてふと我に返って時計を見ると、もう何分もそうしていたことに気づく。さらに、睡眠時間がいつもよりかなり増えていた。

ある日の午後、特に理由もないのに涙が流れてきたとき、さすがにこれは何かがおかしいと認めざるをえなくなった。

CES－D（アメリカ国立精神保健研究所が開発した抑うつ症状の自己評価尺度）を使ってテストしてみたところ、私のスコアは「重度」よりわずかにましという結果になった。

ボストンの父に電話をして自分の症状を伝えると、父から意外な質問が返ってきた。

「日光はどれくらい浴びているのか？」

父はある解決策を提案してくれた。それはランプを使った光療法だ。電話が終わるとさっそく検索を始め、5000ルクスの明るさのランプを40ドルで購入した。

ちなみに、1ルクスが約1メートル離れたところにあるロウソク1本分の明るさで、直射日光の明るさは10万ルクスだ。私はそのランプを顔の横に光が当たるように設置した。目に光が入らないようにするためで[1]、顔からの距離は2フィート（約60センチ）だ。

効果はすぐに現れた。最初の2回ほどのセッションで、心がほぐれていくのが自覚できた。それからの数週間、仕事の最初の30分（時には1時間）はライトの光を顔の横に浴びながらすごすことにした。するとすぐに、またジョークに笑えるようになった。わけもなく泣きたくなることもだんだんとなくなっていった。ToDoリストも終わらせることができるようになった。

光療法を始めてわずか1週間後、再びCES‐Dテストを受けてみたところ、無事に「抑うつではない」状態に復帰することができた。ハレルヤ！

もちろん光療法も完璧ではないが、私は大いに興味を持った。

光は、私の脳にどんな魔法をかけたのだろうか？　もしかしたら、SADの改善の他にも効果はあるのだろうか？　現に私は、光療法のおかげで集中力と生産性も向上した。

光には、認知能力全般を向上させる効果があるのだろうか？

光療法を科学的に解明する

ＭＲＩを使って脳を撮影すれば、注意力や情動を制御するしくみを見ることができる。脳が光を感知すると、その瞬間に脳のあらゆる部位が活性化する。覚醒を制御する部位（視床下部や視床など）や、記憶と感情を制御する部位（扁桃体や海馬など）もそのなかに含まれる。[2]

脳と光の関係で主役を演じているのは、目のなかにある「光受容体（光を感知すると活性化するニューロン）」に加え、「ノルエピネフリン（ノルアドレナリンともいい、覚醒を促す働きがある）」と「メラトニン（睡眠を誘発するホルモン）」という2種類の化学物質だ。

これらが協力して働くしくみを説明しよう。

光が目に入ると、光受容体が脳に電気信号を送る。脳の「視交叉上核」と呼ばれる部位がその信号を受け取り、それに続いてメラトニンの生成を減らす。簡単にいえば、光が増えるとメラトニンが減り、メラトニンが減ると眠気がなくなるということだ。

逆に、光が減るとメラトニンが増え、そしてメラトニンが増えると眠気が増す。

しかし日中は、ノルエピネフリンがもっと大きな役割を演じている。目のなかの光受容体が光を感知すると、今度は「青斑核」と呼ばれる脳の部位が活性化し、大脳皮質全体でノルエピネフリンの分泌量が増える。

人間は脅威を感じると、「闘うか、それとも逃げるか」という反応が発生するが、ノルエピネフリンはそんなときに覚醒を高めて行動の準備を整える働きをする。

光・視交叉上核(SCN)・松果体/メラトニン回路[4]

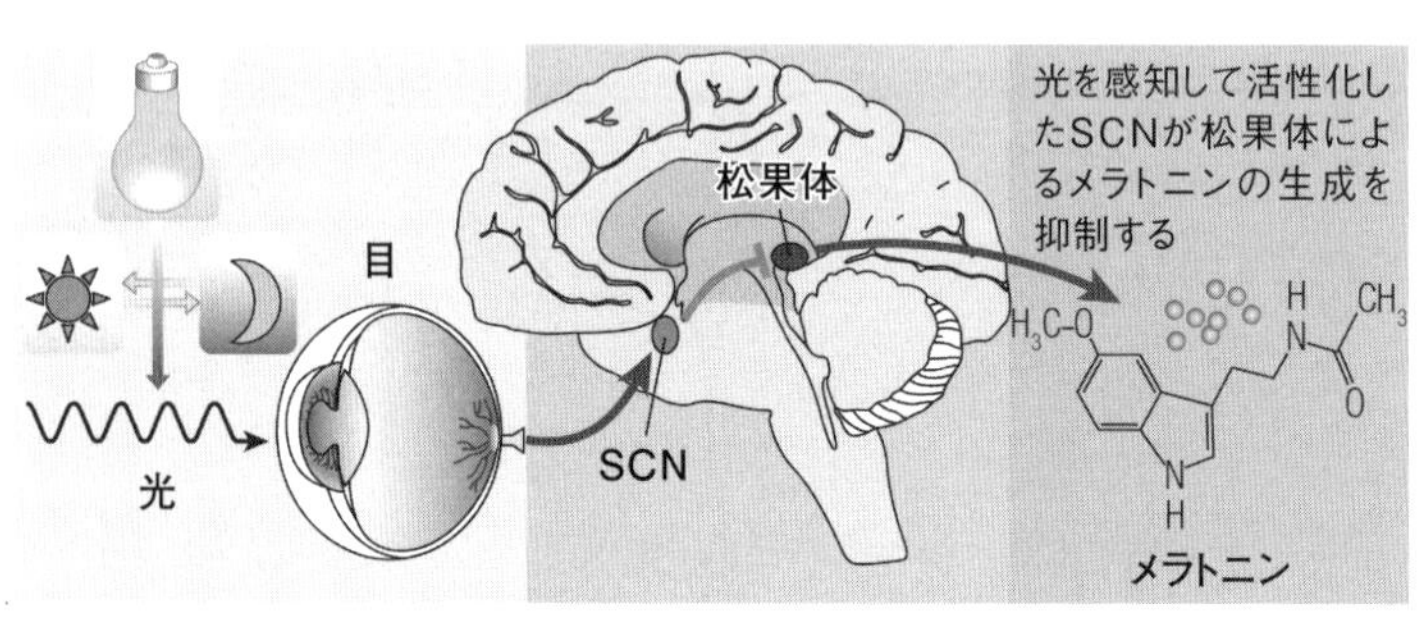

つまり、光が増えるとノルエピネフリンが増え、その結果として覚醒するということだ。[3] 基本的に、メラトニンによって制御される「眠気」と、ノルエピネフリンによって制御される「警戒や覚醒」は、光によってコントロールされる平均台の上でバランスを取るような関係だ。

・光の色、そして安全について

脳が光にどう反応するかは、光の色によっても変わる。夜の遅い時間にパソコンの画面を見てはいけないと言われるのも、時差ボケ解消には日光を浴びるのがいいと言われるのも、どちらも「ブルーライト」と呼ばれる光が関係している。

日光は天然のブルーライトだ。私たち人類は、日光に含まれるブルーライトの量で1日の時間を判断するように進化している。日光は時間によって色が変わり、夕日はオレンジ色の温かい光で、真昼は目に眩しい真っ白な光だ。

私たちの「概日リズム」は、そういった日光の色の変化に対応するようになっている。

夜遅い時間にパソコンの画面を見ると（パソコンの画面の光は主にブルーライトだ）、不眠症の大きな要因になるのもそのためだ。ブルーライトを浴びた脳は、今は昼間だと判断し、そのため眠ろうとしなくなる。だから私は、寝る1時間前からはブルーライトをカットするメガネをかけるようにしている（ネット通販で10ドルだった）。

そのうえ、専用のソフトを使い、時間の経過とともにパソコンの画面が「短波光（ブルーライト）」から「長波光（黄色と赤）」に、だんだんと変化していくように設定している。就寝時間のころになると、私のパソコン画面はほとんどオレンジ色だ。

この種のソフトはたくさん出ていて、私は何年も前からパソコン用とスマホ用に無料のソフトを使っている。ソフトを使わなくても、時間によってブルーライトを減らす設定ができる機種もある。

ブルーライトに特に敏感な人は、この章で紹介している介入を行うときは注意してもらいたい。たとえば、「双極性障害」の人が光療法を行ったところ、躁状態が激しくなったという報告もある（自然界でも夏の間はブルーライトが増えるので、夏になると躁病や軽躁病が増える傾向がある）。双極性障害の診断を受けていなくても、何時間も続けてブルーライトを浴びると悪影響が出る人もいる。[5]

ブルーライトに特に気をつけてもらいたいのは、診断のつく目の病気や症状がある人、糖尿病のように目の病気になるリスクの高い人だ。それに該当する人は、ブルーライトをたくさん浴びると疲れ目のような症状が出るかもしれない。[6]

人はパソコンの画面を見つめていると、まばたきをするのを忘れることが多い。そのため、まばたきの回数を増やすように心がけるだけでも効果がある。他の光もついている状態でブルーライトを見るのも、疲れ目を予防する効果がある。

ここからは、光と認知能力の関係について見ていこう。光で認知能力の向上が期待できるのはSADの人だけなのだろうか？　あるいはカフェインなどと同じように、一般的な認知能力向上の効果があるのだろうか？

このような疑問については、すでにいくつかのランダム化比較試験が行われている。

・ブルーライトは「認知能力」にどのような影響を与えるのか？

フランスのボルドー大学の研究チームが、参加者を集めて夜中に車の運転をしてもらうという実験を行った。[7]実験の目的は、ダッシュボードのブルーライトが運転の正確さを向上させるのかを知ることだ。

48人の参加者はみな健康（つまり抑うつ状態でない）で、20～50歳の男性だ。彼らは３回に分けて、夜中に車で２５０マイル（約４００キロ）を走行する。

参加者は無作為に３つのグループに分けられた。「カフェインを与えられたグループ（２００ミリグラムのカフェイン2粒。だいたいコーヒー4杯に相当する）」「ブルーライトを浴び続けたグループ」、そして「プラセボ（偽のカフェイン錠剤）を与えられたグループ」だ。

結果はどうだったのか？　プラセボを与えられたグループは眠気に勝てなくなり、走行中に平均して26回も車線からはみ出している。

カフェインとブルーライトのグループは、プラセボのグループと比べてパフォーマンスが2倍近く向上した。カフェインのグループが車線を超えた回数は平均して12回だ。ブルーライトのグループもカフェインと同じような成績で、車線を超えたのは14回だった。

・結局、何色の光がいいのか？

自動車の運転の実験では、研究者はブルーライト（４８０ナノメートル前後の短波光）を使うことを選んだ。しかし人類の祖先は太陽の光に合わせて進化してきた。太陽光は一見すると白い光だが、そのなかには４００～７００ナノメートルまでさまざまな色の光が含まれている。

過去の研究を分析しながら、私はある1つの疑問が浮かんできた。SADの治療には1万ルクスの光がいいと言われているが、ブルーライトを使った研究ではすべて200ルクス前後の光が選ばれている。

ブルーライトの大手製造元であるフィリップスによると、ブルーライトは「もっとも効率的な覚醒効果のある光であり、わずか200ルクスで1万ルクスの白色光と同じ効果がある」[8]という。

おそらくその理由は、目のなかにある光受容体が、白色光よりもブルーライトにより敏感に反応するからかもしれない。光のなかでもっとも覚醒効果が高い色だけを取り出せば、すべての色の光を含む白色光より大きな効果が期待できるだろう。

一般的に、脳のパフォーマンスを高めたいなら、青がもっとも効果の高い色になるようだ。イギリスで100人以上のオフィスワーカーを観察する研究が行われた。参加者は、白色光を浴びながらの仕事と、ブルーホワイトライトを浴びながらの仕事を比較し、自己申告で調査に答えた。

その結果、ブルーホワイトライトのほうが、白色光に比べて日中の覚醒レベルも、仕事のパフォーマンスも大幅に上回るという回答になった[9]。

・ブルーライトは「実行機能と注意力」にどのような影響を与えるのか？

２０１３年、スウェーデンで行われたランダム化比較試験で、ブルーライトが実行機能のパフォーマンスを向上させることがわかった。

21人の健康な参加者を集め、彼らに「ブルーライト」「白色光」「カフェイン」「偽カフェインのプラセボ」を順番に与え、日にちを変えてさまざまな認知テストを1日に1つずつ受けてもらった。

その結果わかったのは、テストの成績がよくなるのはブルーライトとカフェインだということだ。ブルーライトもカフェインも「視覚反応テスト」に効果があったが、それよりも高い効果が認められたのは「実行機能のテスト」だ[10]。

興味深いことに、ブルーライトの効果がもっとも高かったのは、青い目の参加者だった。これはおそらく、青い瞳は茶色い瞳と比べて防御となる色素が少ないので、光により敏感に反応するからだと考えられる[11]。

ブルーライトによる認知能力の向上は、どれくらい持続するのだろうか？

ほとんどの研究は、被験者が光を浴びている最中か、光を浴びた直後に認知テストを行っている。光療法を受け、しばらく時間をおいてからテストを受けたとすると、どんな結果になるのだろうか？

2016年、アリゾナ大学とハーバード大学メディカルスクールの研究チームが、実行機能の1つである「作業記憶」を対象にその研究を行った。参加者を2つのグループに分け、ブルーライトかアンバー(琥珀色)ライトを30分間浴びてもらった(アンバーライトは統制群だ)。そして40分後に作業記憶を測定するテストを実施し、テスト中の脳を観察して活性化する部位を探した。[12]

fMRIを使って観察したところ、ブルーライトを浴びた参加者は作業記憶と関連がある脳の部位(左右の背外側前頭前野など)の活動が増えるのがわかった。ブルーライトのグループはまた、もっとも難しい作業記憶のテストでも回答がもっとも速かった。

さらに研究が必要だが(テストまで40分以上の時間をおいた厳密な研究は見つけることができなかった)、これらの研究からわかるのは、ブルーライトが認知能力に与える影響はすぐには消えないということだ。

・ブルーライトは「記憶力」にどのような影響を与えるか?

ブルーライトは、記憶力を向上させる効果もあるのだろうか?

2017年、アリゾナ大学の研究チームが、30人の健康な18~32歳を対象に、ブルーライトの効果と、アンバーライト、またはイエローライト(580ナノメートル前後)の効果を比較する研究を行った。[13]

参加者は無作為に2つのグループに分けられ、1つのグループは30分間ブルーライトを浴び、もう1つのグループは30分間アンバーライトを浴びながら、言葉のリストを見て、リストの単語をすべて覚える。

そして90分後（その間に参加者は室内の照明の効果を消すライトウォッシュアウトを受け、その後でブルーライトかアンバーライトを浴びる）、参加者はリストの単語を思い出すように言われる。

その結果、ブルーライトを浴びた参加者が忘れた単語は、平均してリストの2パーセント以下だった。一方でアンバーライトを浴びたグループは、リストの15パーセント近くを忘れてしまった。ここでもブルーライトの勝利だ。

この章で学んだこと

1 光は脳の覚醒レベルに影響を与える。夜中に車を運転する実験で、ブルーライトはカフェインと同等の効果があることがわかった

2 ブルーライトは他の色の光よりも、脳のパフォーマンスを向上させる効果が大きい。ブルーライトは、日中の眠気の減少、記憶力の向上で、白色光よりも大きな効果がある。ブルーライトは、記憶力の向上で、アンバーライトよりも大きな効果がある

3 双極性障害と目の病気の人は例外だが、ブルーライトの副作用は最小限だ。しかし、カフェインと同じように極度の覚醒につながることもある。寝る直前にブルーライトは避けること。また、気分障害と診断された人もブルーライトを浴びすぎないほうがいい。目の病気の人、何らかの目の症状がある人は、ブルーライトを使う前に医師に相談すること

4 効果はどれくらい続くのか？　まだ十分な研究は行われていないが、少なくとも1つの研究によると、認知能力を向上させる効果は光を浴びてから40分間は続く

第16章

ニューロフィードバック

私にとって、思考でコントロールされた計算は、絵筆と同じくらいシンプルで力強い……。イーゼルを傍らに立ててあなたの隣に座り、私たちの新しい道具箱を使って創造することができる世界を眺め、私たち自身についての発見を眺める日を楽しみにしている。

——アリエル・ガーテン　アーティスト、科学者

▼投資時間　20分

▼ゴール　ニューロフィードバックが脳をアップグレードさせる力を理解し、それをニューロハッキングの実験に組み込む方法を学ぶ

本人も書いているように、子供時代のアビナブ・ビンドラは、とても将来オリンピック選手になるとは思えなかった。彼は自伝のなかで、自分のことを「動くことが嫌いな肥満児で、スポーツには苦手意識を持っていた」と描写している。

しかし彼は、1カ月に一度、父親が銃の手入れをするのを見ていた。そして手入れの手順に興味を持った。10歳になると、父親から銃を撃たせてもらえるようになった。その瞬間、ビンドラのなかで射撃への情熱に火がついた[1]。

1998年のコモンウェルスゲームズ（イギリス連邦に属する国と地域が参加して4年に一度開催される国際競技会）にビンドラは最年少の選手として出場したが、その後2004年のアテネオリンピックでは7位に終わった。その時点ですでに22歳だったので、金メダルのチャンスは限られている。

それからの4年間、ビンドラは能力向上のためにあらゆる方法を試した。たとえば、ロッククライミングや、ヤクのミルクを飲むといったことだ。私がもっとも興味を持ったのは、ビンドラが行ったバイオフィードバックの実験だ。

ビンドラは、スポーツ心理学者とともに、自分の呼吸と心拍数をコントロールする方法を身につけることに集中した。さらに「闘うか、逃げるか」のどちらのモードに入るかもコントロールした。射撃はどちらのモードでもいい結果を出せるが、途中でモードが切り替わると失敗につながるからだ。

それに加えて、筋肉の緊張を和らげること、「内なる会話」を減らすこと、そして反応時間と集中力を全般的に向上させることも目指した[2]。

努力が実を結び、2008年の北京オリンピックに出場したビンドラは、10mエアライフルで金メダルに輝いた。１１２年の歳月を要したが、インドはついに、オリンピックの個人競技で初めて金メダルを獲得したのだ。

バイオフィードバックとは何か？

アビナブ・ビンドラが金メダルを獲得してから10年近くがたったある日、私はサンフランシスコのヘイトアシュベリーに向けて車を走らせていた。バイオフィードバックのパイオニアであり、カリフォルニア大学サンフランシスコ校元教授のジョージ・フラー・フォン・ボゼイに会うためだ。

この本のために私が行っている調査について話し合うことになっていたのだが、実際に会って握手をすると彼が思わず顔をしかめたので、私はすぐに謝罪した。「すみません。私の手はいつも冷たいんです」と、私は急いで説明した。「もしかしたら不安が原因かな？」と彼は言った。私は赤面した。冷静なプロフェッショナルという印象を与えようとがんばっているときに指摘されたいことではない。

私はもう一度、自分の手はいつも冷たいと説明した。彼はうなずいた。「それなら、慢性的に不安なのかもしれませんね」。話がイヤな方向に進んでいる。

「このエクササイズを試してみましょう」と彼は言った。私は猜疑心と、少しばかりの決まり悪さを押し殺しながら彼の説明を聞いていた。彼の言うエクササイズとは「プログレッシブ・リラクゼーション瞑想」だ。

「あなたはバイオフィードバックについて学びたいのですよね？」と彼は言った。私はうなずいた。そして彼は私に、指先につける体温モニターをわたした。

「それには実際に体験するのがいちばんです。まずは自分の指先の体温を測ってみましょう」

私は言われた通りにした。

「瞑想の間に体温はどう変化するでしょうか」と、彼は言った。おそらく失望が顔に出てしまったのだろう。彼は私の気持ちを察したようで、「まあ、とりあえずやってみましょう。瞑想が終わったところでもう一度体温を確認します」とつけ加えた。

10分の瞑想を終えると、たしかに気持ちはだいぶリラックスしていた。そして私は、指先の体温を示すモニターに目をやった。思わず二度見してしまった。指先の体温が摂氏6度近くも上がっていたのだ。

私は部屋のなかを見わたした。もしかしたら彼は、瞑想中に室温を上げたのだろうか？あるいは、指先が冷たかったのは外が寒かったからで、室内に入って時間がたったから自然に体温が上がっただけかもしれない。

私は本当に、ただ思考の力だけで自分の体温を上げたのだろうか？

フラー・フォン・ボゼイ博士にお礼を言ってその場を後にし、車を運転して家に到着すると、私はすぐに指先につける体温モニターを注文した（ネット通販で15ドル以下だ）。

瞑想だけではないはずだ。あの現象には何か裏があるに違いない。たしかに仏教の僧は、寒い部屋のなかで濡れたシーツを掛けられても、集中力と深い瞑想だけでシーツを乾かせるという。しかしそこまでの能力を発揮するには、長年の修行が必要なはずだ。[3]

1週間後、注文した装置が届くと、私は博士と一緒に行った10分間の瞑想を再現した。すると今度も、氷のように冷たかった指先が、普通の人間くらいの温かさになっていた。

室温は変わっていない。ただ私と、瞑想と、体温モニターがあるだけで、何らかの魔法の思考が私の肉体に変化を起こしたのだ。結果を信じられなかった私は、もう一度試してみた。さらにもう一度試した。時間や周りの状況も変えてみた。

つねに完璧にできたわけではない。瞑想中にまったく集中できないこともあった。そんなときは体温の変化はあまり見られない。あるいは瞑想の前からかなりリラックスしていて、瞑想後も指先の体温がそれほど上がらないこともあった。

とはいえかなりの成功率だったために、私もついに信じるようになった。この「精神と身体のつながり」というものは、本当に存在するらしい。

瞑想中に体温のモニターを見ない場合は、どうなるのだろう？

初期体温はたしかに上がったが、モニターを見ながらの瞑想ほどの効果はなかった。指先の体温を知らせるモニターを見ることで、自分の身体の内側の状態を確認し、精神と身体がつながることができていたようだ。そのおかげで、より効果的に瞑想を行うことができる。

「まさにそれがバイオフィードバックのしくみです」と、フォン・ボゼイは次に会ったときに言った。彼によると、バイオフィードバックにはさまざまな形式がある。

体温の他にも、たとえば心拍数を自分でコントロールすることも可能だという。また、1分間の呼吸の回数を数え、その数字を感情と結びつけることもできる。たいていの人は興奮すると呼吸が浅く、速くなり、そしてリラックスすると呼吸が深く、ゆっくりになる。

フォン・ボゼイによると、自分の脳波もコントロールできる。モニターを見ながら指先の体温をコントロールするのと同じように、脳波を見たり、あるいは聞いたりしながらコントロールするというのだ。

「でも、それは指先の体温よりも難しい。時間もかかるでしょう」と彼は言った。「脳波のモニターを見ながら行うバイオフィードバックはEEGバイオフィードバック、あるいはニューロフィードバックと呼ばれます」

ニューロフィードバックを科学的に解明する

ＥＥＧ（脳波）を使う形式は、もっとも古く、そしてもっとも頻繁に行われるニューロフィードバックだ。もっと新しい形式では、脳の血流の変化を見るために、ｆＭＲＩなどの体内を撮影する技術が必要になる。持ち運びができる安価な装置も出ているので、そちらを使ってもいい。

しかし、今のところはＥＥＧを使ったニューロフィードバックがもっとも一般的なので、それを中心に話を進めていこう。

人間の脳波は刻一刻と変化するが、ある特定の脳波が多く現れるのであれば、それに対応した精神状態にあると考えられる。

たとえば、周波数が8～12ヘルツの「アルファ波」は、リラクゼーションと静かな集中力と関連がある。そのため、ストレスや不安を訴える人はアルファ波を増やすように言われることが多い。

「ベータ波」が特に多く見られるなら、注意力が高まり、問題解決モードに入っていると考えられる。たとえば子供なら、テレビを見ているときよりも、数学の宿題をしているときのほうが「ベータ波」が多い。また「ガンマ波」の多い状態は、深い学習と創造性に関連がある。

それぞれの脳波の動き[4]

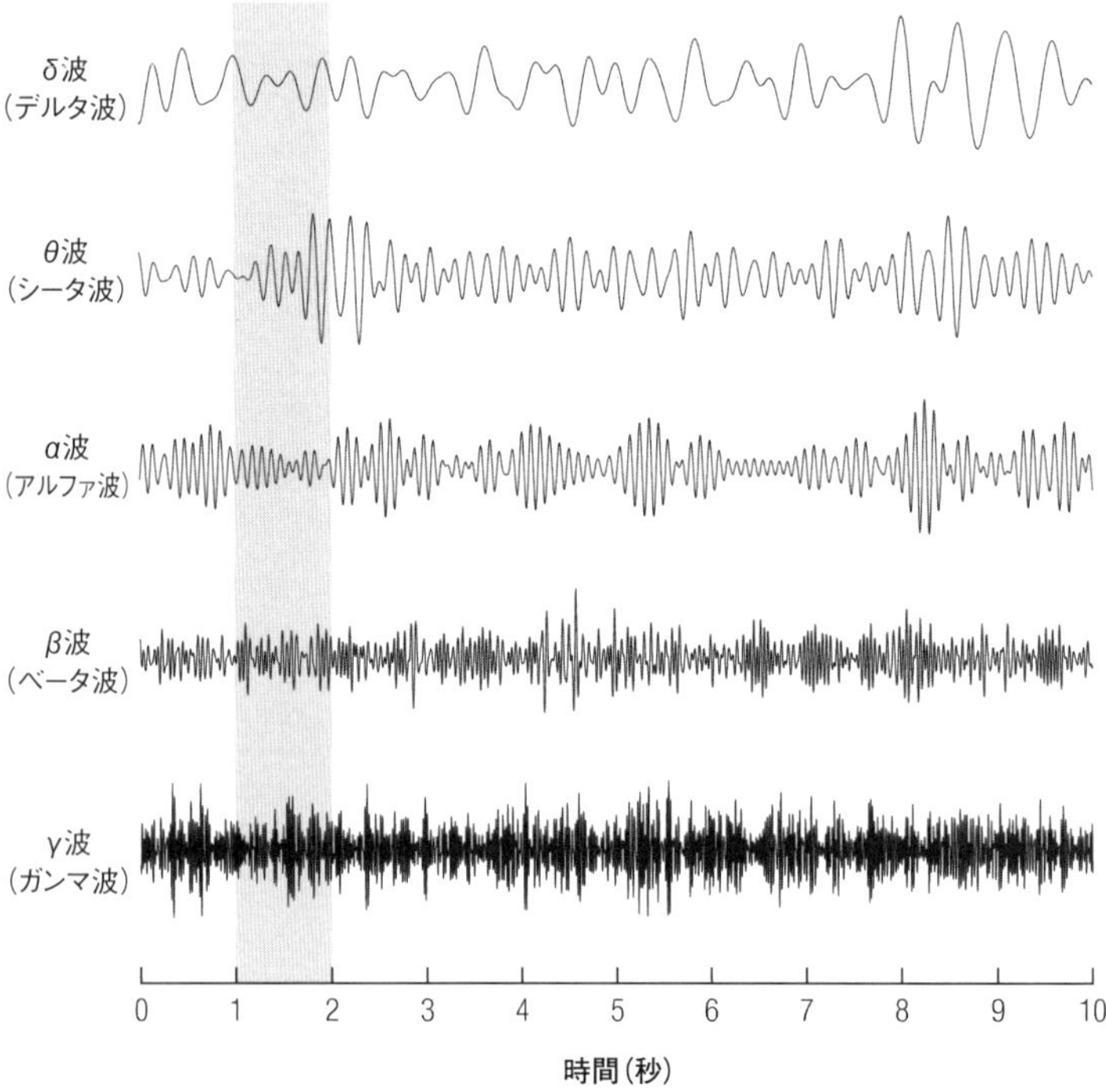

・ニューロフィードバックは安全なのか？

ニューロフィードバックの副作用はあまり報告されていない。とはいえ、時には疲労や頭痛、吐き気、チック症、悪夢などを引き起こすこともある。

また、「効果を反転させる処置（リバーサル・プロトコル）」についても、知っておいたほうがいいだろう。これは異常な脳波を減少させるのではなく、むしろ増やすときに使われる処置だ。

たとえば、ＡＤＨＤの脳波には「シータ波」が異常に多いという特徴がある。そのため、ニューロフィードバックを使ってＡＤＨＤを治療するなら、シータ波を減らすことを目指すはずだ。この場合のリバーサル・プロトコルは「シータ波」を増やすことであり、その結果としてＡＤＨＤの症状が増大する。

２００７年にリバーサル・プロトコルについての記事を発表した研究者たちによると、ニューロフィードバックを行うときは、過度に一般化された方法を使うのではなく、対象者に合わせて独自の方法を使わなければならないと警告している。特に、クライアントに何らかの症状がある場合は注意が必要だ。

たとえば、アルコール依存症の多くはベータ波が異常に多いという特徴があるが、例外もある。実際、この記事によると、アルコール依存症の４人に１人はＡＤＨＤも併発している。

このグループに対しては、「ベータ波」が減るような処置を行うとＡＤＨＤの症状が悪化する恐れがあるので、正しい効果が出るようにニューロフィードバックのやり方を調整しなければならない。

・ニューロフィードバックの歴史

1960年代の終わり、シカゴ大学のジョー・カミヤとUCLAのバリー・スターマンによって、人間が自分の脳波をコントロールできるようになる可能性が生まれた。

カミヤが研究していたのは、人間が自然発生的に「アルファ波」を発生させる方法だ。そしてスターマンは、猫は報酬を得るために自発的に「ある特定の脳波」を増やせるのかという研究を行っていた。

スターマンが研究していた脳波は、脳の「感覚運動野（SMR）」と呼ばれる部位から発生する。これは大脳新皮質のなかにある部位で、場所は頭頂部の近くだ。この脳波の周波数は12〜15ヘルツで、すべての脳波のなかで「ベータ波」がいちばん近い。

猫の脳内で自然にこの脳波が発生すると、猫は報酬を受け取ることができる。猫はすぐにこのパターンを学習し、自分で脳波を出せるようになった。

それと同じころ、スターマンはNASAからの依頼で、ある種のロケット燃料が発作の原因になるかどうかを調べることになった。猫を使って実験したところ、たしかに猫はそのロケット燃料が原因で発作を起こした。

しかしここで、スターマンはある失敗をした。２つの研究で使う猫を分けるのを忘れてしまったのだ。ＳＭＲの研究で使った猫の何匹かが、ロケット燃料の研究に紛れ込んでいた。彼はこの失敗に気づいてデータをすべて破棄しようとしたが、そのとき奇妙なことを発見した。ＳＭＲの猫は、他の猫ほど発作を起こさなかったのだ。発作のトリガーに耐える力が他の猫よりかなり高かった。

ここではＥＥＧ（脳波）の訓練が、何らかの形で猫を発作から守る働きをしていたようだ。この発見がＥＥＧの研究に火をつけた。ＥＥＧ訓練は、てんかんなどの発作全般の治療法としても使えるのだろうか？

１９７０年代、今度はジョエル・ルーバーが、「比較対照試験」を用いてＳＭＲはＡＤＨＤの治療法になるのかという研究を始めた。薬を使わない治療としてのニューロフィードバックは、こうして誕生したのだ。

・多くの分野で活用されるニューロフィードバック

ニューロフィードバックは、数え切れないほどの障害の治療に使われている。たとえば自閉症や学習障害、気分障害、不安障害、ドラッグやアルコール依存症、外傷性脳損傷、不眠症などだ。[5]

２０１２年、アメリカ小児科学会はＡＤＨＤの治療としてニューロフィードバックを推奨し、投薬と同じ「レベル１」の効果があると認めている。[6]

薬は飲むのをやめると効果も消えてしまうが、ニューロフィードバックは脳の「注意機能」を鍛えることが目的なので、効果は永続的だ。ニューロフィードバックによる治療を続けた子供は、最終的には薬を減らしても、あるいはまったく飲まなくても、注意力を維持することができるようになる。[7]

また少数ではあるが、ニューロフィードバックとＩＱに関する研究も存在する。「ベータ波」と「ガンマ波」を増やすように訓練すると、ＩＱが向上するという結果になった。[8]「デルタ波」と「シータ波」はゆっくりした大きな波で、眠っているときに多く発生するが、起きているときに大量に発生すると、白昼夢や創造的な自由連想につながることが多い。「シータ波」が少なくなると、白昼夢にふけったり、注意散漫になったりすることも減少する。[9]

地元のニューロフィードバック専門医に尋ねたところ、たくさんのケーススタディを教えてもらえた。幼いころに問題児だった男の子がオールＡの優等生になった事例や、長年にわたって疲労とブレインフォグに悩まされていた大人が、ニューロフィードバックによってエネルギーを取り戻したという事例がある。

・「記憶と学習」の向上に効果があるのか？

ニューロフィードバックは、学習と運動パフォーマンスについても期待できる結果を出している。いくつかの研究によると、ニューロフィードバックを行った後で顕微鏡手術を学んだ医学生は習得が早くなり[10]、プロのミュージシャンも技術の習得が早くなった[11]。

オリンピックアスリートやプロアスリートも、ニューロフィードバックがトレーニングの助けになったと言っている。たとえば、バレーボールでオリンピックに出場したケリー・ウォルシュ・ジェニングス[12]や、インド初の個人競技金メダリストのアビナブ・ビンドラ、プロゴルファーのブライソン・デシャンボー[13]などがそうだ。

・1日10分だけで注意力は向上するのか？

カナダのある研究チームが、グループのマインドフルネストレーニングを安く行う方法を探す目的で、32歳前後の若い男女を26人集め、「実験群」と「統制群」に無作為に分けた[14]。

実験群は、1日に10分間のニューロフィードバックを行った。具体的には、安価で手に入るデバイスを使った瞑想だ。統制群は1日に10分間、インターネットで数学の問題を解く。どちらのグループも、この10分間の介入を6週間にわたって毎日行った。

開始直後は、実験群のほうが高いモチベーションを見せていたが、終了近くになると、どちらのグループも注意力を要するタスクで同等の正確さを発揮した。

違いは、ニューロフィードバックのグループのほうがタスクの実施スピードが速かったことだ。さらにニューロフィードバックのグループは、「ウェルビーイングの向上」「身体の不快な症状の減少」「身体意識の向上」「心の穏やかさ」において統制群を上回った。

・「注意力」のアップグレードはＩＱ向上にもつながるのか？

この章のための調査をしていると、よくＩＱ向上の話題も耳にした。

個人的にはＩＱを評価の基準に使うことには反対だが、介入の前後に脳のパフォーマンスを計測する研究には興味があった。そもそもＩＱは、ある種の固定された数値であり、もし本当に短い介入だけで変化するのであれば、それは異常事態といえる。[15]

２０１４年、カリフォルニア州オークランドで開催されたバイオフィードバックの会議で、シーグフリード・オスマーと出会った。彼はコーネル大学で教育を受けた物理学博士で、ニューロフィードバックが病気の息子の人生を変えたことをきっかけに、ミサイルシステムの仕事を辞めてこちらに専念するようになったという。[16]

私はオスマーに、ニューロフィードバックとＩＱの向上について尋ねてみた。

すると彼は、この問題についてのケーススタディを発表したことがあるという。彼が扱ったのは、発達に遅れのある双子の少女がニューロフィードバックを受けたところ、ＩＱがそれぞれ22ポイントと23ポイント上昇したという事例だ。

その双子の少女は、その後４年間にわたってさらに３回のテストを受けたが、ずっと上昇を維持していたという。[17]

彼が発表した論文には、双子の母親からの手紙が引用されている。

「娘たちは2人とも大きく変わりました。どこから書いたらいいのかわかりません！（中略）私たちがいちばん嬉しかったのは、学校での進歩でした。（中略）2人とも理屈を理解し、話すときにきちんと考えるようになったのです。以前はひとりでは何もできなかったのに、今では『私は自転車に乗る』『しばらくしたら連絡する』と自分から言えるようになりました」

この論文は、ニューロフィードバックがIQに与える影響に関する他の6つの論文にも言及している。サンプルの大きさは18～98人で、すべて子供だ。それらの論文で報告されたIQの上昇は、4～23ポイント以上になる。

ほとんどが子供を対象にした研究なので、この種のIQの上昇が大人でも起こるのかはわからない。いずれにせよ、この上昇幅は無視できないレベルだろう。

私自身は、ニューロフィードバックは大人のIQ向上にも効果があると考えている。

その理由はいくつかある。まず、ニューロフィードバックが注意力の向上に効果のあることはすでに十分に証明されていること、そして注意力とIQテストの成績は大いに関係があることだ（注意力散漫の状態では能力を発揮することはできない）。

あまりにも多くの大人が注意力を維持するのに苦労しているという現状を考えると（原因

の一部はスマートフォンだろう）、ニューロフィードバックは大人のＩＱ向上にも役に立ってくれるのではないだろうか。

どの程度の効果になるかを知るにはさらに研究を重ねる必要があるが、個人的にこの問題に興味があるという人は、自分を使って実験するという方法もある。

やり方は、まずＩＱテストを受け、ニューロフィードバックのトレーニングを行い、最初のテストから半年後に二度目のテストを受ける（半年空けるのは練習効果の影響を受けないようにするためだ[18]）。こうすれば、ニューロフィードバックの効果を判定することができるだろう。

・ニューロフィードバックの長期にわたる効果

私が話を聞いた医師たちは、ニューロフィードバックの効果は何年も続くと断言していた。彼らのクライアントはみな効果を維持し、ごくたまにちょっとした「修正」のために来るだけだという。とはいえ長期にわたる効果についての研究は、まだ十分に行われていないのが現状だ。

２０１３年、ドイツとオランダの研究者が25人の健康な大人を3年にわたって追跡する研究を行った[19]。参加者を自分の脳でフィードバックを受けるグループ（本物のニューロフィードバック）と、前もって記録してある他の誰かの脳のフィードバックを受けるグループ（偽物のニューロフィードバック）に分け、両者の機能の向上を比較した。

研究者が知りたかったのは、本物のニューロフィードバックを受けたグループが、脳波の変化を3年後も保持していたかということだ。すると驚いたことに、脳波の変化は保持されていたのだ。

しかし、研究者はここで奇妙な選択をしていた。

一般的にADHDの治療に使用されるニューロフィードバックを使ったのだ。つまり「ベータ波」を増やし、「シータ波」を減らす処置になる。

どうやらこの処置は間違っていたようで、このグループの認知パフォーマンスは向上しなかった。

・集中力と実行機能を向上させる私の実験

私はニューロフィードバックを、自宅とクリニックの両方で試した。

自宅の実験では、友人から脳波を測定するヘッドセットを借りた（その友人はネット通販で購入した。値段は250ドル前後だ）。そのヘッドセットは、ブルートゥースを介してスマートフォンに入れた瞑想アプリと接続して使用する。

瞑想がうまくいっているときは、アプリから送られた鳥のさえずりのような音がヘッドホンを通して流れてくる。うまくいっていないときは、砂の上を風が通り抜けるような音だ。

このゲームのようなしくみが、私のなかにあるアスリート魂を刺激した。私の精神が穏やかになっていることを装置が検知すると、そのたびにポイントが入る。

そこで私は、前回のポイントを上回ることを毎回のセッションの目標にした。アプリから送られるシグナルはだいたい0・5秒ごとに更新されるので、10分の瞑想の場合、脳の状態を知って修正するチャンスは約1200回だ。[20]

自分の精神状態と、それを知らせる音の関係は、いつしか激しい競争になっていった。私はまったく新しい方法で、自分の精神を探り、精神を切り替え、そして精神とともに遊ぶようになった。

頭のなかで100から1つずつ数を減らして数えたら、穏やかな精神を達成できるだろうか？　私はそんな実験を行ったりもした。炎がどんどん大きくなるようすを想像したらどうなるか？　自分の頭の後ろに意識を集中したらどうか？

何回かセッションを重ねていくと、鳥のさえずりが増え、風に吹かれる砂が減っていった。思考がより明確になり、頭の回転が速くなった。私の認知能力は、ニューロフィードバックによって計測できるほど向上したのだろうか？　それを知るには次の実験が必要だ。ニューロフィードバックと、支援のないただの瞑想を比較する研究は、いくつか行われていて、明確な結果は出ていないものの、希望が持てる内容だ。[21]

そこで私は、2種類の瞑想の直接的な影響を比較してみることにした。「EEGヘッドセットとアプリを使ったニューロフィードバックの支援がある瞑想」と、「アプリを使った指導つきの瞑想」だ。

　ニューロフィードバックの瞑想を行った直後は、たしかに頭がかなりすっきりして思考が明確になる。お茶やコーヒーを飲むよりずっと効果的だ。一晩ぐっすり寝て、さらに寝たような感覚にたとえられる。指導つきの瞑想の直後も、多少は頭がすっきりする。

　もっとも大きな違いはエネルギーレベルだ。普通の指導つき瞑想の後よりも、ニューロフィードバック瞑想の後のほうが疲労感がはるかに大きい。

　そこで私は、ニューロフィードバック瞑想を「精神の筋トレ」として続けることにした。直後は疲れるが、時間の経過とともに鍛えられて強くなると考えたからだ。そして指導つきの瞑想は、ストレスの多かった日に、素早く頭をすっきりさせる方法として活用する。

　私は国際バイオフィードバック認証協会を通して、１時間１５０ドルでニューロフィードバックを提供するクリニックをいくつか見つけた。

　最終的に選んだのはトーマス・ブラウンという医師だ。彼はアイルランド出身で、陸上競技の国内競技で金メダルと銀メダルを獲得し、その後ニューロフィードバックのパイオニアであるジョー・カミヤの指導を受けた[22]。

　結局、私は数カ月の間に8回のセッションを受けることになった。各セッションは約30分だ。ブラウン先生はまず私に、何を改善したいのかと尋ねた。

私は、「ブレインフォグ」と「精神エネルギーの低さ」「実行機能の問題（気が散りやすいこと、作業記憶など）」、そして「ちょっとした不安」もあると答えた。

そこでセッションでは、「ベータ波」と「アルファ波」の増加、そして「シータ波」と「ハイベータ波」の減少を目指すことになった（ハイベータ波を減らすのは不安対策だ）。

頭に電極をつけて、脳波のシグナルがパソコンに送られるようにすると、さらにヘッドホンもつけた。私は目を閉じ、椅子に座って背もたれに寄りかかり、ヘッドホンから流れてくる音に耳を傾けた。音は脳波のパターンによって変わる。

自宅でやったニューロフィードバックと同じで、目指していた脳波が達成されると、ヘッドホンから「よくできました」というような音が流れてくる。

ここでの理想は、高周波と低周波の脳波が正常に近い比率で発生し、「アルファ波」と「ベータ波」が増え、「シータ波」と「ハイベータ波」が減ることだ。そして理想の状態を外れると、ヘッドホンから耳にあまり心地よくない音が聞こえてくる。

最初のセッションが終わると、最低でも1時間はいい気分が続いた。まるで黄金の温かい光に包まれているようで、自分の全身と脳が輝いているように感じる。なんだか心がウキウキした。脳の感覚がたしかに違い、頭がすっきりしている。

セッションをする前は、私の思考はまるで風に飛ばされるレジ袋のようだったが、セッションを経た今は、思考が明確になり、優先順位に沿って秩序立てて考えられる。

セッションを何度か行うと、私の精神はまるでカリブ海のバカンスから帰ってきたような状態になった。話すときは言葉がすらすら出てくる。まさに立て板に水だ。

計測できる結果も同じだった。脳波はたしかに大きく変化している。1回目のセッションのときに、パソコンの画面に映し出された私の脳波を見て、「ベータ波」と「シータ波」の比率を確認した。

ブラウン先生によると、私の比率はかなり異常で、ADHDと診断された子供のそれに似ているそうだ。目は覚めているのに、睡眠時に出る低周波の脳波が大部分を占めている。だが、何回かセッションを行うだけで正常な比率に戻った。しかもその変化はすぐには消えなかった。次のセッションの初めに脳波を測ると、だいたい前のセッションの終わりと同じだったからだ。

効果は認知テストの結果にも現れた。苦手な分野（視覚と実行機能。作業記憶とある種の短期記憶を含む）で、もっともパフォーマンスが向上したのだ。

視覚は約30パーセントの向上、実行機能（ニューロフィードバックを始める前は私の2番目に大きな弱点で、これを向上させることがいちばんの目標だった）も20パーセント以上の向上だ。さらに驚いたことに、元からの得意分野でも向上が見られた。言語性短期学習が16パーセント向上したのだ。

自宅でのニューロフィードバックを、クリニックでのそれと比較するのは難しい。自宅のほうがずっと手軽にでき、セッションの長さも自分の好きに決められる。クリニックまで行く手間もない。

しかし、第13章のプラセボの話でも見たように、クリニックで介入を行うことの利点の1つは、「これは正式である」という感覚だ。他者に処置をしてもらうことによって、自分は気にかけてもらっていると感じることができる。

比較に関しては、それ以外にも問題がある。

私の場合、まず自宅で介入を行い、パフォーマンスの向上を経験してからクリニックへ行ったので、簡単に向上できるところはすべて自宅ですませ、クリニックでは向上が難しい部分だけが残っていたという可能性も考えられる。

私の実行機能は、自宅での介入後も、クリニックでの介入後も、それぞれ最低でも20パーセント向上した。自宅での介入はニューロフィードバックと瞑想の組み合わせで、クリニックでの介入は純粋なニューロフィードバックだけだ。もしかしたら、組み合わせのほうが効果があるのかもしれない。

おそらくこの先、インターネットを使ったリモートセラピーがもっと盛んになるだろう。すでにいくつかの会社がそのサービスを提供している。

たとえば、イスラエルのスタートアップの「Ｍｙｎｄｌｉｆｔ」は、安価で高品質のニューロフィードバックヘッドセット（「ＭｕｓｅのＥＥＧヘッドバンド」に似ている）と、ベテランのプロによる対面かインターネットの処置を顧客に提供している。

今後、自宅でのニューロフィードバックの手軽さがより広がることを願っている。

この章で学んだこと

1 ニューロフィードバックとは、自分で自分の脳波をコントロールする方法を学ぶテクニックだ

2 実行機能の向上に役立つ処置もあれば、記憶と学習の向上に役立つ処置、外科医やミュージシャンの技術向上を助ける処置、アスリートの能力向上を助ける処置もある

3 ニューロフィードバックにも、ごくわずかではあるが副作用がある。確認されているのは、疲労や頭痛、吐き気などだ

4 ニューロフィードバックの効果は長続きするようだ。少なくとも、実行機能の向上が持続することが確認されている。また、IQ向上が持続した例も数多くある

PART
4

▼

自己実験の
「究極の介入」を選ぶ

第17章

脳に電気を流す

▼投資時間　30分
▼ゴール　神経電気刺激が脳をアップグレードするしくみを理解し、それをニューロハッキングの実験に組み込む方法を学ぶ

締め切りが迫っているのに眠くてしかたがない。コーヒーを飲んでもまったく効果がない。そんなときは、起きているためならちょっと危ない方法でもいいから、試してみたいという気になるのではないだろうか？

だからといって手段を選ばないわけではない。

たとえば、頭に電気を流す方法などは遠慮したいだろう。しかしその結果、まるで「サヴァン症候群」のような特殊能力を発揮できるようになるとしたら？　初めて手にする楽器

でも、一瞬にしてプロ並みの演奏ができるようになるとしたら？　あるいは、いきなり新しいアイデアが次から次へとわいてくるようになるとしたらどうだろう？

とはいえ、小説『カッコーの巣の上で』を読んだことがある人なら、電気ショック療法を受けた患者たちが、記憶を失ってただ虚空をぼんやり見ていたようすを覚えているだろう。それにフランケンシュタイン博士も、彼の怪物をつくりだすときに電気を使っていたではないか。

高校から大学へ上がる夏、父親からある記事を見せられた。『ニューヨーク・タイムズ・マガジン』誌に掲載された「1日だけサヴァン症候群になる」という記事だ。

記者はシドニー大学の地下にある研究室を取材している。記者が緊張しながら椅子に座っていると、不気味な笑いを浮かべた教授が、記者がかぶった「創造性キャップ」の電源をオンにする。

すると、電磁コイルの下で記者の芸術的能力が飛躍的に高まった。以前は棒人間のような絵しか描けなかったのに、わずか10分足らずでまともな猫の絵が描けるようになっている。さらに、文章を書くときによく冠詞の「the」を忘れていたのが、電気のおかげですぐに自分の間違いに気づくようになった。

その記事を読んだ私は、秋に大学に入ったら自分もこの脳に刺激を与える方法をやってみようと心に決めた。これさえあれば学期末の試験も楽勝だろう。

しかし、話はそう簡単ではなかった。

どうやらその教授が使用した「神経刺激装置」（Transcranial Magnetic Stimulator「経頭蓋磁気刺激」の頭文字を取って「ＴＭＳ」と呼ばれる）は、家で安全に使えるようなものではないらしい。病院や研究室で専門家の監視のもとで使われるのが一般的で、機器の大きさは冷蔵庫くらいになる。それに発作を起こすリスクも大きい。

「頭蓋電気刺激」（Cranial Electrical Stimulation の頭文字で「ＣＥＳ」と呼ばれる）という手法を使う場合は、頭に電極をつける。その電極は、電流を制御する装置につながっていて、装置を操作することで電極を通して頭に電気を流す。この電極がつながれた装置で、「電気の振幅」「周波数」「波形」を決める。

ここでの問題は、ＦＤＡ（アメリカ食品医薬品局）によって「ＣＥＳ」がクラスⅢの医療機器と定められていることだ。つまり、資格[1]を持った専門家しか機器を扱えない。自宅で実験をするニューロハッカーには向かない装置のため、他の方法を探さなければならない。

次に浮かんだ候補は、「経頭蓋迷走神経刺激」（Transcranial Vagal Nerve Stimulation の頭文字で「ｔＶＮＳ」と呼ばれる）だ。以前の迷走神経刺激は、外科手術で機器を埋め込む必要があったが、「ｔＶＮＳ」は患者への負担を少なくした新しいタイプだ。

迷走神経は、「闘うか、逃げるか」反応と、その反対の「休息と消化」反応で大きな役割を演じる。そこで研究者たちは、迷走神経を適切に操作すれば、注意力を高めたり、反対に不安の症状を解消したりできるのではないかと考えた。それに迷走神経に直接働きかけるので、もしかしたらホルモンの調節もできるかもしれない。

この手法は、手術もいらないし、大きな機械も必要ない。小さな装置を耳につけるだけだ。問題があるとすれば、これを書いている時点で、「ｔＶＮＳ」と認知に関する研究は、私の知るかぎり20以下しか存在しないということだ。[2] 一般向けに「ｔＶＮＳ」製品を売り出している新興企業もあり、たしかに効果はありそうだが、どの製品も第三者による科学的で厳密な製品テストを受けていない。

私に言わせれば、そんな装置に２００ドル以上も出す価値はない。もっと信頼できる「ｔＶＮＳ」製品が発売されたらぜひ試してみたいと思う。

その次に考えたのは「フォトバイオモジュレーション」で、これもまたすごい技術だ。古代エジプト人も、ミイラづくりにこれと似たような技術を活用している。人体をミイラにするときは、下処理として鼻の穴から脳みそを取り出す作業がある。それはつまり、鼻の穴と脳はつながっているということだ。[3]

フォトバイオモジュレーションは、鼻の穴から脳を取り出すわけではないが（ありがたいことに）、鼻の穴を通して脳に光を当て、その光の波長を変えて脳の機能を調整するというしくみになっている。痛みはなく、手術も必要ない。基本的に、ただ鼻輪をつけるだけだ。

いくつかのパイロット研究（大規模な研究に着手するかどうかを決める予備研究）では期待が持てる結果が出ているが、「ｔＶＮＳ」と同じ問題を抱えている。それは、安全性と効果についてまだ十分な研究がないということだ。それに、自宅で使える装置は数百ドルもする。[4]

とはいえ、私は今後もこの分野の観察を続けるつもりだ。研究が十分に積み重なったら、おそらく何か興味深いものが一般でも出回るようになるだろう。

探索を続けながら、私はいちばん寝心地のいいベッドを探すゴルディロックスになったような気がしていた。しかし、答えは偶然訪れた。

きっかけは、イギリスでパブへ向かいながらかわした会話、ニューオーリンズで開催されたとある会議、そしてサンフランシスコのベイエリアで学ぶスタンフォード大学の大学院生たちから思わぬ親切を受けたことだ。

衝撃的な科学

神経刺激の突破口を探していた私は、ユニバーシティ・カレッジ・ロンドンで開催された神経科学の教育会議に出席した。２日目の終わりに、私たちのグループは近所のパブを訪れた。私がある大学院生に「脳を刺激して学習を加速する方法について研究をしている人を知ってる？」と尋ねたところ、近くにいたカナダ人の大学教授の目が光った。

彼は私たちの会話に入ってくると、「それは興味深い質問だ。オックスフォード大学のロイ・コーエン・カドッシュに話を聞いたことはある？」と言った。それから何度かメールのやり取りをして、私はついにオックスフォード大学の心理学部に足を踏み入れることになった。この壮大なゴシック建築の聖堂のなかに、私を導く次のパン屑がある。

「これまではどんな種類の神経刺激を見てきたのですか？」と、ロイ・コーエン・カドッシュは尋ねた。私は自分が調べたすべての種類を答えた。

私が探しているのは、もっと安全で、小さくて、健康な人でも使うことができるもの、たとえば学校で子供たちが使えるようなものだ。具体的には、「1日だけサヴァン症候群になる」の記事に出てきた装置のようなものがいい。彼はしばらく考えると、「tDCSはどうだろう」と言った。

「tDCS」は、「Transcranial Direct-Current Stimulation（経頭蓋直流電気刺激）」の頭文字だ。特定の頭の位置につけた電極を通して、正の電流か負の電流を脳に送る。

正の電流が流れる電極は「アノード」と呼ばれ、電気を送ると電極を取りつけた部位のニューロンが発火しやすくなるとされている。

負の電流が流れる電極は「カソード」と呼ばれ、電気を通すと逆にニューロンの発火が抑えられるとされている（正の電流とは外部から脳に入ってくる電流で、負の電流は脳から外部に出ていく電流だ）。電極を取りつけた位置によって、電気の流れ方と、影響を受ける脳の部位が決まる。

コーエン・カドッシュは自分が計画している研究について話してくれた。算数障害の人の脳に電気刺激を与え、数学の能力を高める実験を行うという。

これこそまさに私が求めていたものだ。

その日の夜にネットで検索したところ、1枚の写真が見つかった。まるで中学校の理科の実験で使うような装置で、あまり期待できそうもない。9ボルトのバッテリー、手のひらほどの大きさの電気回路、そして電線の先にはスポンジでくるまれた電極がぶら下がっている。

回路には操作用の装置がついていて、小さなプラスチック製のトグルを使って電流の量を調節する。そのときは、自分も数年後に同じものをつくることになるとは想像もしていなかった。

時間を早送りして、イギリスでの一件から数年後、私はニューオーリンズで開催された神経科学の会議に参加していた。4万人以上の神経科学者が、この会議のために集まっている。あれは私にとって特に印象深い会議だった。なぜなら、そこでチュンハイ・ルクと出会ったからだ。

当時の彼女は、神経科学の博士課程の学生だった。生物工学の学士号を持ち、エレクトロニックファッションに情熱を傾けている。趣味でLEDライトを全体にちりばめたドレスをつくったこともあった。

私たちは2人とも認知能力を拡大する研究に大いに興味があり、それに私は、オックスフォード大学でコーエン・カドッシュ教授と話して以来、すっかり「tDCS」に夢中になっていた。

彼女と話しながら、実はまだ装置を持っていないことを打ち明けると、彼女はにやりと笑ってこう言った。

「じゃあ一緒につくらない？　私の部屋は使えないけど、いい場所を知ってるから」

私はパロアルト生協に向かって車を走らせていた。そこでスタンフォード大学の大学院生が共同生活をして、ときどきその年の「フェロー」が訪れるという（フェローとは優秀な大学中退者で、ビリオネアのピーター・ティールの援助を受けて起業を目指している人たちだ）。私たちは彼らの厚意で、その部屋のキッチンテーブルを借りて「tDCS」の実験ができることになった。

部屋に到着すると、チュンハイがドアを開けて出迎えてくれた。彼女自身はティール・フェローではないが、フェローと友達だ。実験にはもうひとり、ビラル・マフムードという人物も加わることになった。彼はスタンフォード大学で生物学を学び、卒業後に参加していたホワイトハウス・テクノロジー・フェローシップから戻ったところだった。

私たちが「tDCS」の装置を開発したら、人類初の実験台にしてあげると言って誘ったところ、彼は喜んで応じてくれた。実験のために頭を剃るほどの気合いの入れようだ。ちなみに、この実験で丸坊主になる必要はない。装置は髪の毛があっても問題なく作動する。しかし、彼はすでに剃ってしまっていたので、今さら必要ないとは言えなかった。

チュンハイは手先が器用で、はんだ付けの達人でもあった。そのおかげもあり、その日の午後のうちに最初のプロトタイプが完成した。まず確認しなければならないのは、装置の安全性だ。電流を計測すると、0・5から2・0ミリアンペアになる。これなら人間に流しても安全なレベルだ。

次のステップは実験のデザインだ。私は実験台になってくれるビラルにいくつかの選択肢を示した。そのなかからビラルが選んだのは、タイピングが速くなるという効果だった。どうやら彼は、両手を使ったブラインドタッチができないらしい。

すでに述べたように、介入を行うときはまず基準値を決めなければならない。

ビラルの場合は、1分間のタイピングテストを何回か実施し、そして反応時間を計測するテストを1回実施した。次に考えるのは、「tDCS」の設定だ。今回の目標はタイピング速度を上げることなので、その能力に関係のある脳の部位にアノード（正の電流が体内に入る電極）とカソード（負の電流が体外へ出ていく電極）を設置しなければならない。

過去の研究を調べてみると、脳に刺激を与える時間は、短くて5分、長くて40分とかなり幅がある。私たちは15分を選んだ。

電極の場所については、アノードは頭頂部に設置した。ここは運動野と呼ばれる部位がある場所だ。[6] そしてカソードは、眼球が入る穴（眼窩）のすぐ上に設置した。電極を包んだスポンジが大きすぎたので、ビラルの片目がほぼふさがってしまったが、80年代にはやったようなヘッドバンドのおかげで、電極を狙った位置に固定させることができた。

そして最後のステップだ。ビラルに実験について説明し、最後の了解を得る。

「今からあなたの脳に電気ショックを与えるけど、本当に大丈夫なのね？」

これは冗談だ。本当は次のようなことを言った。

「ｔＤＣＳは神経に刺激を与える方法のなかではもっとも安全なものの1つだ。２０１６年に発表された過去の研究を分析した記事では、研究者が一般的なｔＤＣＳを使った処置を検証している。対象になった研究の参加者は１０００人で、処置の回数はのべ３万３２００回。1回の処置の長さは40分以下で、電流は4・0ミリアンペア以下、電荷は7・2クローン以下だ。ただしほとんどの研究者は、２ミリアンペア未満で30分以下の処置を推奨している。分析の結果、完治しない負傷や、『深刻な有害作用』の例は見つからなかった[7]」

「ｔＤＣＳ」で流す電気はごく微量で、電圧もとても低い（一般的な乾電池の９ボルトよりはるかに低い）。電気ショック療法のようなものをイメージする人もいるだろうが、実際はまったく違う。むしろ電流が少なすぎるために、危険よりも、本当に効果があるのかということのほうが心配だ。

わずか０・５〜２ミリアンペアの電流が、電極を包む大きなスポンジ全体に広がり、さらに髪の毛や肌、頭蓋骨、頭蓋骨のすぐ下の組織を通過してやっと脳に到達する。これほどの微量な電流で神経細胞を発火させるには、その細胞がすでに発火準備の状態に入っていなければならない。

そのため「ｔＤＣＳ」は、脳への命令というより、むしろ脳への提案だ。アノードとカソードの両方を設置することで、電気によって生じる行動がどちらかに偏るリスクを取り除いている。このように、たしかに「ｔＤＣＳ」は安全だが、それでも軽い火傷や疲労感、頭痛は報告されている。

装置のスイッチを入れると、ビラルはすぐにおかしな表情をした。

「白い光が見えるんだけど、これって普通なのかな？」

チュンハイと私は凍りついた。そしてほとんど同時に「え!?」と言った。

すぐに電極を取り外し、原因を調べた。ビラルによると、痛みはまったくなかったという。白い光も、電極を外すとすぐに消えた。「走馬灯が見えるようなことはなかったよ」と、彼は私たちを安心させるために言った。みんなで神経質な笑い声を上げた。

最初に冷静さを取り戻したのはチュンハイだった。

「たぶん電極の位置が目に近すぎたんだと思う。白い光は眼内閃光だね」

眼内閃光とは、電気刺激を受けたときに、存在しないはずの光が見える現象だ。「TMS」などの電気刺激でも起こることがある。しばらくの間、電極を脳のある特定の部位に設置すると眼内閃光が起こると考えられていた。たとえば、視覚情報を処理する後頭葉などだ。

しかし2012年、ラトガーズ大学の研究チームが、目の近くに電極を設置したほうが眼内閃光が多くなるということを発見した。どうやら目の近くに電気を流すと、網膜も刺激を受けてしまうらしい。[8]

2回目以降の実験で（そう、ビラルは白い光の一件にも懲りずにまた戻ってきてくれた。今度は初回のときよりも少し髪が伸びている）、まあまあの成果が出た！　刺激の後はタイピングが速くなり、反応速度も短くなったのだ。

「tDCS」の科学的根拠とは？

「tDCS」はまだ新しい技術だが、それが脳に与える影響はいくつか解明されている。

「tDCS」と、向上させたいタスクを同時に行うと、能力拡張の効果が高まるようだ。そのため、タスクの訓練を同時に行わない「tDCS」は失敗する可能性が高い。過去の実験の失敗例はおそらくそれが原因だろう。

人間以外の動物が対象でも、刺激と訓練の両方が必要になるようだ。たとえばマウスを使った実験で、人間と同じ比率になるような量の電気を流したところ、それだけではほとんど効果が見られなかった。しかし、他の部位にも同時に刺激を与えると、脳に計測可能な変化が起こった。[9]

ミューメキシコ州アルバカーキの研究チームが、「tDCS」の処置を受けた人間の体内で起こる生理的な変化について調べた。彼らが興味を持ったのは、処置の直後に脳波がどう変化するかということ、そして長期的に脳の白質がどう変化するかということだ。[10]

直後の影響については、「tDCS」によって神経細胞がより発火しやすくなるようだ。たとえば、「tDCS」を装着し、それとは別に腕の神経にも刺激を与えると、腕の神経への刺激と関連する脳波が、「tDCS」を装着する前よりも6倍高くなった。

しかも、その効果はすぐには消えなかった。「tDCS」終了から1時間弱たったときに再び腕の神経を刺激したところ、依然として元の脳波より2・5倍高くなった。

衝撃の結果が出たのはその5日後だ。脳画像を撮影したところ、「tDCS」で刺激を与えた部位にある脳の白質の構造が大きく変化していた。あんなに少ない電流だけで、まさか脳の構造を変えられるとは予測していなかった。

マウスを使った実験では、「ｔＤＣＳ」で処置を行うと、脳内のグリア細胞とカルシウムの濃度が変わるという結果になった。人間の脳内で白質に変化が起こるのも、おそらくこれで説明できるだろう。[11]

「tDCS」は実行機能を拡張できるのか？

２０１３年、オーストラリアで健康な大人60人を対象にした実験が行われた。参加者は無作為に３つのグループに分けられた。偽物の「ｔＤＣＳ」装置につながれて認知訓練が目的のコンピューターゲームをするグループ、実際に「ｔＤＣＳ」の処置を受けて認知訓練が目的のコンピューターゲームをするグループ、そして「ｔＤＣＳ」の処置だけを受けるグループ（認知訓練のコンピューターゲームはしない）だ。

「ｔＤＣＳ」が本物かどうか、参加者には一切知らせない。自分はどちらを受けたと思うかと尋ねたところ、まったくの当てずっぽうと同じ確率の答えが返ってきた。

すべての参加者は、実行機能を３回にわたって計測される。まず基準値を知るために介入の前に１回、10分のセッションが終わった後に１回、介入が終わって４週間後に１回だ。

４週間後の計測で、実際に「ｔＤＣＳ」の処置を受けたグループは、偽物のグループに比べ、元から訓練されていない分野の注意力、処理スピード、作業記憶の結果が上回った。[12]

・マルチタスク

2016年、アメリカ空軍に属する健康な大人20人を対象に「tDCS」を使用したところ、マルチタスク能力の向上が見られた。参加者は処置の前に、まずNASAが考案したパイロットのためのテストを受ける。「機器のモニタリング」「追跡」「スケジューリング」「リソース管理」「コミュニケーション」などを同時にこなす能力を測るテストだ。

参加者は、「tDCS」の処置を受けるグループと、「tDCS」に似た偽の処置を受けるグループに分かれる。本物の「tDCS」で脳に刺激を受けたグループは、偽物を装着したグループに比べ、結果が30パーセント向上した[13]。

・認知コントロール

認知コントロールは、実行機能の中心的な仕事だ。私たちはこの認知コントロールのおかげで、変化する状況に柔軟に適応することができる。現実の世界で複雑な目標に向かっているときに欠かせない機能だ。

認知コントロールは「ストップ・ゴー課題」と呼ばれるテストで計測できる。「ゴー」の合図（緑色のライト）が出たらすぐに反応し、「ストップ」の合図（赤いライト）が出たらすぐに止まるというテストだ。

2013年、韓国の大邱大学校で、40人の健康な参加者を対象にした実験が行われた。参加者は無作為に2つのグループに分けられ、1つは本物の「tDCS」の処置を受け、もう1つは偽物の「tDCS」の処置を受けた。処置の最中に「ストップ・ゴー課題」を行ったところ、本物のグループは偽物のグループよりもいい成績だった。しかし処置が終わってからは、本物の成績は偽物と変わらなかった。[14]

・作業記憶

「tDCS」と作業記憶の関係については、2005年、2015年、2012年に1つずつ研究が発表されている。

2005年の研究を行ったのは、ハーバード大学メディカルスクールの研究チームだ。「tDCS」でわずか10分間の刺激を与えただけで、作業記憶の拡張が確認できた。[15]拡張が起こるのは、前頭前皮質の位置にアノードを、一次運動野の位置にカソードを装着したときだ。これを逆にすると効果はない。

この結果からわかるのは、電極の位置は大切だということだ。自宅で実験するときは、目的に従って正しい位置にアノードとカソードを装着しなければならない。

「tDCS」で刺激を受ける後半の5分間で、参加者は作業記憶のテストを受ける。その1時間後、再び10分間の「tDCS」の処置を受け、ここでも作業記憶のテストを受ける。2

回のセッションのうち、1回は本物の「tDCS」で、もう1回は偽物だが、参加者自身はどちらを受けているのかわからない。また、どちらの処置を先に受けるかも無作為に決められる。作業記憶のテストは「Nバック課題」だ（ここでは3ページ前の最初の文字を覚える課題。詳細は140ページを参照）。

大規模な研究ではなく、参加者は15人の健康な大学生（19〜22歳）だ。とはいえ、たしかに効果は認められ、それに健康な大人を対象にしているので（医学研究では病気の人が対象になることが多い）、自分で試してみたい人にとっては参考になるだろう。

2015年、ペンシルベニア大学の研究チームが、「tDCS」と作業記憶に関する研究を発表した。彼らが知りたかったのは、「tDCS」の処置で、3つ前を覚えるNバック課題（難しい課題）と、1つ前を覚えるNバック課題（簡単な課題）の成績が向上するかどうかということだ。

健康な参加者24人を集め、本物の「tDCS」と偽物の「tDCS」の2つのグループに分けた。それぞれの参加者は、処置を受けながら1バック課題と3バック課題のテストを行った。さらに処置の前後に、実行機能のテストも受けた。

その結果、Nバック課題の成績がもっともよかったのは、本物の「tDCS」で処置を受けながら3バック課題を行ったグループだった。[16]

これは意外な結果かもしれない。そもそも彼らはいちばん難しい課題を行ったのだから、疲れすぎていい成績を出せないと予想されていたのではないだろうか。

この結果を確認するために他の似たような研究を探したところ、2012年にユニバーシティ・カレッジ・ロンドンが行った研究で同じような結果が出ていた。

22人の参加者を無作為に2つのグループに分け、1つのグループはアノードの電極の「tDCS」で処置を受けながら認知テストを行い、もう1つのグループは「tDCS」を装着しないで同じ認知テストを行ったところ、「tDCS」のグループのほうがいい成績だった。[17]

「記憶と学習」を拡張できるのか?

2015年、私はサンフランシスコで開催された自己数値化の会議に出席した。そのなかで特に印象に残った話がある。

大学生のJD・リーダムが壇上に上がり、大学生活のつらさを切々と訴えた。彼はかなり以前から、不安やストレス、注意欠陥の症状に悩まされていた。それに文字を読んで学習することも苦手だ（彼自身は、自分は耳から学ぶタイプだと考えている）。

彼はかなり熱心に、自分の状態を追跡して記録している。さまざまなサプリメントを試してみたが、どれもほとんど効果がなかった。

しかし、「tDCS」のセッションを長期にわたって受けてみたところ、絶対に落ちると思っていたテストでかなりの好成績を収めることができた。[18] 彼はさらに「ｔＤＣＳ」で実験を重ね、成功を収めると、自分の「ｔＤＣＳ」の会社を起業した。

会議の後で、私はリーダムの体験について考えた。「ｔＤＣＳ」で記憶と学習が向上するという現象は、どの程度まで一般化できるのだろうか？　そこで過去の研究を調べてみると、記憶と学習が向上した例がたくさん見つかった。

・リストの単語を覚える

２０１６年、イタリアとイギリス、アメリカの研究チームが、「二重盲検ランダム化比較試験」を行った。参加者を２つのグループに分け、１つは本物の「ｔＤＣＳ」の処置を受け、もう１つは偽の「ｔＤＣＳ」の処置を受けた。

その２日後、参加者（28人の健康な高齢者）は２日前に覚えた単語のリストを思い出すように言われる。「ｔＤＣＳ」の処置を受けながらリストの単語を覚えたグループは、偽の処置を受けたグループに比べ、平均して34パーセント近く（標準偏差分の差）成績が上だった。[19]

・数学不安の有無とその影響

オックスフォード大学のロイ・コーエン・カドッシュを覚えているだろうか？

この章の初めで私に「ｔＤＣＳ」の存在を教えてくれた人物だ。２０１０年の夏に彼にインタビューをしたところ、「ｔＤＣＳ」で数学の能力が向上するのではないかということに興味があると話してくれた。「ｔＤＣＳ」は、算数障害と診断された人たちの治療ですでに大きな効果を上げていた。

彼はまた、15の大学の学生に「ｔＤＣＳ」の処置を行ったところ、数字に関する能力が向上することも発見した。処置から半年後になっても、向上した能力はかなり残っていたという。[20]

しかし、その数年後、他の研究者と共同でさらに深く研究したところ、直感に反する結果が出た。数学不安の人が「ｔＤＣＳ」の処置を受けると、たしかに数学の問題を解くスピードは上がるが、数学不安の症状がない人の場合、「ｔＤＣＳ」の処置を受けると一時的に数学能力が低下するのだ。[21]

・学習および、顔と名前を覚えること

２０１５年、アメリカの研究チームが、30歳以下の健康な大人24人を対象に実験を行った。参加者を2つのグループに分け、１つは本物の「ｔＤＣＳ」の処置を受けながら顔と名前を覚え、もう1つは偽物の「ｔＤＣＳ」を装着して同じく顔と名前を覚えた。どちらのグループも、処置の直後と、処置の24時間後に記憶のテストを受けた。

その結果、本物の「ｔＤＣＳ」の処置を受けたグループは、偽物のグループに比べてはるかに成績がよかった。いったいどれくらいよかったのか。本物の「ｔＤＣＳ」のグループが覚えていた顔と名前は、平均して偽物グループより50パーセント多かった。また本物のグループは、思い出す過程での間違いも少なかった。[22]

・身体を使うタスクの上達——運動学習

「楽器の演奏を習得するスピードを上げたい」「スポーツの上達スピードを上げたい」「タイピングの速度を上げたい」、あるいは「その他の身体を使うタスクで上達スピードを上げたい」というのなら、「ｔＤＣＳ」が助けになるかもしれない。

十数本の記事のシステマティック・レビューと分析を行ったある研究によると、健康な大人の場合、「ｔＤＣＳ」によってある種の単純なタスクを習得するスピードが26パーセント以上向上するという。

もっと小さい効果という結果になった研究もあるが、それ以外の研究（たとえば子供を対象にした少数の研究）では大幅に向上する結果になった。実に55パーセントの向上だ。[23]とはいえ、自分の子供に試してみるのは絶対にやめたほうがいい。これらの研究はプロが監視する環境で行われている。

「情動制御」の能力を拡張できるのか？

インターネット掲示板の「Ｒｅｄｄｉｔ」に、「ｔＤＣＳ」について話し合う大きなグループがある。[24] なかでもいちばん興味深いのは、抑うつ治療の目的で自宅で「ｔＤＣＳ」の処置を行うことについての話題だ。いくつかの投稿を読んだところ、こんな疑問が浮かんできた。「ｔＤＣＳ」は、一般的な感情のコントロールにも活用できるのではないだろうか？

この疑問をもう少し深く掘り下げると、かなり綿密で広範囲にわたる分析を見つけることができた。これはアメリカとイタリアの大学に所属する研究チームによる分析で、以下に概要を説明する。[25]

・悲しみと不安を管理する

２００６年と２００９年に行われた研究で、「ｔＤＣＳ」の処置を受けた参加者たちは、処置から最高で30日間たっても、悲しみが減った状態はそのまま続いていると報告した。ある研究では、抑うつ状態で気分が落ち込んでいる人に「ｔＤＣＳ」の処置を行ったところ、落ち込んでいたときは気づかなかったポジティブな写真を見つけられるようになったという。[26]

２０１４年、強い不安を訴える参加者に「ｔＤＣＳ」の処置を行ったところ、ストレスホルモンのコルチゾールが減り、不安も減るという結果になった。[27]

・怒りを管理する

２０１４年の研究で、ある特定の設定で「ｔＤＣＳ」を使用したところ、男性における能動的攻撃を減らすことに成功した。[28]

２０１５年には、この２０１４年の研究と同じ「ｔＤＣＳ」の設定を使い、それを認知的再評価のタスク（ネガティブな感情の原因になっている問題を別の角度から解釈したり、新しい見方をしたりすること）と組み合わせたところ、「ｔＤＣＳ」の処置を15分間受けた20人の参加者が、ネガティブな感情が軽減されたと報告している。[29]

２０１２年の研究では、２０１４年と２０１５年の研究と逆の設定を使ったところ（アノードの位置を頭の右側から左側に変えた）、侮辱されたと感じたときの参加者の怒りはむしろ大きくなった。[30]

・持続性と満足遅延耐性

２０１８年の研究で、79人の参加者を、本物と偽物の「ｔＤＣＳ」の処置を受ける２つのグループに無作為に分け、どちらも20分間の処置を受けた。本物の「ｔＤＣＳ」のグループは、偽物のグループに比べ、痛みや苦痛に耐えられる時間が長くなった[31]。「満足遅延耐性（将来の大きな報酬のために、目の前の小さな報酬をがまんできる能力）」については、24人を対象にした2018年の研究によって、2種類の「tDCS」の設定が満足遅延耐性を高めることがわかった[32]。

そして最後に紹介する研究は、厳密には情動制御の研究ではないかもしれないが、知っておく価値はある。2008年にハーバード大学メディカルスクールが行った研究によると、「tDCS」には食欲を抑制し、デザートへの関心を減少させる効果がある。

この研究で実際に50人以上の参加者にこの効果が認められた。さらに参加者たちは食事の量が減り、その効果の一部は30日も続いたという[33]。

「創造性」を拡張できるのか？

2007年、高名な神経学者のオリバー・サックスが、雑誌『ニューヨーカー』に寄稿した記事のなかで、その13年前に起こった奇妙な出来事について書いていた[34]。

ある日、ニューヨーク州北部の病院で働く整形外科医のトニー・チコリアは、街中の公衆電話で電話をかけていた。空は晴れているが、地平線の上に嵐の雲がいくつか見える。すると突然、空から雷が落ちてきて、電話を通してチコリアを直撃した。

幸いにも一命は取り留め、大きな後遺症も特になかったが、その数カ月後、チコリアにある変化が起こった。以前は音楽に興味はなかったが、突然ピアノ音楽に強烈に惹かれるようになったのだ。ピアノ音楽を聴きたい、自分でも演奏したいという気持ちが高まった。

間もなくすると、彼は朝の4時に起きて仕事前にピアノを弾くようになった。そして仕事が終わるとすぐに帰宅し、またピアノを弾く。さらに自分で作曲も始めるまでに、それほど時間はかからなかった。最終的に、彼は人前で演奏するようになった。

トニー・チコリアのような例は「後天性サバン症候群」と呼ばれ、これまでに10例以上が確認されている。これはサバン症候群のような特殊な能力を後天的に獲得するということで、たいていは外傷性脳損傷が原因だ。

研究者のなかには、脳損傷や雷に打たれることによって、脳内の分類や判断、他の脳の部位を抑制する機能が遮断されるか、あるいは弱められるのではないかと考える人もいる。脳内のある部位が抑制から解放されることで、より豊かな創造性につながるのかもしれない。

前に登場した2003年の『ニューヨーク・タイムズ・マガジン』の記事を覚えているだろうか？　私が脳刺激に興味を持つきっかけになった記事だ。

2011年、オーストラリアの研究者、アラン・スナイダーとリチャード・チが、決められたルールを使って問題を解くという課題を与える実験を行った。

その課題が終わると、すぐにまた同じような課題を与えるが、今度は先ほどのルールをすべて無視するようになっている[35]。だが、参加者のほとんどはそのことに気づいていない。そのため1つのグループは、前のルールに引きずられて問題を解くことができなかった（解くことができたのはわずか20パーセントだ）。

しかし、もう1つのグループでは、大半の参加者が考え方を変えて問題を解くことができた。成績の違いは実に3倍近くもあった。彼らはなぜ前のルールに引きずられず、新しい視点で問題を解くことができたのか？

その答えは、本物の「ｔＤＣＳ」で処置を受けたからだ。

ここで音楽的な創造性に話を戻そう。アメリカの研究チームが、音楽の初心者と専門家を対象に「ｔＤＣＳ」の効果を比較した[36]。すると興味深いことに、ジャズ即興演奏の初心者は能力が向上したが、プロは逆に能力が低下したのだ。

本物の「ｔＤＣＳ」の処置を受けた初心者と、偽物の「ｔＤＣＳ」の処置を受けた初心者にジャズの即興演奏をしてもらい、ジャッジに判定してもらったところ、本物の「ｔＤＣＳ」のほうが高い評価になった。

しかしプロの演奏家の場合、本物の「ｔＤＣＳ」の処置を受けた人のほうが、偽物の「ｔＤＣＳ」の処置を受けた同程度の腕前のプロよりも低い評価になった（ただし、どちらも初心者の演奏よりは高い評価だった）。同じ実験を数日間にわたってくり返したところ、この効果はさまざまな状況で見られることが確認された。

この結果を受けて研究者たちは仮説を立てた。初心者はたいてい、タスクを行うときに頭で考え、コントロールしようとする。それに対してプロは、意識的な思考に頼らず、自然な感覚で演奏することができる。階段を下りるときに、右足の次は左足を出すと考えなければならないとしたら、きっとわけがわからなくなって落ちてしまうだろう。

この実験で刺激した部位は、意識的な思考を司る前頭葉だ。意識的な思考は初心者には必要だが、プロにとってはむしろじゃまになると考えられる。

「ｔＤＣＳ」を自己実験に組み込む方法

自己実験で「ｔＤＣＳ」を試してみたくなったなら、いくつか覚えておいてもらいたいことがある。友人と私のように装置を自作することもできるが、基本的には購入することをおすすめする。安全性と、カスタマイズの自由度を基準に選ぼう。２００ドル以下で十分に使える装置が手に入る。

しかし、対照実験を行いたいのなら、比較の対象として偽物の「ｔＤＣＳ」も必要だ。本物と偽物がセットになったものはたいていプロの研究者用で、値段も３００ドル以上になる。

何度も指摘しているように、自己実験でカギになるのは、あなた自身にとって最適の方法を見つけることだ。「tDCS」の研究でも、個人差が大きく出る結果になっている。ジャズミュージシャンの実験で見られたように、同じ処置でも人によって正反対の結果になるかもしれない。

私が読んだなかでも、参加者が右利きか左利きかということが結果に影響を与えた研究もあれば、年齢や性別によって違う結果になった研究もあった。そのような例は他にもたくさんある。私自身が行った実験では、ひとりの友人は「tDCS」の電流の刺激にとても敏感だったが、別の友人は安全な範囲内で最高の電流まで上げても何も感じなかった。

それに加えて、「tDCS」を実施するときの脳の状態も結果に影響を与える。

オーストラリア人研究者のジャレド・ホルヴァートが書いた「tDCS」に関する論文は、この分野でもっとも引用されている論文の1つだ。もう何年も前、彼がまだハーバード大学メディカルスクールの研究室で働いていたころ、私はボストン・ブルーイング・カンパニーで彼とランチを食べながら「tDCS」の話をしたことがある。

当時の彼は、「tDCS」の効果についてかなり強気の発言をしていた。とはいえ、自分の熱狂に疑問を向ける冷めた目も持っていた。彼と論文の共著者たちが興味を持っていたのは、「tDCS」の1回の処置が健康な大人の認知能力に与える影響だ。その認知能力には、実行機能と記憶も含まれる。

その当時、すでに多くの結果は出ていたが、研究はまだ2つしか行われていなかった。しかしホルヴァートは大切な点に気づく。それは、元々の脳の状態が「ｔＤＣＳ」の効果に影響を与えるということだ[37]。

その後、シカゴ大学の研究チームも論文を発表し、1日のうちのどの時間に「ｔＤＣＳ」を行うかということが結果に影響を与えると指摘した。そこから、「認知処理に最適ではない時間（たとえば、若者にとっての午前中）のほうが「ｔＤＣＳ」の効果を検知しやすい[38]」という仮説につながっている。

私たち自身も経験があるだろう。頭が冴えわたって学習がはかどるときもあれば、そうでないときもある。シカゴ大学の研究チームが正しいとしたら、脳があまり働いていないときほど、「ｔＤＣＳ」から送られてくる微量の電流の効果が大きくなるのかもしれない。

そこから考えられるのは、少なくともこの朝型社会にむりやり付き合わされている私を含む夜型人間にとっては、「ｔＤＣＳ」の自己実験は午前中に行ったほうがいいのかもしれないということだ。

・いくつかの注意点

「ｔＤＣＳ」は他の介入に比べると少し問題がある。言うまでもないことだが、自分の頭に電気を流すことになるからだ。たしかに微量ではあるが、リスクであることに変わりはない。そしてリスクを取るからには、それをはるかに上回る効果が期待できる必要がある。
私自身も「ｔＤＣＳ」の自己実験を行ったが、他の介入に比べて回数は多くない。ほんの2〜3回だ。

「ｔＤＣＳ」を使うと決めたのなら、十分に注意してもらいたい。副作用にはつねに気をつけること。何かがおかしければすぐにやめたほうがいい。

これからはコーヒーよりも神経刺激だと宣言する前に、ロイ・コーエン・カドッシュからのアドバイスに耳を傾けたほうがいいだろう。覚えているだろうが、彼は私に最初に「ｔＤＣＳ」のことを教えてくれたオックスフォード大学の教授だ。

２０１３年、「認知のコスト」の可能性を懸念していたコーエン・カドッシュの研究チームはフォローアップの研究を行った。研究のテーマは、「ｔＤＣＳ」にはある特定の数学能力の学習を促進させる効果はあるかということだ。

実験を行うと、それとは別の分野の数学能力が急低下する結果になった[39]。電極をつける位置を変えるとその影響は逆転し、さらに第二の能力が向上したが、最初の能力の向上は消えてしまった。

簡単に言うと、2つの能力を同時に向上させることはできず、つねにトレードオフの関係になるということだ。1つの能力を向上させれば、もう1つの能力は低下する。これはつまり、「ｔＤＣＳ」の研究で認知能力の向上が確認されても、その裏では誰にも気づかれることなく、何か他の能力が失われていたということなのだろうか？

これから「ｔＤＣＳ」をやってみようと考えている人は、実験中はきちんと記録をつけ、副作用に注意し、２〜３回実験をするごとにいったんやめて自分の全体的な認知能力をテストし、目標にしている認知能力とは別の能力が犠牲になっていないか確認したほうがいいだろう。知らないうちにトレードオフの状態になっていることは避けなければならない。あるいは最低でも、すぐに気づいて対処する必要がある。[40]

２つめの注意点は、この本で紹介するすべての介入に当てはまるが、脳に電気を流すこの介入では特に気をつけてほしいことだ。ペンシルベニア大学とハーバード大学メディカルスクールに所属する研究者が、「経頭蓋直流電気刺激を自分で行う人たちへの公開書簡」と題した文書のなかで次のように書いている。

「被験者が健康である場合は、許容できるリスクの程度が異なると考えなければならない。健康であれば基本的に認知機能に問題はないので、実験によって得られるものは少なく、失うものは多いということだ[41]」

私もこの考え方に同意する。だから私自身、「ｔＤＣＳ」の自己実験はごくたまにしか行わない。

「ｔＤＣＳ」を使わないほうがいいのはどんな人たちか？

「ｔＤＣＳ」を扱う研究室の多くは、被験者に適さない人のリストをつくっている。[42] リストに入る人の特徴は幅広く、「妊娠している人」「肌が敏感な人」「特に頭皮が炎症を起こしやすい人」などが並んでいる。「向精神薬を服用している人」「うつ病や双極性障害など、何らかの精神障害と診断された人」も除外される。

また、「発作を起こしやすい人」「頭・歯・耳に取り外しができない金属（プレートやインプラントなど）が入っている人」「人工内耳をつけている人」「過去5年以内に頭部外傷（脳しんとうなど）で入院したことがある人」も被験者には適さない。

彼らが除外される理由は、彼らのような人たちに「ｔＤＣＳ」が与える影響について、まだよくわかっていないからだ。これらの特徴に当てはまらないなら、「ｔＤＣＳ」の影響は容易に推測することができる。とはいえ、実際に「ｔＤＣＳ」を使った実験を行うなら、事前に医師に相談しなければならない。

最後に、一般的なアドバイスをいくつか伝えておきたい。ここで紹介したような介入はたしかに画期的で、特に「ｔＤＣＳ」にはワクワクさせられるが、何の努力もせずに頭がよくなることを期待するのは間違っている。

これらの技術は単なる触媒にすぎない。脳内の物質に刺激を与えて化学反応を起こし、認知能力や、人生のさまざまな側面を向上させるしくみだ。

たとえば、以前であれば2時間の勉強が必要で、その間も集中力が続かなかったとしたら、これらの介入によって、勉強時間は4分の3でよくなり、集中力も向上するかもしれない。

しかし、いずれにせよ勉強することは必要だ。この章で紹介した「tDCS」の研究を思い出してみよう。いちばん効果があったのは、電気刺激と認知訓練を組み合わせたときだ。それも認知訓練なら何でもいいというわけではない。もっとも難しい訓練が、もっとも大きな向上につながった。

神経インプラントと、完全なヒューマン＝コンピューター・インタラクション（人間とコンピューターの完全な相互作用）が実現するまでは、何かを学習したければ努力と勉強が欠かせない。私があなたに望むのは、これらの技術を学習や訓練の時間を減らすために活用するのではなく、使える時間をすべて使ってさらに学習の効果を上げるために活用してもらうことだ。

この章で学んだこと

1 神経刺激にはさまざまなやり方がある。そのなかで、もっとも安全で、安価で、数多くの研究があり、手軽に行える手法の1つは「tDCS（経頭蓋直流電気刺激）」だ。頭部に装着した電極から微量の電流を送って脳を刺激する

2 「tDCS」を適切な設定で使用すれば、「実行機能」「記憶と学習」「情動制御」「創造性」を向上させる効果がある

3 「tDCS」に副作用はほとんどないが、「眼内閃光（白い光が見える）」「軽度の皮膚炎」「火傷」「疲労」「頭痛」などの副作用が出ることもまれにある

第18章

SFから現実へ

十分に発達した技術はすべて魔術と区別がつかない。

――アーサー・C・クラーク

▼**投資時間**　33分
▼**ゴール**　最新のニューロテクノロジーを理解する

あなたが自分のニューロハッキングの冒険を始める前に、最後にどうしても伝えておきたい話題がいくつかある。脳に関連する最新のテクノロジーがどこに向かっていくのか、あなたも知りたいとは思わないだろうか？

この章の前半では、最新のテクノロジーを見ていこう。どれもSFとしか思えないようなものばかりだが、遅かれ早かれ現実になろうとしている。なかにはすでに現実になったものもある。

ここで見ていくのは、「遺伝子を選択する技術」「遺伝子を改変する技術」「人間と機械を組み合わせたハイブリッドヒューマンを生み出す技術」、そして「認知データの進歩」だ。それに加えて、最新技術と倫理の問題についても見ていこう。

あなたもニューロハッキングの冒険を始めるなら、自分なりの倫理基準を確立しておきたいと思うかもしれない。何かができるからといって、それをやるべきだというわけではない。ニューロテクノロジーは、貧富の格差をさらに広げてしまう危険性を秘めている。豊かな人がニューロテクノロジーを手に入れたら、さらに豊かになるだけにとどまらず、より賢く、より幸せで、より長生きになれるかもしれない。

そして倫理の問題の後に、私がもっとも興奮している最新のニューロテクノロジーを見ていこう。

賢い遺伝子

知能は遺伝なのだろうか？　今のあなたが抱えている学習の悩みは、子供時代か、さらに以前にまでさかのぼるものだろうか？　そしてもしそうなら、それについて自分にできることはあるのだろうか？　私が知りたかったのは、子供のころ、文章を読むのに苦労したのは遺伝が原因なのかということだ。

２０１１年、私は民間の遺伝子検査会社「23ａｎｄＭｅ」を使って、自分の遺伝子を調べてみることにした。そして結果が出ると、画面をクリックしながら、ディスレクシアを発症しやすい遺伝子を真剣に探した。結果は「ノー」だ。私にその遺伝子はないらしい。

他の知能に関連する遺伝子についてはどうだろう？

どうやら私は、エピソード記憶が平均以上になる可能性が高い遺伝子を持っているようだ。たしかに私は、昔の出来事を、一緒に体験した家族や友達よりも鮮明に覚えている。他の検査の結果も納得できる内容だった。

うなずきながら結果を見ているときに、私はふと思った。これはまるで、ハイテクバージョンの星占いのようだ。遺伝子検査は、いったいどこまで正確なのだろう？[1]

認知機能に関連する遺伝子の場合、ほとんどの研究がまだ始まったばかりだ。

私は今でも、年に1回ほどは「23ａｎｄＭｅ」の検査を受けているが、私のＤＮＡから読み取れることは年月とともに変わってきている。たとえば、昔の検査では「夜型」と判定されたが、最新の検査では「朝型」という判定になっている（正しいのは昔のほうだ！）。

どの遺伝子がどの行動や性質につながるかということについては、まだわからないことがたくさんある。遺伝子の科学は始まったばかりの分野だ。

・遺伝子はどこまで関係があるのだろうか？

遺伝子に関するデータはここ数十年で爆発的に増えた。数十億ドルが投入されたヒトゲノム計画をはじめ、さまざまな大発見が生まれている。しかしそれでもなお、遺伝子情報から真実を導き出すのは、研究者たちが当初想定していたよりもはるかに難しいようだ。

昔からこの疑問の答えを探るために、大人や子供を対象に数多くの研究が行われてきた。IQテストのスコアが高い人、または高い学位や学問的な業績のある人（あるいはその両方）に共通する遺伝子、または共通する遺伝子の組み合わせはあるのだろうか？

現時点では、かなり歯切れの悪い答えしか手に入らない。どうやら知能に関連する遺伝子は1つではないようだ。むしろ数多くの遺伝子が関わっていて、それぞれが知能に何らかの形で貢献し、貢献の度合いも遺伝子によって異なる（そしてそれを計測するのが、こちらも完璧とはいえないIQテストだ[2]）。

現在にいたるまで、研究者たちはそれこそ数百万ものデータポイントを精査してきた。そしてどうやら、さまざまな組み合わせが高い知能につながっているらしい。近年、「認知的に健康な個人」を対象にした研究を集めて分析が行われた。それらの研究が行われたのは1995年から2009年だ。

分析の結果わかったのは、50以上の遺伝子が知能に関連しているようだが、それぞれの遺伝子が与える影響については、変動があまりにも大きいということだ。遺伝子が知能に関してどんな役割を演じているにせよ、それは1つの遺伝子の仕事ではなく、協力して行われるチームプレーであるようだ。[3]

遺伝と環境のどちらが大事なのかという問題については、スウェーデンの心理学者K・アンダース・エリクソンの研究が参考になるかもしれない。マルコム・グラッドウェルの著作『天才！ 成功する人々の法則』（講談社）で有名になった「1万時間の法則」は、エリクソンの研究が下敷きになっている。

エリクソンは、世界トップクラスのパフォーマーを研究し、彼らの成功の秘密を解き明かすことに生涯を捧げてきた。ジャンルは音楽やスポーツ、ゲームなどさまざまだ。

エリクソン自身は、環境が大切だと考えているようだ。

「ある人物が、ある分野において最終的にどの程度の成功を収めるかを決めるに際し、訓練や練習ほど大切な要素は他にない。仮に遺伝子に何らかの役割があるとしたら、それは練習に打ち込める能力を決めるという役割か、あるいは練習がどれほど効果的かを決める役割になるだろう。そう考えれば、遺伝的な違いにもまったく違う角度から光が当てられる」[4]

個人的には、エリクソンの意見が正しいのではないかと考える。おそらく「やり遂げる能力」を司る遺伝子の組み合わせがあり、それが人生全般の達成に大きな影響を与えているのだろう。その遺伝子の組み合わせが、脳のパフォーマンスのどんな側面に影響を与えているかがわかれば、さらに興味深い。

ＩＱテストのスコアは高く、学校の成績もよかったが、長期間のプロジェクトや、手順がはっきり決まっていない仕事になると苦労する人がいる。

私の考えでは、標準テストでいい点が取れるような遺伝子と、長期間のプロジェクト（会社をつくる、家族をつくる、など）で成功する遺伝子は、おそらく違うのではないだろうか。

・知能の高い赤ちゃんはつくれるか？

この疑問は、ニューロテクノロジーの議論で定期的に浮上してくる。知能を高めることに特化した1つの遺伝子が発見されたわけではないが、その反対の遺伝子なら発見されている。ある特定の遺伝子変異体が認知機能の損傷につながるというのだ。

全世界で、「ダウン症」「神経管形成異常」「18トリソミー」「スミス・レムリ・オピッツ症候群」の出生前検査が一般的に行われるようになってきた。これらの症状はすべて知的障害につながるリスクがある。[5]

検査の結果によっては、中絶するかどうかという難しい決断を迫られる。そのため、家族に患者がいるなど遺伝的にリスクの高いカップルは、体外受精（ＩＶＦ）などの生殖技術を活用し、発症リスクの低い卵子と精子を選んで受精させるという方法を選ぶこともある。

これはつまり、信じられないほど可愛くて、完全無欠の健康体で、驚異的に賢い子供が、近い将来、近所の公園を埋め尽くすようになるということだろうか？

おそらくそうはならないだろう。もちろん、生殖医療を医療目的以外に活用する、たとえば赤ちゃんの目の色を選んだりすることは可能かもしれない。

しかし、人間の性質のほとんどはまだしくみが解明されていないので、単純な遺伝子操作で望み通りの結果が出るわけではない。それにそもそも、赤ちゃんの遺伝子操作は、倫理的に問題があるだけでなく、多くの国で違法とされている。[6]

とはいえ、また新しい技術が開発されたら、現在の決まりも再検討されるかもしれない。

2018年、中国人科学者の賀建奎は、「CRISPR－Cas9」という遺伝子編集技術を使って、HIV感染者の親からHIVに感染しない赤ちゃんを誕生させた。誕生したのは双子の女の子だ。このニュースに対して世界から批判が殺到した。中国政府は賀建奎に罰金を科し（ドルに換算して43万ドル）、懲役3年の刑を言い渡した。[7]

この種の行動には全世界が反対しているが、反対の程度は国によってさまざまだ。[8]2019年の夏、アメリカ下院の歳出委員会で投票が行われ、今後も遺伝子操作ベビーは禁止されることになった。[9]

たしかに逆風にさらされてはいるが、「CRISPR」は画期的な遺伝子技術だ。私が分子生物学の研究室で働いていたころ、人間の遺伝子を操作することは不可能だった。

遺伝子編集を行うには、マウスなどの「遺伝子モデル生物」を使わなければならない。変更したいDNAシーケンスごとに専用のプロテインを開発するなど、手順ももっと複雑だった。時間がかかり、間違いも多くなり、お金もかかる。「ＣＲＩＳＰＲ－Ｃａｓ９」（またはその他の「ＣＲＩＳＰＲシステム」）を使えば、もっと簡単で、お金も時間も節約できる。「ＣＲＩＳＰＲ－Ｃａｓ９」の技術は、バクテリアがウイルス感染に対して発動する免疫システムを参考にしている。バクテリアの免疫システムは、外敵であるウイルスの遺伝子を切断する。

つまりこのバクテリアを、こちらの命令通りに動く小さなマシンに変えれば、狙ったＤＮＡシーケンスを見つけて切断し、新しいＤＮＡシーケンスと交換できるということだ。

さらにこのバクテリアマシンは、必要なタンパク質を生成することもできる。この技術は、すでに遺伝子研究の多くの分野で革命を起こしている。神経科学の分野も例外ではない[10]。だからといって問題がまったくないわけではない。２０１６年、ＭＩＴ教授で「ＣＲＩＳＰＲ－Ｃａｓ９」開発の第一人者であるフェン・チャンは、講演のなかでこの技術の欠点を指摘した。たとえば、意図しないＤＮＡを切断してしまうことがあるという[11]。

当時のチャンは、この技術を使ったより精度の高いプロトコルを研究していた。このプロトコルが完成すれば、いつの日か複雑な遺伝病のしくみを理解し、さらには治療することもできるようになるかもしれない。

認知能力も複数の遺伝的要因がからんでいるので、「ＣＲＩＳＰＲ－Ｃａｓ９」の技術で認知能力のしくみを解明するのも、あながち夢物語ではないだろう。

自分でも「CRISPR－Cas9」を試してみたいという人は（ただし、編集するのはバクテリアの遺伝子だ。間違っても自分の遺伝子を編集しようなどと思わないように）、「ODIN」というスタートアップのサイトで自宅でできるキットが販売されている。値段は170ドル以下だ。[12]

しかしこの実験を行うには、自宅の冷蔵庫に大腸菌を入れる必要がある。ちなみに私は、まだ実行する決心がついていない。

機械の助けを借りた脳——ハイブリッドヒューマン

サイボーグのいる未来を想像すると、AIが世界を支配して、人間が完全に脇へ追いやられている光景を思い浮かべる人もいる。

だが私は、神経科学と認知科学の知識を活用したテクノロジーが、人間の苦しみを取り除き、さらには予防までしてくれるかもしれない未来を描いてみようと思う。

人間と機械の境界を曖昧にすることには、実は価値があるのかもしれない。そんなふうに感じられる世界をのぞいてみよう。

・ヒューマンエラーを減らす

今にも眠ってしまいそうなドライバーや疲労困憊の外科医など、ヒューマンエラーでいったいどれほどの命が失われてきたのだろう？

現在はさまざまな車種で、「居眠り運転防止システム」が搭載されている。目の動きを追跡し、きちんと目を開けて運転しているかたしかめるというしくみだ。[13]

Gメールには以前、「Ｇｏｇｇｌｅｓ」と呼ばれる機能があった。この機能は、送ったことを後悔するようなメール（たとえば、真夜中に酔っ払った状態で書いたメール）を防止してくれる。ある一定の時間より遅くなると、メールの送信ボタンを押したときに「本当に送ってもいいのか？」という確認が入り、さらにあなたの判断力を確認するために簡単な計算問題が出される。そこでたくさん間違えると、メールが送信できなくなるのだ。[14]

これと同じような機能を個人的に持つことはできないだろうか。1日を通してあなたの体調や心理状態をチェックし、警告を発してくれるような機能だ。たとえば、疲労はえてしてイライラや判断ミスにつながる。長い1日の終わりに子供や配偶者に八つ当たりしそうになっても、警告を発してもらえれば予防策を講じることができる。

居眠り防止システムは、脈拍や目の動き、呼吸、その他の生理指標を監視する。疲れている人は、たいてい自分の疲労に無自覚だ。何か失敗をしたり、自分らしくない言動を取ったりして、やっと自分が疲れていることに気づく。客観的な監視システムによって、自分が数時間後に危険なレベルの疲労状態になることがわかれば、10分ほど昼寝をする、昼休みにウォーキングをするといった予防策を講じることができる。
「計画を立てる」「戦略を練る」「決断する」「約束を守る」「大量の新情報を処理する」など、たいていの人間が苦労する分野でも機械の助けを借りることができる。

マックス・プランク協会の研究者ファルク・リーダーは、「Clear Thinking」というウェブサイトが提供する「意思決定アドバイザー」という機能を研究し、「このサイトのユーザーは、何か大きな決断をするときに、この機能を使ったほうが、使わなかったときよりも後悔が27〜38パーセント少なくなる」ことを発見した[15]。

ユーザーは自由回答式の具体的な質問に答えていくことで、ありがちな認知バイアス（たとえば代替案を考慮するのを忘れる）を避けることができる。

同じように、ときどき頭が混乱するのも人間の性（さが）かもしれないが、ちょっとした認知のサポートを正しいときに受けることができれば、文字通り人生が変わるかもしれない。

人間の脳は、過去2万年の間に大きな変化はしていない。つまり、現代の私たちも、肉食動物を避けたり、獲物を追ったり、木の実を見つけて集めていたりしていたころと同じ脳で生きているということだ。

人間の脳は、新しくて速く動く情報に、注意を向けるようにできている。そしてそういったものに出くわしたときは、エネルギーと集中力が増すしくみになっている。

2万年前の脳で現代のタスクを行えば、ミスが起こって当然だ。

現代のタスクはたいていくり返しで、細部への注意が必要とされる。その典型的な例が、データの収集（たとえば、小売店が顧客情報を管理するときのように、同じ質問が何度もくり返される）や、高速道路での運転だろう。

まさに人間の脳がうっかりミスをしたり、マイクロスリープに陥ったりしてしまう状況だ。[16]仕事の完全な自動化には、人間の生きる糧を奪ってしまうという問題があるが、適切な自動化であれば、むしろ私たち人間もより仕事を楽しみ、成功できるようになるだろう。

自動運転車は、人間のように疲れたりしない。他のドライバーとケンカになることもなければ、運転中にハンドルから手を放して電話に出ることもない。人間とＡＩが協力すれば、最高に安全な運転を実現できるはずだ。人間の実行機能が抱える弱点を機械が補い、そして人間も機械の弱点を補うことができる。

・日常生活で機械の助けを借りる

実行機能の弱点を、機械に補ってもらうちょっとした方法は他にもある。それは、日々のタスクを簡単にしてもらうことだ。たとえば機械の力を借りて、鍵を置いた場所を覚えておくこともできる。

スウェーデンでは、数千もの人々が自分の体内にマイクロチップを埋め込んでいる。場所は、親指と手のひらの間にある皮がつまめるところだ。[17]これらのマイクロチップは「ＲＦＩ

Ｄ」と呼ばれる「個人識別電波」を発していて、チップが埋め込まれた手をかざすだけで、自宅やオフィス、その他の場所に入ることができる。

スウェーデン最大手の鉄道会社でも、切符代わりにこのチップが使えるようになった。[18] チップが使える場所は、今後ますます増えていくだろう。その他にも、メディカルＩＤ（緊急連絡先や生年月日、血液型などの医療に必要な情報）などの個人データをチップに保存する人も出てきた。最近のキャッシュレス決済の広がりを見て、次に親指と手のひらの間に保存するのはお金になるだろうと考える人もいる。

これまでのところ、空港のセキュリティチェックを通るときや、ＭＲＩなどの医療機器を使うときに、体内に埋め込まれたチップが問題になったことはないようだ。そして正しく埋め込まれていれば、感染症の心配もほとんどない。

そのうえ財布や鍵を持ち歩くよりも、盗難の被害は減るだろう。泥棒のほうも、盗みたいなら相手の手を切り落とさなければならない。

体内に埋め込むのは、やりすぎだと文句を言う人もいるだろうが、鍵や財布を置いた場所、緊急時の連絡先などをわざわざ覚えておかなくてもよくなったら、面倒な仕事から解放された実行機能が、この先大きく飛躍するかもしれない。

このチップはネットでも買うことができる。たとえばシアトルに拠点を置くメーカー「Ｄａｎｇｅｒｏｕｓ Ｔｈｉｎｇｓ」は、「ｘＥＭ　ＲＦＩＤ」という初心者用チップを50ドルで販売している。試してみたいという人は、埋め込みは自分でやらず、何度もやって成功している人に頼んだほうがいいだろう。[19]私自身はまだだが、いつかやってみたいと思っている。

・考えるだけで機械を動かす

神経工学の世界では、もう何十年も前からブレインマシンインターフェースの研究が行われてきた。脳から送られてくる電気信号を機械に送り、手を動かさなくてもマウスを操ったり、実際に言葉を発しなくても音声テキスト入力のプログラムを動かしたりする技術だ。ただの夢物語だと思うかもしれないが、思考を動きに変える技術はすでに存在する。まだ一般的になっていないだけだ。

たいていはＥＥＧやＭＲＩといった装置の助けを借りることになるが、難しいのは脳から送られる微弱な電気信号を読み取ることではなく、それを正しく、迅速に解釈すること、そして入手しやすい価格帯で提供できるようになることだ。

「ＣＴＲＬ－ｌａｂｓ」という会社が新しいアプローチを考案した。頭蓋骨から電気信号を読み取るのではなく、手首に装着したデバイスを通して筋肉から電気信号を読み取るのだ。２０１８年、この会社はフェイスブックに買収された。買収価格は5億～10億ドルとされている。[20]

近年、フェイスブックが「ＢＣＩ（Brain-Computer Interface の頭文字）」を次々と買収していることを考えれば、特に驚くようなニュースではない。彼らは「サイレント・スピーチ・システム」というゴールを掲げ、「脳から直接」入力して1分間に100語をタイプできるようになることを目指している。[21]

おそらくかなり高い確率で、今後5~10年のうちにこの種の製品が手に入るようになるだろう。あるいは、もっと早いかもしれない。

私は料理をするとき、いつもすぐに手がベタベタになってしまう。そのためスマートフォンを触ることができない。これは困った事態だ。料理中にスマホで検索ができないと、「厚紙を敷いたままピザを焼いてしまったけれど食べても大丈夫?」とか、「ゆで卵のゆで時間は?」といった疑問の答えがわからない(もうおわかりのように、私は料理が苦手だ)。

音声コマンドを使うという方法もあるのだが、うまく伝わらないことも多い。「Siri」に向かって「ヘッドじゃなくてエッグ!」と怒鳴っていることもよくある。そして「ヘッド(頭)のゆで時間なんか聞くわけないじゃない」と、ぶつぶつ文句を言うのだ。

たしかに音声入力が進化すれば便利になるだろうが、もっと文脈を理解できるシステムであれば、問題解決の能力は向上するだろう。

グーグルグラスが、世間に受け入れられなかったのはとても残念だ。グーグルグラスをつけると、その人が見ているものをグーグルも見ることになる。それを気味悪がる人も多かったが、私はまったく気にならなかった。メガネのスクリーンにグーグルマップが現れるのはとても便利だ。それにジェームズ・ボンドの映画に出ているような気分にもなれる。

しかし多くの人は、メガネに内蔵されたカメラがすべてを撮影することに恐怖を感じた。それに、グーグルグラスをつけた「サイボーグ」が周りにいるのもイヤだったようだ。サンフランシスコとその近郊では、多くのバーやレストランがグーグルグラスを着用したままでの入店を禁止にした。[22]

グーグルグラスはただ早すぎただけであり、一般の人たちもいずれああいった技術に慣れるだろうという意見もある。講義を録音し、さらに自動的にノートを取ってくれる「レコーダーペン」（「Ｌｉｖｅｓｃｒｉｂｅ」などのスマートペン）と比べると、グーグルグラスは「必要なもの」というよりも「欲しいもの」だった。また、自分の声を録音されるよりも、自分の顔が録画されるほうがイヤだと感じる人も多かったのだろう。

・五感と創造性のニューロテック

五感以外の知覚でも世界を経験することができたら、あなたの想像力はどこまで広がるだろう？　神経科学者のデーヴィッド・イーグルマンは、２０１５年に行った人気の高いＴＥＤトークで、五感以外の知覚を経験できるようになるテクノロジーについて語っている。[23]

彼が考案した「ＶＥＳＴ（Versatile Extra-Sensory Transducer の頭文字で「汎用性第六感変換器」の意）」は、身につけるベスト型の装置で、音を振動に変える小さなモーターがついている。たとえば耳の聞こえない人がこのベストを着れば、胴体で感じる振動を通して外の世界を「聞く」ことができるのだ。

イーグルマンのチームは、ベンチャーキャピタリストから出資を受けると「Ｂｕｚｚ」と呼ばれるウェアラブルデバイスを開発した。[24] 耳の不自由な人が手首にそれを装着すると、センサーが感知した音が振動を通して手首に伝わってくる。たとえば人工内耳のような処置と比べると、安価で簡単にでき、手術も必要ない。

イーグルマンらは、五感に問題のない人が五感を超える「第六感」を知覚する技術の開発にも着手している。たとえば、先ほどの「ＶＥＳＴ」を着用すると、株式市場のデータを活用した「地球上の経済活動を直接的に知覚する体験」をすることができる。

さらに、蚊のように赤外線を見たり、[25] 蝶のように紫外線を見たり、[26] ツイッターのデータを体感したりすることも可能だ。

「ＶＥＳＴ」によって、私たちはまったく新しいデータの見方を手に入れた。イーグルマンのチームは、「ＶＥＳＴ」に必要なコードをオープンソースにして公開している。他の人がこの技術を活用して、人間の創造性と想像力をさらに飛躍させる装置を開発することを願っているからだ。[27]

・倫理とニューロテック

テクノロジー[28] の力を借りれば、私たち人間は深く根づいた偏見を捨て、より公正になれるかもしれない。人が偏見に基づいた判断をするときは、ある決まった兆候が現れることが多いという。

微妙な表情や目の動き、脈拍の変化を機械で読み取り、その人が混乱しているとか、疲れている、感情的になっているなどと判断されたら、機械はそこで介入して危険な行動や態度を阻止することができる。

２０２０年の春、ジョージ・フロイドの事件から始まった抗議運動をきっかけに、警察官による不必要な暴力という問題に注目が集まった。しかし、偏見から生まれる暴力は今に始まったことではない。たとえば、スタンフォード大学のジェニファー・エバーハート教授は、すでに数十年も前から脳機能イメージングという技術を使って、脳が人種情報を処理して偏見を生むプロセスを研究してきた。

この種の研究（たとえば、脳はどのように「脅威」という感情を生むのかという研究）は、近年、神経科学の世界で盛んに行われるようになってきた。ジェンダーに関する偏見も精査の対象になっている。

ある研究によると、応募者の名前以外はまったく同じ内容の２枚の履歴書があるとき、たいていの採用者は、男性だと思われる名前が書かれた履歴書を選ぶという。[29]

倫理的行動を促すニューロテックが発達すれば、採用者に注意を与え、履歴書を見る前に名前を隠すことができるようになるかもしれない。

テクノロジーの力を借りて道徳心を高めるというのは、たしかにおかしな話かもしれない。近年アメリカでは、医療[30]、大手テック企業の採用[31]、犯罪捜査のプロファイリング[32]などでＡＩが使われているが、どのシステムも、ジェンダーや民族、人種に対して偏見があることが数値で証明されている。

ＡＩはこれまでのデータを大量に読み込んで学習するのだから、現実の世界に偏見が存在するなら、ＡＩがそれを反映するのも当然だ。

人間には偏見があり、そしてＡＩは人間から学ぶ。とはいえ究極的には、人間から完全に偏見を取り除くよりも、機械の偏見を正すほうが簡単だろう。偏見を指摘された人間は反論したり、さらに意固地になったりするかもしれないが、機械はただ人間の指摘に従うだけだ。

・医療とニューロテック

エンジニアで起業家のイーロン・マスクは大胆な人物として知られている。まずは従来の決済方法を破壊し（ＰａｙＰａｌ）、それからすぐに太陽光（ソーラーシティ）、宇宙旅行（スペースX）、電気自動車（テスラ）に進出した。

マスクはかなり以前から、いずれＡＩが人間を追い抜くと警告していた。そして、もし人間がＡＩに勝てないのなら、ＡＩの仲間になるべきだと主張する。

マスクのチームがニューラリンクを起業したのもまさにそのためだ。この会社は人間の脳に埋め込むデバイスを開発している。「レーシック手術と同じくらい手軽に脳とコンピューターをつなげる」のが目標だ。[33]

２０１９年の夏、マスクのチームは、脳の深部に細い糸を埋め込む「ミシンのような」ロボットの開発に成功したと発表した。これは「ニューラルレース」とも呼ばれ、ごく細い糸で編んだメッシュのような形状をしている。

メッシュに取りつけられた小さな電球が脳の機能をモニターし、マシンと直に通信ができる。つまりこれを装着すると、コンピューターの力を借りて自分の脳をアップグレードできるということだ。

このSFのような未来が実現するのはまだ先になるかもしれないが、とりあえず近い将来にニューラルレースが活用されるのは、医療の世界になるだろう。足を切断した人が歩けるようになったり、聴覚や視覚、言語を取り戻せたりするようになると考えられる。[34]

すぐに現実になりそうなSFの技術はもう１つある。それは「ニューラルダスト」だ。

これは砂粒ほどしかない極小のセンサーで、人間の体内の情報、たとえば臓器の状態などをリアルタイムで教えてくれる。そして状況に応じて「エレクトロスーティカル（電気薬学）」の技術を使って食欲を抑制したり、膀胱の機能をコントロールしたりする。また、脳内の電気信号を使って知りたい体内の情報を読み取ったり、書き出したりすることも可能だ。[35]

従来の電極であれば、1年か2年ごとに交換しなければならず、電極を設置するにはドリルで頭蓋骨に穴を開けなければならないが、ニューラルダストは無線で、注入も注射器でできる。ニューラルダストは「脳内に密封されるので、感染症の心配もなく、電極が意図しない位置に動いてしまうこともない[36]」。

あるいは、コンピューターと通信するデバイスを埋め込むのではなく、まったく新しい脳の組織をつくり、損傷したり、病気になったりした脳の部分と交換するのはどうだろう？脳移植の技術が確立するのはまだまだ先になりそうだが、2つの技術によってその未来が少し近づいたようだ。

2019年時点での報告によると、ケンブリッジ大学で神経生物学を研究するマデリン・ランカスターのチームは、多能性幹細胞を巧みに利用することで、3Dの「ミニブレイン」を育てることに成功した。

使ったのはどこの研究所にもあるような普通の器具だ。ミニブレインは子宮のなかとほぼ同じように発達し、妊娠初期に見られる形と遺伝子の発現パターンを再現している[37]。

他には、3Dプリンターを使って特別な材料をつくり、ミニブレイン構築のプロセスをより速く、より正確に、そして究極的にはより再現性を高くすることを目指す科学者もいる[38]。

・長寿とニューロテック――人間は永遠に生きられるのか？

ここからは、SFから現実へつながるウサギの穴にさらに深く潜っていく。

まずは一段と大胆な質問をしてみよう。脳や精神を保存して、永遠に生きることは可能なのだろうか？

まったく違う2つの方法でそれが可能になるかもしれない。

1つは「デジタル不死」で、これは短期で実現が可能だ。そしてもう1つは「全脳エミュレーション」（「精神転送」「精神アップロード」などとも呼ばれる）で、こちらの実現はかなり先になりそうだ。まずは後者から見ていこう。

永遠の生の実現につながるかもしれない1つの道は、ヨーロッパのヒューマン・ブレイン・プロジェクトのなかにある。この10億ドル規模の予算が投じられたプロジェクトをはじめ、世界中の多くの科学者が、脳の配線のすべてを理解することを目指している（「コネクトミクス」と呼ばれる研究分野だ）。

彼らがつくろうとしているのは、基本的に多くの脳を集めた混合物であり、いってみれば一般的な脳だ。ある個人の脳をそのまま再現するには、まずその人が死ぬのを待つ必要がある……。少なくとも今のところは。

シードアクセラレーター（スタートアップの成長支援を行う組織）のYコンビネータから支援を受けたスタートアップの「Ｎｅｃｔｏｍｅ」は、顧客がまだ生きているうちに、脳のエミュレートを助ける化学物質を注入させてもらうという手法を採用している。[39] もちろん、これを行うのは顧客が死ぬ寸前になってからであり、全身麻酔が使われる。

この処置は、末期の患者に対する医師による自殺幇助が認められているカリフォルニア州などでは合法だが、それよりもさらに大きな問題がある。それは、そもそもこれで本当に脳内にある情報のすべてが保存できるのかということだ。

この会社は、アメリカ国立精神衛生研究所（NIMH）から100万ドル近くの補助金を受けており、2018年3月の時点で、このサービスを受けたいという顧客もすでに存在した。

ところが2018年4月には、このプロジェクトの下請けとしてNIHMからの補助金を共同で受けていたMITのグループが撤退を表明した[40]。まだプロジェクトは継続しているのか「Nectome」に問い合わせてみたが、返事は来ていない。

もう1つ、実現が近いとされるデジタル不死について見てみよう。

愛する人が亡くなったと想像してみよう……。しかし、あなたはまだその人とメッセージのやり取りができる。どうやって？

ここで、テキストメッセージやメール、SNSなどを通して、自分がこれまでに集めたコミュニケーションのデータについて考えてみよう。それらをすべて足したら、おそらく1テラバイト前後にはなるはずだ[41]。

次に、そのデータを機械学習のアルゴリズムと組み合わせ、自分がどんな状況でどんな発言をするかというモデルを確立する。そのモデルをチャットボットなどのデジタル装置に組み込めば、まるであなたのように発言するマシンができあがるのだ。

故人と会話をしたいというのはセンチメンタルな理由だと思うかもしれないが、これには実用的な使い道もある。たとえば、宇宙には行きたいが、宇宙旅行にともなう無重力やその他の面倒なことは経験したくないというなら、自分のデジタルバージョンを宇宙に連れていき、目的地に着いたところで起動すればいい。

これらはどちらかといえばアカデミックな研究だが（マイクロソフトリサーチとMITメディアラボがデジタル不死の研究を行っている）、少なくとも2つのスタートアップがこの問題に挑戦している。「Replika」と「Eternime」[42]だ。「Replika」が提供するチャットボットは、AIを使ってユーザーの好みや考え、口調を学び、まるでその人のように会話ができるようになる。その人が亡くなってからも、残された人はその人のデジタルバージョンと会話ができるということだ。

AIとチャットボットの技術が成熟すれば、より多くの人がデジタル不死を利用するようになるだろう。

・認知データの可能性

それほどセクシーなトピックではないのは承知しているが、私がもっとも興奮するのは認知データの開発だ。
ニューロハッキングの自己実験では、さまざまなデータが手に入る。情動や作業記憶、注意、睡眠、脈拍、食事、運動、タイピング速度、送ったメールの量、受け取ったメールの量など、すべてを合わせれば大量のデータだ。実験と追跡を重ねるほど、さらにたくさんのデータが手に入る。

この本で紹介してきた自己実験は、自分についてのデータを集めることに主眼をおいてきた。データがあれば、自分にいちばん合った介入を選ぶことができる。

しかし、追跡が向上し、認知テストがさらに改良され、より効果的な介入が登場すれば、私たちは真に革命的な何かを手にできるのではないだろうか。

それは、「脳のパフォーマンスの予測モデル」だ。

脳にはさまざまな機能があり、どの機能がどれくらいうまく働くかは状況によって異なる。いちばんうまく働く機能をいつでも知ることができたら、いったいどんなことが起こるだろう？　さらに、基準値を決めるテストを実施して、自分にいちばん合った介入や、避けたほうがいい介入を知ることができるとしたら？

それらを実現するには、今よりもはるかに高度に個人化されたデータが必要だ。しかし、そのデータが手に入れば、想像を超えた方法で日々の生活を最適化できるようになる。

・個人データとニューロテック

これは「鶏が先か、卵が先か」の問題と少し似ている。

ニューロハッキングの実験で、自分の認知データを集めようという気になるには、まずそれが役に立つという確信が必要だ。本当に自分の脳のパフォーマンスを正確に理解し、自分に合った介入を見つけることができるのだろうか？

私の願いは、この本を読み終えたあなたが、さっそくニューロハッキングの実験を始めてくれることだ。実験を重ねるほど、集まるデータも多くなるだろう。そしてデータが増えるほど、自分自身に対する理解も深まる。自分をより深く理解するようになると、自分の未来もより正確に予測できるようになる。そしてこれを何度もくり返す。

だが、もっと便利なツールがあったらどうだろう？

たとえば、証券トレーダーが使っている株式市場のデータのようなものだ。ここでは計器盤のようなものを想像してもらいたい。それを見れば、いついかなる瞬間でも自分の脳の状態がわかるだけでなく、既存のデータから未来の状態も推測することができる。

さらに、複数のシナリオを比較できると想像してみよう。たとえば、ある介入を行ったときと、別の介入を行ったときの比較だ。

この機能を実現するには、最終的に機械学習のようなツールが必要になるだろう。ここでの問題は、機械学習やその他の統計は、一般的にかなり大量のデータを必要とするということだ。それに高度な専門知識を備えた人がデータを扱わなければならない。

そしてもちろん、ただデータが大量にあればいいというわけではなく、データの質も重要だ。正しい手法で集めた正確なデータでなければならない。

ありがたいことに、ウェアラブル端末のおかげで、大量の個人データを集めるのが以前ほど難しくなってきた。こちらが何もしなくても、端末がつねにあなたを監視してデータを集めてくれる。歩数を数えたり、睡眠をモニターしたりするだけでなく、認知も追跡してくれるデバイスを想像してみよう。

それはおそらく、生物学的なデータを間接的に計測するというしくみになっているのだろう（たとえば、目の動きや瞳孔の大きさ、間接的に注意や覚醒を計測した数値など）[43]。

あるいは、行動を直接的に計測するという方法もある。時間追跡のソフトウェアに今後の予定を入力すると、そのソフトが定期的にあなたの集中力や気分を確認する質問をしてくる。あるいは、あなたのタイピングやスクロール、スワイプを追跡するという方法もある。

タイピングの速度と正確さ、よくやるミス、さらにはキーの押し方のクセさえも、いつの日か注意力と精神状態の判定に使われるようになるだろう。

ここで描写したようなソフトウェアは、パーキンソン病の診断ですでに使われている。しかし、ただパーキンソン病の診断をするだけでなく、普段から頭が冴えている日や頭が働かない日を予測する目的でも、使えるのではないだろうか？[44]

究極的に、私たちが必要としているのは、ジャストインタイムのフィードバックや、認知機能の自動追跡、そしてカスタマイズされたおすすめ機能だ。率直に言って、これらが実現されれば、ニューロテックはまったく新しい時代に突入するだろう。

しかし、たとえ十分な認知データが手に入っても、それをシェアするのはためらわれる。たまたま頭の働きが鈍かった日のデータを、自分の不利になるように利用されたくはない。これらのデータを安全に活用するには、公開するデータと、公開しないデータを自分で決められるようにするしくみが必要だ。

正確な認知データは、きわめて大きな力を持ち、私たちがよりよい人生を実現する助けになってくれるだろう。だがそのためには、間違った使われ方を絶対に避けなければならない。

今すぐにできる簡単な対策はいくつかある。認知データはローカルに保存すること（クラウドに上げない）、そして何度も暗号化することだ。もちろん、もっと優れた解決策もすでに存在するだろう。この分野の発展を興味深く見守っていきたい。

認知データを集めるためのインセンティブ

ニューロテクノロジー企業カーネル創設者のブライアン・ジョンソンが、２０１８年にあるブログ記事を書いた。そのなかで、欲や叡智、そしてテクノロジーのイノベーションに対して、私が抱いている希望と恐怖のいくつかが代弁されている。[45]

ジョンソンは2つの経済サイクルについて書いていた。

1つは、会社が人間の注意を食い物にして利益を上げる経済サイクルであり、現在はその状態なのではないかとジョンソンは恐れている。たとえばSNSアプリがその典型だ。究極的に、それらの企業は、自分の利益のために私たちの脳のパフォーマンスを採掘している。

最近になって、プライバシーの権利や、個人データ保護のガイドラインが整備されてきたが（たとえば、2016年にEUで採用された制度など）[46]、SNSや、その他多くのインターネット企業のビジネスモデルは基本的に変わっていない。

彼らは私たちの注意を惹きつけ、そこからデータを生み出している。そして私たちは、注意もデータも自分でコントロールすることができない。

究極的に、彼らはお金を儲け、私たちは貴重な時間を失っている。その時間を使って、学び、成長し、前に進むこともできたはずだ。

ジョンソンが描いた現在の経済サイクルを見てみよう（次ページ上）。

ありがたいことに、彼はもう1つの経済サイクルも提示してくれた（次ページ下）。

こちらのサイクルでは、私たち自身がデジタル技術を使って自分を採掘し、自分の行動をコントロールする。

これを読んだとき、私はすぐに「これはニューロハッカーがしていることだ」と考えた。

人間不在の経済サイクル[47]

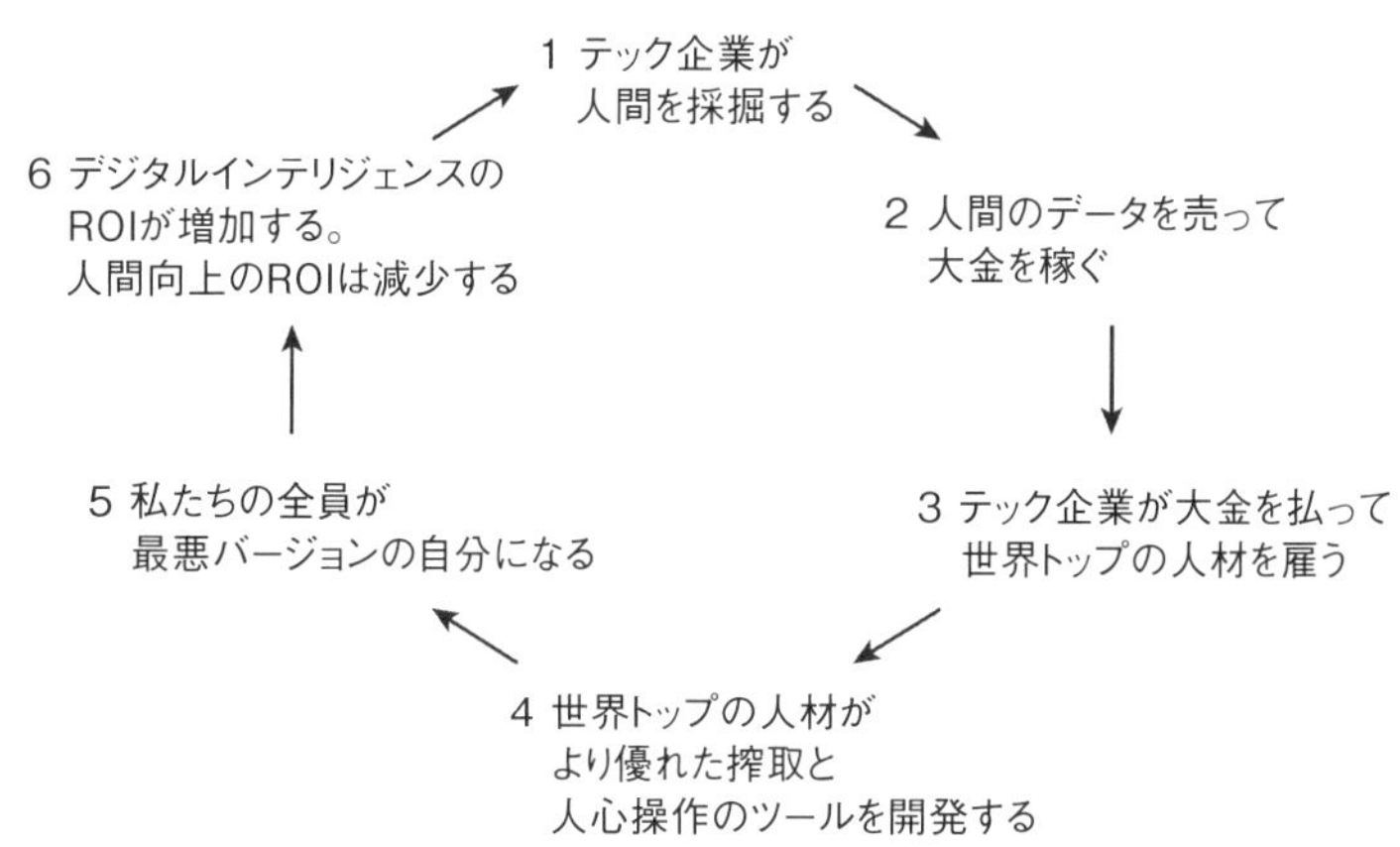

急激な人間成長のための経済サイクル[48]

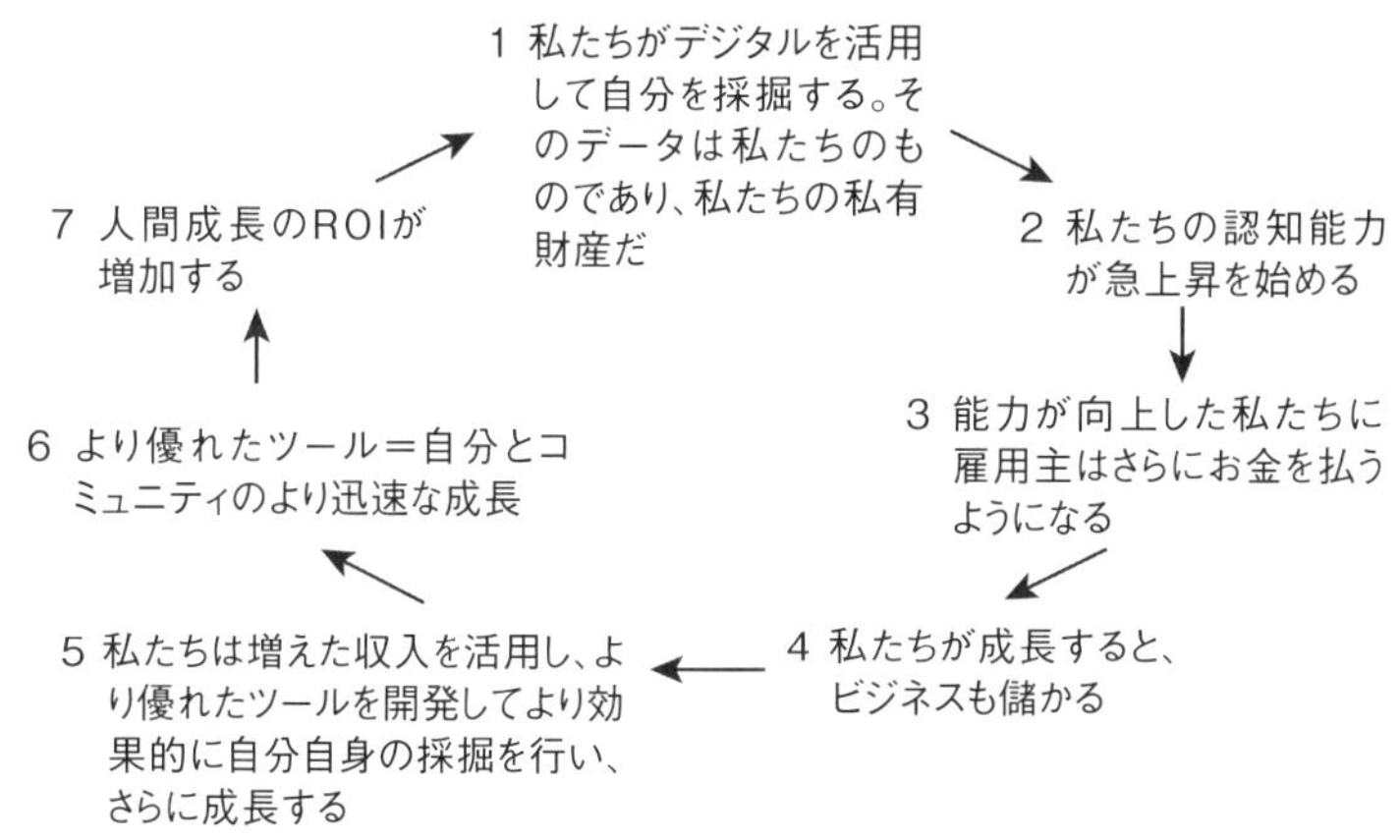

ニューロハッカーの自己追跡や自己実験は、自分自身と自分の行動を採掘するということだ。ジョンソンによると、この自己データを採掘するステップが終わると、今度は「認知能力の急上昇」の段階に入る。

私たちニューロハッカーにとっては、まさにそれまでの努力が実を結ぶ瞬間だ。

ジョンソンが考える未来では、会社が社員のアップグレードにもっとお金を使うようになる。それはおそらく、昇進やボーナス、昇給といった形を取るだろう。

ジョンソンの2つめの図を見た私は、ある疑問が浮かんできた。

雇用・被雇用の関係の外側にある経済サイクルの存在が、ニューロハッキングによって明らかになったらどうなるだろう？

そこに、ギグエコノミーが登場する。自分をアップグレードするほど、余分な時間も多くなる。その時間を使って、自分の専門知識やスキルをネット上で売ることができる。

現在でも、ビジネスパーソンやエンジニア、科学者、デザイナー、編集者などを対象に、そのようなサイトはすでに存在する。[49] あるいは、何か便利な製品を新しく開発し、オンラインで販売してもいいかもしれない。

基本的に、自分の認知データは自分で管理するべきだが、ライセンス販売するという道もあるかもしれない。健康やライフスタイルのデータを提供する代わりに、報酬をもらえるようなアプリはすでに存在する。たとえば、毎日の歩数や睡眠、食事などのデータだ。[50]

もしかしたら、自分の脳のパフォーマンスのデータをシェアし、より優れた認知向上のための介入を開発することに、貢献できるようになるかもしれない。私の願いは、あなたが行うニューロハッキングの実験が認知データ収集のきっかけになり、そこからニューロハッカーのための経済サイクルが力強く動きだすことだ。

神経科学における再現性の危機とは？

認知科学と神経科学が、たとえばニューロハッキングとニューロテクノロジーが駆動する新しい経済サイクルの一部になることによって、よりお金を稼げる分野になったら、この分野に特有の問題の多くはあっという間に解決されるだろう。その問題とは何か？

ここ数年、心理学の世界では、常識とされてきた説のいくつかに、疑問が投げかけられるようになった。なぜなら再現性がないからだ。この状況は「再現性の危機」とも呼ばれている。[51]

背景には多くの理由があるだろうが、そのうちの1つは、心理学や神経科学の実験は少数のサンプルを対象にすることが多いという事実だろう。一般的に、1回の実験でわずか20〜50人だ。[52]サンプルが少なくなる理由の一部は、予算が少ないことだ。

それに、たとえサンプル数の問題が解決しても、世界のグローバル化が進むにつれてこの分野はまた別の問題を抱えることになるだろう。現在のところ、神経科学と心理学の論文の75パーセントがアメリカとヨーロッパで発表されている。[53] つまり、それらの論文で発見されたことは、他の国や大陸の人類には当てはまらないかもしれないということだ。

インド生まれの神経科学者タラ・ティアガラジャンは、インドやアフリカの奥地にある村まで出かけ、そこに暮らす人たちの脳の働きを調べた。[54]

彼女のチームが発見したのは、村人たちの脳の働きは、北米やヨーロッパの研究に参加した人たち（たいていは大学生）とは、さまざまな側面で違いがあるということだ。[55] 今後の研究は、サンプルの数を増やすだけでなく、サンプルの多様性も高めなければならない。

ニューロダイバーシティや個人差という観点から考えると、他人の認知データから自分の認知能力を推測できるわけではない、ということがわかる。自分の認知パフォーマンスを向上させるには、自分を対象に実験を行わなければならない。

そこで次のＰＡＲＴ５では、あなたの自宅をラボにしてもらう。

ついに15分間の自己実験の始まりだ！

この章で学んだこと

1　SFの本や映画にしか存在していなかったテクノロジーの多くが実現しようとしている

2　遺伝子の選択や編集の技術を認知能力に応用できるかもしれない。とはいえ、知能や認知のパフォーマンスは遺伝だけでは決まらないようなので、遺伝子的な介入を使って脳のパフォーマンスをアップグレードする技術はまだまだ先になりそうだ

3　ニューロテックを活用すれば、実行機能や情動制御が向上して、間違いや失敗が少なくなるかもしれない。創造性と想像力を拡張してくれる可能性のある新しいテクノロジーはすでに存在する

4　倫理のニューロテックを活用すれば、私たちはより賢く、より倫理的になれるかもしれない。警察や採用、司法制度における偏見を抑制するなど、社会のさまざまな側面で活用できる

5　何らかの原因で損傷した脳の一部を修復したり、交換したりする新しいテクノロジーのおかげで、私たちは脳の健康寿命が延び、神経繊維の病気も治すことができる。もしかしたら、ある側面においては不死までも達成できるかもしれない

6　認知データはたくさんの可能性を秘めている。ニューロハッキングの自己実験で生まれたデータを保存しておけば、自分の脳のパフォーマンスを予測するために活用できるかも

しれない。個人の認知データに関しては、安全性とプライバシーを確保することが大切だ。新しいタイプの経済がその1つの方法になるかもしれない。そのような経済では、それぞれの個人が自分のアイデアや製品、創造物をオープンな市場で自由に販売する

PART
5

▼

頭をよくする実験の実行とフォローアップ

第19章

15分間の自己実験を実行する

▼投資時間　個人差あり（すべての自己実験の方法を読めば32分）

▼ゴール　自分なりのランダム化のメカニズム、実験スケジュール、実験方法を選ぶ

おめでとうございます！　あなたはついに自己実験を行うところまでたどり着いた。第4章「自己実験の基本を学ぶ」に登場した集中・選択・訓練・反省（F－S－T－R）のはしごのうち、最初の集中はすでにクリアしたことになる。

アップグレードしたい脳の機能（メンタルターゲット）を決め、自分の脳のパフォーマンスと生活の質（QOL）の基準値を知るためのデータも集めた。多くの介入についても学び、すでに自分が試してみたいものを決めている人もいるだろう。

ここからは、実際に行う自己実験を選ぶことになる。実験の手順や、ランダム化のスケジュール、実験の長さを決める。そして最後に、実験で使うツールを買ったり、あるいは自分でつくったりする。

本書では、さまざまな予定表や、自己評価、パフォーマンスベース方式のテスト、ワークシートなどを紹介してきた。探しやすいようにそれぞれの位置をざっとまとめておこう。

1　自己実験のサンプルは第4章「自己実験の基本を学ぶ」の終わりに登場する
2　健康とライフスタイルのボトルネックを探すには、第6章「自分をデバッグする」の最後に登場する自己評価を行う
3　4つのメンタルターゲットのための自己評価と、パフォーマンスベース方式テストの一部は、PART2の各章の終わりに登場する（実行機能の評価は第7章「新しいIQ」、情動制御の評価は第8章「新しいEQ」、記憶と学習の評価は第9章「記憶と学習」、創造性の評価は第10章「創造性」をそれぞれ参照）

自己実験の前、実験中、実験後で「人生満足度スコア」と「有言実行スコア」を追跡したいなら、第12章「自分の人生を採点する」に登場するワークシートに記入して計算する。

それでは、あなたの自己実験を始めよう。まずは予定表をつくっていく。

ランダム化の方法と実験の長さを選ぶ

自己実験の種類（プロトコル）を選んだら、次に必要なのはバイアスの影響を取り除くための対策だ。とはいえ、つねに「ランダム化」を行う必要はない。効果が出るまでにくり返し何かを服用するような実験を行っているときは、ランダム化のために他の介入を行うのは避けなければならない。

ランダム化が必要になるのは、効果がすぐに出る2つの介入を比較するときだ。いくつかの選択肢を紹介しよう。

1つの選択肢は、1日おきに違う介入を行うことだ。ただし、このやり方には構造的バイアスという欠点がある。たとえば、2つの介入のうち1つはいつも月曜日に行っていて、月曜日はあなたにとってつねにストレスの多い曜日なら、それが結果に影響を与えるだろう。

この構造的バイアスを避けるために、統計学の世界で「非復元抽出」と呼ばれる方法がある。この方法を使うと、一度抽出したサンプルは以降の抽出の対象にならない。次の抽出まで、自分が何を行うのかまったくわからないということだ。

これには楽しいサスペンスの要素もあり、実験のバイアスも避けることができる。

具体的な方法を紹介しよう。

2つの色のビー玉を集め、同じ数ずつ袋に入れる。ビー玉の合計が、実験を行う日数と同じになるようにする。実験を行う前に袋から1つビー玉を取り出し、その色が割り当てられているほうの介入を行う。一度取り出したビー玉はもう袋には戻さない。そうすれば、どちらの介入も正しい日数だけ行えるようになる。

この方法の欠点は、何日も続けて同じ色を引いてしまう可能性があることだ。あるいは、「盲検法」が有効な選択肢になる状況もある。

たとえば本物の薬とプラセボを比較する場合、曜日ごとのピルケースを用意して、ニューロハッキングの仲間に本物とプラセボを無作為に入れてもらう。ここで何曜日にどちらを入れたかを記録しておいてもらうのを忘れないように。そしてあなたは、毎日その曜日に入れられた薬を飲む。

飲み忘れた日があっても、次の日はその日の分だけを飲み、前の日の分も一緒に飲まないこと。また、薬を見ないようにして飲み、味のある飲料を使って薬の味がわからないようにする。そして実験の終わりに、仲間からどの曜日にどちらを入れたか教えてもらう。

実験の長さを決める

この本で紹介している介入のほとんどで、それぞれの介入を15～30回行うことを推奨している。それはつまり、実験の長さは30～60日になるということだ。この回数を設定したのは、「ちょうど気づく変化」という考え方が根拠になっている。医療の世界には、「臨床における最小重要差[1]」という概念がある。基本的に、人間が2つのものの差に気づくのは、変化がある閾値まで達したときだ。

たとえば、あなたが机の上に両手を置き、私がその上に自分の手を置いたとしよう。私はどちらかの手であなたの手を押すが、どちらの手で押しているかは教えない。私の押す力が大きくなり、押していないほうとの差が大きくなれば、あなたはどちらの手が押されているかはっきりわかるだろう。しかし差がごくわずかだったら、あなたは当てずっぽうで答えるしかない。変化にちょうど気づく程度の閾値が「最小重要差」だ。

介入が引き起こす変化には、手を思いっきり押すような大きな変化もあれば、ごくわずかに押す程度の小さな変化もある。小さな変化を検知するには、介入を長く続けなければならない（そして全体の自己実験も長くなる）。

この本で紹介した介入は平均的な効果の大きさが決まっている（介入前の数値と比べ、標準偏差の約半分の差だ）。その数値を基準にコンピューターを使ってシミュレーションを行い、介入の効果が正しく判定できる最小の回数を計算した。

それが15～30回という数字の根拠だ。

もちろんこれはだいたいの近似値でしかない。本書を通して指摘しているように、人間はみな違う。だからあなたも、これが絶対の数値だとは思わず、自分に合った数値が見つかったらそちらを優先してもらいたい。

また、介入の回数は少ないよりは多いほうがいい（つまり実験の期間が延びる）。回数が多ければ、結果が単なる偶然ではないと確信が持てるようになる。

とはいえ、私は早く結果を知りたいタイプであり、あなたも1つの実験に1年もかけているような余裕はないだろう。15～30回という目安の例外は、効果が出るまでに時間がかかる介入を行うときや、準備段階が必要な介入を行うときだ。

実験プロトコルを選ぶ

この本で紹介している自己実験は、ある介入と別の介入で、それぞれのすぐに出る効果が比較できるようにデザインされている（いわゆる「A／Bテスト」）。介入が認知能力に与えた影響を計測するテストの場合、所要時間はわずか1分か2分だ。つまり介入に10分かかる

	創造性	情動制御	実行機能	記憶と学習
プラセボ	p.385	p.393	p.397	p.408
運動	p.387	—	p.399	p.410
光	—	p.395	p.403	—
ニューロフィードバック	—	—	p.405	p.412
脳刺激(tDCS)	p.390	—	p.406	—

なら、1日のトータルの所要時間は約15分ということになる。

自己実験を選んだら、道具のリストにあるツールを買うかつくるかして用意する。そして基準値を測定し、実験を行い、データを記録する。ウォッシュアウト期間を1週間取り、その間も毎日のテストを行って記録することを忘れないように。これで介入の効果が長続きするかどうかがわかる。データが揃ったら、その分析の方法は次の章で見ていこう。

ここから先は実験の詳しいレシピだ。一度に全部読む必要はない。興味のあるものだけ拾い読みしていこう。そして章の最後には、いつものように「この章で学んだこと」というまとめがある。

15分間の自己実験を始めよう

あなたはついに、ニューロハッキングの自己実験を始めようとしている。ここで紹介した13の自己実験は私のお気に入りばかりだ。それぞれメンタルターゲットごとにまとめてある。どの実験も、「手順」「必要な道具」「組み合わせに適している介入」（A／Bテスト）が記載されている。

さらに、自分に合ったカスタマイズをする方法も紹介している。最後に、ざっと推計した費用と難度（考えられるリスク、必要なスキルレベルなど）もつけ加えておいた。いちばん簡単な実験から始めたい人は、この情報を参考にするといいだろう。

■創造性

ここから紹介する自己実験は創造性をターゲットにしている。

●創造性のためのプラセボ：香りvs魔法の言葉と香り[2]

この実験に関する詳しいことは第13章「意図的なプラセボ」を参照。これは創造性に影響を与える2つの介入の効果を比較する実験だ。1つの介入ではある香りをかぎ、もう1つの介入では、同じ香りをかぎながら「魔法の言葉」を聞く。

○道具

・ビー玉（ランダム化のための道具）
・自分の感情をコントロールしていると感じられる香り（「カスタマイズ法」の項を参照）
・タイマー
・創造的な体験のためのツール（絵や文章を創作するなら紙、キャンバス、鉛筆、絵の具、絵筆などが必要。クイズを解きたいならクイズの本、など）

○費用　低い（0〜50ドル）

○難度　低い

○カスタマイズ法

オリジナルの研究では香りにシナモンが使われた。いくつかの小さな研究では、以下の香りも認知能力を高める効果が認められた。シナモンの代わりにこれらを選んでもかまわない。ラベンダー、レモン、オレンジ、ローズマリー、ペパーミント。香りを出す方法は以下を参考にする（おすすめ順に並べた）。ルームスプレー、エッセンシャルオイル（ディフューザーを使う）、サシェ（香り袋）、香りつきロウソク。

○手順

1　毎日行うパフォーマンスベース方式の創造性テストを選ぶ。テストを実施して、その結

果をニューロハッキングのノートに記録する

2　ランダム化スケジュールを見て今日はどの介入を行うのか確認する

3　香りをかぐだけの日は、香りをかぐだけで魔法の言葉は言わない

4　香りをかぎながら魔法の言葉を言う日は、次の言葉を言う。「臨床研究の結果、人間の精神と身体の関係から自己アップグレードの力が生まれることが証明された。この香りをかぐと創造性が大きく向上する」

5　創造的になれる活動を10分間行う。たとえば、短編や詩を書く、曲をつくる、自宅の模様替えやリノベーションをデザインする、目に見えるものや想像したものを絵に描く、今ある問題の解決策をブレインストーミングする、ラテラル思考が必要なパズルやなぞなぞを解く、など

6　香りをかぎ続けながら、ステップ1の創造性テストを再び受ける。スコアを記録する

●創造性のためのエクササイズ：ウォーキングvsＨＩＩＴワークアウト[3]

この実験に関する詳しいことは第14章「運動と汗」を参照。これは創造性に影響を与える2つの介入の効果を比較する実験だ。1つの介入ではウォーキングを行い、もう1つの介入では高強度インターバルトレーニング（ＨＩＩＴ）のワークアウトを行う。

○道具

・ビー玉（ランダム化のための道具）
・タイマー
・運動着と運動するための場所
・7分間のHIITワークアウトをする場合：踏み台、椅子、腕立て伏せ・腹筋ができる場所、ウォールシット（空気椅子）ができる壁、7分間HIITワークアウトのアプリ（「カスタマイズ法」の項を参照）

○費用　低い（0〜50ドル）

○難度　低い

○カスタマイズ法

怪我や何らかの健康問題がある人は事前に医師に相談する。7分間HIITワークアウトは自分に向かないと判断した人（特にもっと強度の低いエクササイズが必要な人）は代わりにウォーキングか自転車を行う。ただし、それらにHIITを組み込むことも忘れないように（高強度を1分間、低強度を1分間。これをくり返す）。ワークアウトよりもヨガのほうがいいという人は「太陽礼拝」のエクササイズを行う。

外に出て自然のなかで行いたいなら、すべてを外で行うこと。自然のなかにいること自体が脳のパフォーマンスを高める介入の1つになる。

○手順

1　毎日行うパフォーマンスベース方式の創造性テストを選ぶ。テストを実施して、その結果をニューロハッキングのノートに記録する
2　ランダム化スケジュールを見て今日はどの介入を行うのか確認する
3　7分間HIITワークアウトを行う日は、次項の「HIIT7分間ワークアウト（ウォームアップとクールダウンを含めて10分間）」を参照して実施する
4　ウォーキングを行う日は10分間歩く
5　ステップ1の創造性テストを再び受ける。スコアを記録する

□HIIT7分間ワークアウト（ウォームアップとクールダウンを含めて10分間）[4]

HIIT7分間ワークアウトの手順を説明する。ワークアウトの前後にストレッチを行うのでトータルで10分間だ。

1　動的ストレッチを行う。レッグレイズ20秒、サイドトゥーサイド・ストレッチ20秒（片側10秒ずつ）、トルソーローテーション20秒（片側10秒ずつ）、上腕ストレッチ20秒（片腕10秒ずつ）
2　ジャンピングジャック30秒。終わったら10秒休む
3　ウォールシット30秒。終わったら10秒休む
4　腕立て伏せ30秒。終わったら10秒休む
5　クランチ30秒。終わったら10秒休む

6　踏み台昇降30秒。終わったら10秒休む
7　スクワット30秒。終わったら10秒休む
8　椅子を使ったトライセプスディップス30秒。終わったら10秒休む
9　プランク30秒。終わったら10秒休む
10　その場でもも上げ30秒。終わったら10秒休む
11　両足交互のランジ30秒。終わったら10秒休む
12　プッシュアップローテーション30秒。終わったら10秒休む
13　サイドプランク30秒（片側15秒ずつ）。終わったら10秒休む
14　内ももストレッチ（バタフライストレッチ）30秒、ハムストリングストレッチ20秒（片足10秒ずつ）、大腿四頭筋ストレッチ20秒（片足10秒ずつ）、トライセプスストレッチ30秒（片腕15秒ずつ）

●創造性のための脳刺激：「tDCS」vs瞑想[5]

この実験に関する詳しいことは第17章「脳に電気を流す」を参照。これは創造性に影響を与える2つの介入の効果を比較する実験だ。1つの介入ではtDCS（経頭蓋直流電気刺激）を使い、もう1つの介入ではマインドフルネス瞑想を行う。

○道具

・ビー玉（ランダム化のための道具）
・tDCSシステム（装置、アノード、カソード、スポンジ、生理食塩水、電線、ヘッドバンドなど）
・創造的な体験のための道具（文章や絵を創作するなら紙、キャンバス、鉛筆、絵の具、絵筆など。クイズを解きたいならいくつかのクイズ本など）
・タイマー

○費用　高い（150ドル以上）

○難度　高い

○カスタマイズ法

tDCSを流れる電気を、少し刺激は感じるが不快ではない程度の強さに調節する。すぐに刺激を感じる人もいれば、2ミリアンペアに上げるまで刺激を感じない人もいる。ただし、2ミリアンペアを超えてはいけない。

自分が楽しめる創造的なタスクを選ぶ。ストレスや退屈を感じたら他のタスクに変更する。

○手順

1　毎日行うパフォーマンスベース方式の創造性テストを選ぶ。テストを実施して、その結果をニューロハッキングのノートに記録する
2　ランダム化スケジュールを見て今日はどの介入を行うのか確認する

3　盲検法ではない方法で実験したい場合：tDCSの日は、「前頭前皮質の左部に非侵襲経頭蓋磁気刺激を行うと道具の使用における認知的柔軟性が促進される」[6]という論文に書かれた場所に電極を設置し、10分間刺激する。マインドフルネス瞑想の日は、10分間瞑想する。やり方は後出の「マインドフルネス瞑想」[7]の項を参照

4　盲検法で実験したい場合：ランダム化スケジュールを友達につくってもらう。その日に何をやるかを知っているのはその友達だけだ。本物のtDCSを行う日は、友達にtDCSをセットしてもらって本当に電気を流す。偽物のtDCSを行う人は、友達にtDCSをセットしてもらい「偽物設定」で行う。偽物設定がない場合は、まず本当に電気を流し、最初の1分以内に少しずつ電気をオフにする

5　どちらのやり方でも、介入の後に創造的なタスクを行う。自分の創造性を発揮できるが、自分の専門ではない分野で（このtDCSを使った実験は、専門分野の創造性をむしろ抑制する可能性がある）、言葉を使わないタスクを選ぶ。たとえば、楽器を使って作曲する、家の模様替えやリノベーションを考える、実際に見たものや想像したものを絵に描く、今ある問題の解決策をブレインストーミングする、ラテラル思考のパズルやなぞなぞを解く。この活動を10分間行う

6　ステップ1の創造性テストを再び受ける。スコアを記録する

□マインドフルネス瞑想

1　静かな場所で目を閉じて座る
2　深く呼吸をしてリラックスする
3　呼吸しながら、空気が胸に入り、出ていくのを感じる。呼吸に合わせてお腹が膨らんだりへこんだりするのを感じる
4　何もコントロールしない。ただそのときの感覚と、頭に浮かんでは消えていく思考を観察する
5　注意が他に行っているのに気づいたら、優しくこちらに引き戻す
6　数を数える、あるいはマントラを唱えると、「今、ここ」に集中する助けになる
7　不快な感情、記憶、感覚が浮かんだら、それを批判せず、優しい気持ちで受けとめる。つらくて耐えられない場合は、外部のサポートを求めることをためらってはいけない

■情動制御

ここから紹介する自己実験は、情動制御をターゲットにしている。

●情動制御のためのプラセボ：魔法の言葉vs魔法の言葉と薬の組み合わせ[8]

この実験に関する詳しいことは第13章「意図的なプラセボ」を参照。これは情動制御に影響を与える2つの介入の効果を比較する実験だ。1つの介入ではプラセボを摂取し、もう1

つの介入では「魔法の言葉」を使いながらプラセボを摂取する。

○道具

・ビー玉（ランダム化のための道具）

・タイマー

・プラセボ：信頼できるプラセボメーカーからネットで購入。白、黄色、青、または緑の錠剤を入手する（費用は1錠あたり50セント前後）

○費用　低い（0〜50ドル）

○難度　低い

テストを受ける前に次のことを行う。5分間、自分にとって感情的に不快なことを考える。上司から悪い評価をつけられたこと、家族とのケンカ、締め切りに間に合わないかもしれないという恐怖、自分にとっては許せない不正をしている政治家など。不快な気分になるものが何も思いつかないという人は、自分を誘惑してみる。たとえば、ネットショッピングが大好きな人や、焼き菓子に目がないという人であれば、自分がその誘惑にさらされるような状況に身を置き、そして5分間その誘惑と闘う。

○手順

1　プラセボを飲む

2　5分間、自分にとって感情的に不快なことを考える

3　毎日行うパフォーマンスベース方式の情動制御テストを選ぶ。テストを実施して、その結果をニューロハッキングのノートに記録する

4　10分間のマインドフルネス瞑想を行う（瞑想法は、390ページからの「創造性のための脳刺激」で説明されている方法に従う）

5　ランダム化スケジュールを見て今日はどの介入を行うのか確認する

6　「魔法の言葉」を言う日は、次の言葉を言う。「臨床研究の結果、人間の精神と身体の関係から自己アップグレードの力が生まれることが証明された。この薬を飲むと情動制御が大きく向上する」

7　ステップ3の情動制御のテストを再び受ける。スコアを記録する

8　注意：終わってからも不快な感情が続いていたら、自分をなぐさめることをする（ヒーリング音楽を聴く、散歩をする、友達と話すなど）

●情動制御のための光：ブルーライトvsアンビエントライト[9]

この実験に関する詳しいことは第15章「ブルーの光あれ」を参照。これは情動制御に影響を与える2つの介入の効果を比較する実験だ。1つの介入ではブルーライトを使い、もう1つの介入ではアンビエントライト（環境光。その場にある自然な光のこと）を使う（ブルーライト以外）。

○道具

・ビー玉（ランダム化のための道具）

・ブルーライト。フィリップス社の「ｇｏＬＩＴＥ　ＢＬＵ」という製品は、第15章で紹介した調査研究の２つで検査が行われている。ブルーライトのネット販売価格は一般的に80ドル前後

○費用　低い〜中（０〜１５０ドル）

○難度　低い

○カスタマイズ法

真っ白な白色光でも同じ効果があるという研究結果もある。ナチュラルスペクトラムのライトセラピー用ランプはジェネリック製品であれば安価で手に入る。

目が疲れないように光の強さを調節する。

何か不快なことを考えるのは、まず制御が必要な心の状態になるためだ。不快なことは、上司からの悪い評価、家族とのケンカ、締め切りに間に合わないかもしれないという恐怖、自分にとっては許せない不正をしている政治家など。不快な気分になるものが何も思いつかないという人は、自分を誘惑してみる。たとえば、ネットショッピングが大好きな人や、焼き菓子に目がないという人であれば、自分がその誘惑にさらされるような状況に身を置き、そして5分間その誘惑と闘う。

○**手順**

1　5分間、自分にとって感情的に不快なことを考える
2　毎日行うパフォーマンスベース方式の情動制御テストを選ぶ。テストを実施して、その結果をニューロハッキングのノートに記録する
3　ランダム化スケジュールを見て今日はどの介入を行うのか確認する
4　ブルーライトを使う日は、10分間ブルーライトを点灯する。アンビエントライトを使う日は、10分間アンビエントライトを浴びる（ブルーライトを点灯しないということ）
5　ステップ2の情動制御テストを再び受ける。スコアを記録する

■実行機能

ここから紹介する自己実験は実行機能をターゲットにしている。

●実行機能のためのプラセボ：小道具vs魔法の言葉と小道具[10]

この実験に関する詳しいことは第13章「意図的なプラセボ」を参照。これは実行機能に影響を与える2つの介入の効果を比較する実験だ。1つの介入では白衣を着て「魔法の言葉」を使い、もう1つの介入では同じことを行うが「魔法の言葉」は使わない。

○**道具**

・ビー玉（ランダム化のための道具）
・白衣
・タイマー
・書く道具（紙、鉛筆、パソコンなど）

○費用　低い（0〜50ドル）

○難度　低い

○カスタマイズ法

研究者が着る白衣は「頭がよさそうな人が着るもの」の象徴なので、あなたにとって研究者よりも頭がよさそうなイメージの職業があるのなら、そちらの制服や、その職業を象徴する小道具でもかまわない（作家の万年筆、会計士の計算機、医師の聴診器、魔法の杖、メガネ、など）。

○手順

1　毎日行うパフォーマンスベース方式の創造性テストを選ぶ。テストを実施して、その結果をニューロハッキングのノートに記録する
2　ランダム化スケジュールを見て今日はどの介入を行うのか確認する
3　白衣を着る
4「魔法の言葉」を使う日は次の言葉を唱える。「臨床研究の結果、人間の精神と身体の関

係から自己アップグレードの力が生まれることが証明された。白衣を着ると実行機能が大きく向上する」

5　実行機能を使うタスクを15分間行う（たとえば、第12章の「有言実行スコア」メソッドを使って前日の成果を評価し、当日の予定を立てる）。タスクが終わったら、タスクの自己評価をニューロハッキングのノートに記入する（5段階評価で、1が「悪い」、3が「普通」、5が「完璧」）

6　白衣を着たまま、ステップ1の実行機能テストを再び受ける。スコアをニューロハッキングのノートに記録する

●実行機能のためのエクササイズ：コーディネーションエクササイズ他vs運動なし[11]

この実験に関する詳しいことは第14章「運動と汗」を参照。これは実行機能に影響を与える2つの介入の効果を比較する実験だ。1つの介入ではコーディネーションエクササイズかHIITを行い、もう1つの介入ではまったく運動をしない。

○道具

- ビー玉（ランダム化のための道具）
- タイマー
- 運動着と運動ができる場所

・7分間のＨＩＩＴを選んだ人：椅子、腕立て伏せと腹筋ができる場所、ウォールシットができる壁、7分間ＨＩＩＴのアプリ（または「インストラクション」の項を参考にする）。

○費用　低い（0〜50ドル）

○難度　中

○カスタマイズ法

怪我や健康上の問題がある人は、運動を始める前に医師に相談する。テコンドーワークアウトやＨＩＩＴが向かない人（特に強度の低い運動しかできない人）は、ウォーキングか自転車を試してみる。ただしそれらにもＨＩＩＴを組み入れること（強度の高い動きを1分間、強度の低い動きを1分間、これを交互にくり返す）。ワークアウトよりもヨガのほうがいい人は太陽礼拝エクササイズにする。

運動のやり方は3つの選択肢がある。①7分間ＨＩＩＴワークアウト、②テコンドーワークアウト、③ヨガだ。それぞれの動きについては私のウェブサイトに動画があるのでそれを参考にしてもいいし、この項のインストラクションを参考にしてもいい。

外に出て自然のなかで運動するなら、すべての運動を外で行わなければならない。自然のなかにいることそれ自体が1つの介入であり、脳のパフォーマンスを高める効果がある。[12]

○手順

1　毎日行うパフォーマンスベース方式の創造性テストを選ぶ。テストを実施して、その結

果をニューロハッキングのノートに記録する
2 ランダム化スケジュールを見て今日はどの介入を行うのか確認する
3 運動の日は自分が選んだ運動を10分間行う（「インストラクション」を参照）
4 何もしない日はただ座って10分間休む
5 ステップ1の実行機能テストを再び受ける。スコアを記録する

□エクササイズのインストラクション

7分間HIITワークアウト：387ページからの「創造性のためのエクササイズ」を参照。

□テコンドーワークアウト：（全部で14の動きがあり、それぞれの動きは約43秒）[13]

1 肩、腕、腰を回す
2 膝を回す。膝を上げ、外側と内側に向ける
3 軽いジョギングからスタージャンプ
4 腕立て伏せをしてから腹筋
5 軽いジョギングからスタージャンプ
6 レッグレイズ。左右行う
7 スイッチスタンスからダブルスイッチ
8 回し蹴り
9 踵（かかと）落とし

10　前蹴り
11　横蹴り
12　後ろ蹴り、または後ろ横蹴り
13　後ろ回し蹴り
14　スクワットとサイドストレッチ

□ヨガ

太陽礼拝エクササイズ[14]（インストラクションに従って呼吸する。12のポーズそれぞれに50秒かける）

1　祈りのポーズ――吐く
2　両手をあげる――吸う
3　前屈して手を足につける――吐く
4　左足を前にしたランジ――吸う
5　ダウンドッグ――吐く
6　杖のポーズ／8点のポーズ――吸う
7　コブラのポーズ――吐く
8　ダウンドッグ――吸う
9　右足を前にしたランジ――吐く

10　前屈して手を足につける——吸う
11　両手をあげる——吐く
12　祈りのポーズ——吸う

●実行機能のための光：ブルーライトvsカフェイン[15]

この実験に関する詳しいことは第15章「ブルーの光あれ」を参照。これは実行機能に影響を与える2つの介入の効果を比較する実験だ。1つの介入ではブルーライトを使い、もう1つの介入ではカフェインを使う。

○道具

・ビー玉（ランダム化のための道具）
・ブルーライト
・カフェイン40ミリグラム（紅茶1杯、コーヒー半杯、またはカフェイン錠剤）

○費用　低い～中（0～150ドル）

○難度　低い

○カスタマイズ法

真っ白な白色光は情動にブルーライトと同じような効果を与えるという研究結果もあるので、実行機能にも効果があると考えられる。ナチュラルスペクトラムのライトセラピー用ランプはジェネリック製品であれば安価で手に入る。

目が疲れないように光の強さを調節する。

摂取するカフェインの種類を選ぶ（紅茶、コーヒー、または錠剤）。このなかで特に好きなものがあるなら、バイアスを避けるためにそれは選ばないこと。

◯手順

1 毎日行うパフォーマンスベース方式の実行機能テストを選ぶ。テストを実施して、その結果をニューロハッキングのノートに記録する
2 ランダム化スケジュールを見て今日はどの介入を行うのか確認する
3 ブルーライトの日はブルーライトを10分間点灯する。ブルーライトを浴びながら実行機能を使うタスクを行う（前日をふり返り、当日の予定を立てる。第12章の「有言実行スコア」メソッドを使う）。タスクが終わったら、タスクの自己評価をニューロハッキングのノートに記入する（5段階評価で、1が「悪い」、3が「普通」、5が「完璧」）
4 カフェインの日は選んだカフェインを摂取する。カフェインの効果が最大化するまでは30分から1時間かかる（ただし個人差は大きい）ので、その間は何か別のことをする。カフェインの効果が最大化したところで実行機能を使うタスクを行う（10分間、前日をふり返って当日の予定を立てる。第12章の「有言実行スコア」メソッドを使う）。タスクが終わったら、タスクの自己評価をニューロハッキングのノートに記入する（5段階

評価で、1が「悪い」、3が「普通」、5が「完璧」）

5　ステップ1の実行機能テストを再び受ける。スコアを記録する

●実行機能のためのニューロフィードバック：ニューロフィードバックvsマインドフルネス瞑想[16]

この実験に関する詳しいことは第16章「ニューロフィードバック」を参照。これは実行機能に影響を与える2つの介入の効果を比較する実験だ。1つの介入ではニューロフィードバックを行い、もう1つの介入ではマインドフルネス瞑想を行う。

○道具

・ニューロフィードバックのヘッドセット（150〜300ドル）。または、専門の医師に予約を入れプロの機材を使って行う

・10分間瞑想ガイド（ユーチューブかアプリ。無料）

○費用　高い（150ドル以上）

○難度　中

○カスタマイズ法

専門の医師に頼んでプロの機材を使って実験するか、市販の機材を使って自宅で実験するか、あるいは2つの組み合わせか（市販の機材を使ってリモートで医師の指導を受ける）を決める。市販の機材を選んだ人は、ヘッドバンドが調整可能になっているものを選ぶこと。

人間の頭の大きさにはかなりの個人差がある。

○手順

1　毎日行うパフォーマンスベース方式の実行機能テストを選ぶ。テストを実施して、その結果をニューロハッキングのノートに記録する
2　ランダム化スケジュールを見て今日はどの介入を行うのか確認する
3　ニューロフィードバックの日はそれを10分間行う
4　マインドフルネス瞑想の日はそれを10分間行う。やり方は390ページからの「創造性のための脳刺激」を参照
5　ステップ1の実行機能テストを再び受ける。スコアを記録する

●実行機能のための脳刺激：「tDCS」vs 瞑想[17]

この実験に関する詳しいことは第17章「脳に電気を流す」を参照。これは実行機能に影響を与える2つの介入の効果を比較する実験だ。この自己実験では、本を使ったNバック課題（140ページ参照）か、パソコンを使ったNバック課題を使う。他の種類の実行機能テストでは変化が見えにくい。1つの介入ではtDCS（経頭蓋直流電気刺激）を使い、もう1つの介入ではマインドフルネス瞑想を行う。

○道具

・ビー玉（ランダム化のための道具）
・tDCSシステム（装置、アノード、カソード、スポンジ、生理食塩水、電線、ヘッドバンド、など）
・書く道具（紙、鉛筆、パソコン、など）
・タイマー

○費用　高い（150ドル以上）

○難度　高い

○カスタマイズ法

tDCSを流れる電気を、少し刺激は感じるが不快ではない程度の強さに調節する。すぐに刺激を感じる人もいれば、2ミリアンペアに上げるまで刺激を感じない人もいる。ただし、2ミリアンペアを超えてはいけない。

○手順

1　毎日行うパフォーマンスベース方式の実行機能テストを選ぶ。テストを実施して、その結果をニューロハッキングのノートに記録する
2　ランダム化スケジュールを見て今日はどの介入を行うのか確認する
3　盲検法ではない方法で実験したい場合：tDCSの日は、「前頭前皮質へのtDCSが実行機能に与える影響：メタ分析によって明らかになった方法論的考察」[18]という論文に

4　書かれた場所に電極を設置し、10分間刺激する

盲検法で実験したい場合：ランダム化スケジュールを友達につくってもらう。その日に何をやるかを知っているのはその友達だけだ。本物のｔＤＣＳを行う日は、友達にｔＤＣＳをセットしてもらって本当に電気を流す。偽物のｔＤＣＳを行う人は、友達にｔＤＣＳをセットしてもらい「偽物設定」で行う。偽物設定がない場合は、まず本当に電気を流し、最初の1分以内に少しずつ電気をオフにする

5　どちらのやり方でも、介入の後に実行機能のタスクを行う（前日をふり返り、当日の予定を立てる。第12章の「有言実行スコア」メソッドを使う）。タスクが終わったら、タスクの自己評価をニューロハッキングのノートに記入する（5段階評価で、1が「悪い」、3が「普通」、5が「完璧」）

6　ステップ1の実行機能テストを再び受ける。スコアを記録する

■記憶と学習

ここから紹介する自己実験は記憶と学習をターゲットにしている。

●記憶と学習のためのプラセボ：視覚化と魔法の言葉vs身体を使った練習[19]

この実験に関する詳しいことは第13章「意図的なプラセボ」を参照。これは記憶と学習に

影響を与える2つの介入の効果を比較する実験だ。1つの介入は視覚化と「魔法の言葉」を使い、もう1つの介入は普通に身体を使って練習する。

○道具　ビー玉（ランダム化のための道具）

○費用　低い（0〜50ドル）

○難度　低い

○カスタマイズ法

興味のある学習の対象を1つ選ぶ。楽器の演奏やダンスなど、身体を使ったスキルを学習するほうが実験の効果がわかりやすい。

ランダム化スケジュールの代わりに、最初の1週間は毎日視覚化を行い、次の1週間は毎日身体を使って練習するという方法もある。この方法にするなら、1週目の前後と、2週目の前後のそれぞれでテストを受けて、パフォーマンスの変化を計測できるようにする。どの方法を選ぶにせよ、それぞれの介入で15〜30回のセッションが行えるくらいの長さまで続けること。

○手順

1　毎日行うパフォーマンスベース方式の記憶と学習テストを選ぶ。テストを実施して、その結果をニューロハッキングのノートに記録する

2　ランダム化スケジュールを見て今日はどの介入を行うのか確認する

3　視覚化の日は、まずこの「魔法の言葉」を言う。「臨床研究の結果、人間の精神と身体の関係から自己アップグレードの力が生まれることが証明された。視覚化で記憶と学習の能力が大きく向上する」。次に目を閉じて座り、10分間、その活動を行う自分をただ頭のなかで想像する。身体は動かさない

4　視覚化を行わない日は、10分間、普通に身体を動かしてそのスキルを練習する

5　ステップ1の記憶と学習テストを再び受ける。スコアを記録する

●記憶と学習のためのエクササイズ：HIIT vs 定常状態エクササイズ[20]

この実験に関する詳しいことは第14章「運動と汗」を参照。これは記憶と学習に影響を与える2つの介入の効果を比較する実験だ。1つの介入ではHIIT（高強度インターバルトレーニング）を行い、もう1つの介入では定常状態エクササイズ（強度を一定に保つエクササイズ）を行う。

○道具

・ビー玉（ランダム化のための道具）
・タイマー
・運動着と運動できる場所
・7分間HIITワークアウト：椅子、腕立て伏せと腹筋ができる場所、ウォールシットが

できる壁、7分間HIITワークアウトアプリ

◯費用　低い（0～50ドル）

◯難度　低い

◯カスタマイズ法

学習する対象を選ぶ。自分が情熱を持てるものがいい。

怪我や健康上の問題がある人は、運動を始める前に医師に相談する。HIITワークアウトについては、「オン」の運動はどれくらい強度を上げるのか、「オフ」の運動はどれくらい強度を下げるのかをそれぞれ決める。

今の自分の体力レベルに合っていて、やってみたいと思える定常状態エクササイズを選ぶ。自転車、ウォーキング、ランニング、など。

いずれかの介入を屋外の自然のなかで行うなら、すべての介入を自然のなかで行わなければならない。自然のなかにいること自体が1つの介入であり、脳のパフォーマンスを向上させる効果がある。

◯手順

1　毎日行うパフォーマンスベース方式の記憶と学習テストを選ぶ。テストを実施して、その結果をニューロハッキングのノートに記録する

2　ランダム化スケジュールを見て今日はどの介入を行うのか確認する

3　7分間HIITワークアウトの日は、387ページからの「創造性のためのエクササイズ」に書かれたインストラクションに従って行う

4　定常状態エクササイズの日は、自転車、ウォーキング、ランニングなどのなかから自分が選んだエクササイズを、中強度（普通に会話ができる程度の強度）を保って10分間行う

5　ステップ1の記憶と学習テストを再び受ける。スコアを記録する

●記憶と学習のためのニューロフィードバック：ニューロフィードバックvs瞑想[21]

この実験に関する詳しいことは第16章「ニューロフィードバック」を参照。これは記憶と学習に影響を与える2つの介入の効果を比較する実験だ。1つの介入ではニューロフィードバックを行い、もう1つの介入ではマインドフルネス瞑想を行う。

○道具

・ビー玉（ランダム化のための道具）

・ニューロフィードバックのヘッドセット（150～300ドル）と専用アプリ（たいてい無料）、あるいはニューロフィードバック専門医のところでプロの機材を使って行う。

○費用　高い（150ドル以上）

○難度　中

○カスタマイズ法

専門の医師に頼んでプロの機材を使って実験するか、市販の機材を使って自宅で実験するか、あるいは2つの組み合わせか（市販の機材を使ってリモートで医師の指導を受ける）を決める。市販の機材を選んだ人は、ヘッドバンドが調整可能になっているものを選ぶこと。人間の頭の大きさにはかなりの個人差がある。

健康上の不安がある人、さらにカスタマイズしたい人、もっとお金がかかってもいいという人は、ニューロフィードバックの専門家と一対一で行うという方法もある。

○手順

1　毎日行うパフォーマンスベース方式の記憶と学習テストを選ぶ。テストを実施して、その結果をニューロハッキングのノートに記録する
2　ランダム化スケジュールを見て今日はどの介入を行うのか確認する
3　ニューロフィードバックの日はそれを10分間行う
4　マインドフルネス瞑想の日はそれを10分間行う（瞑想の方法は390ページからの「創造性のための脳刺激」を参照）
5　ステップ1の記憶と学習テストを再び受ける。スコアを記録する

この章で学んだこと

1 向上したい認知能力を4つのメンタルターゲットから選ぶ
2 ランダム化の方法（例：1日おきに介入を変える、非復元抽出など）と、自己実験の期間を決める（例：15〜30回のセッション）
3 13の実験プロトコルから自分が実施するものを選ぶ

第20章

自己実験のデータを分析する

▼投資時間　6分
▼ゴール　自己実験のデータを分析し、次はどうするか考える

あなたは自己実験を行い、そしてデータも収集した。

脳のパフォーマンスが向上したように感じているかもしれないが、数値で比較しないと本当のところはわからない。集めたデータはどうやって分析したらいいのだろうか？

私がおすすめする方法は2つある。1つは統計解析、そしてもう1つはグラフ解析だ。

まずグラフ解析から見ていこう。

グラフを読み解く

「1枚の写真は1000の言葉に匹敵する」という言葉にもあるように、人間の脳で数字の解釈に使われる部位は、視覚情報の処理に使われる部位に比べると小さく、まだ比較的新しい。[1] また、脳が象徴的情報（文章など）を処理するときにかかる時間は、視覚情報を処理する時間に比べてはるかに長い。[2]

多くの人は、数字を根拠に何かを判断するのが苦手だが、絵や写真についての判断ならほとんどの人が問題なくできる。つまり何が言いたいかというと、とりあえず統計のことは忘れ、わかりやすい美しい絵（つまりグラフ）を描いてもらいたいということだ。

これから描いていくグラフには、3つの要素が含まれる。

それは「トレンド」「ばらつき」、そして「水準」だ。[3]

トレンドとは、全体的に見てデータポイントが上昇しているのか、それとも下降しているのかを表す。ばらつきとは、データポイントがどう分布しているかということ、そして水準はすべてのデータポイントのだいたいの平均だ。

まずはx軸とy軸の線を引き、x軸に実験期間、y軸にテストのスコアを記入する。これには表計算ソフトを使うと便利だ。それぞれのデータポイントを、実験前（基準期間）、実験中（介入期間）、ウォッシュアウト期間で色分けする（たとえば、それぞれ赤、緑、青というように）。期間ごとに違う記号を使ってもいい。

次に、グラフを３つの段階に分けて見る。あなたのパフォーマンスは、時間を追うごとに向上して、基準期間で頭打ちになっただろうか？　そして介入期間に入ると再び向上しただろうか？　その値はウォッシュアウト期間になってもほぼ同じだっただろうか？　これはかなり理想的な動きだ。グラフがこのような動きをするのは１つの介入だけを使う実験だ。

それでは、脳のパフォーマンスが向上したのは本当に介入のおかげだと、どうすれば判断できるのだろう？　テストの平均点を出せばいいのだろうか？

実はそう簡単な話ではない。

ここで平均について考えてみよう。平均に惑わされるのは簡単だ。ここで統計解析よりも先にグラフをつくることにしたのも、平均に惑わされないようにするためだ。

平均の罠を知り、グラフのほうがより多くの情報を教えてくれる理由を理解するために、例としてあげる５つのグラフを見てもらう。名づけて「リッカーの五重奏」[4]だ。

これらのグラフは、５つの自己実験の結果を表している。あなたはグラフから何を読み取るだろうか？

介入の成功、失敗、そして成功か失敗かを判断できないグラフをそれぞれ探してみよう。

リッカーの五重奏：グラフA−E

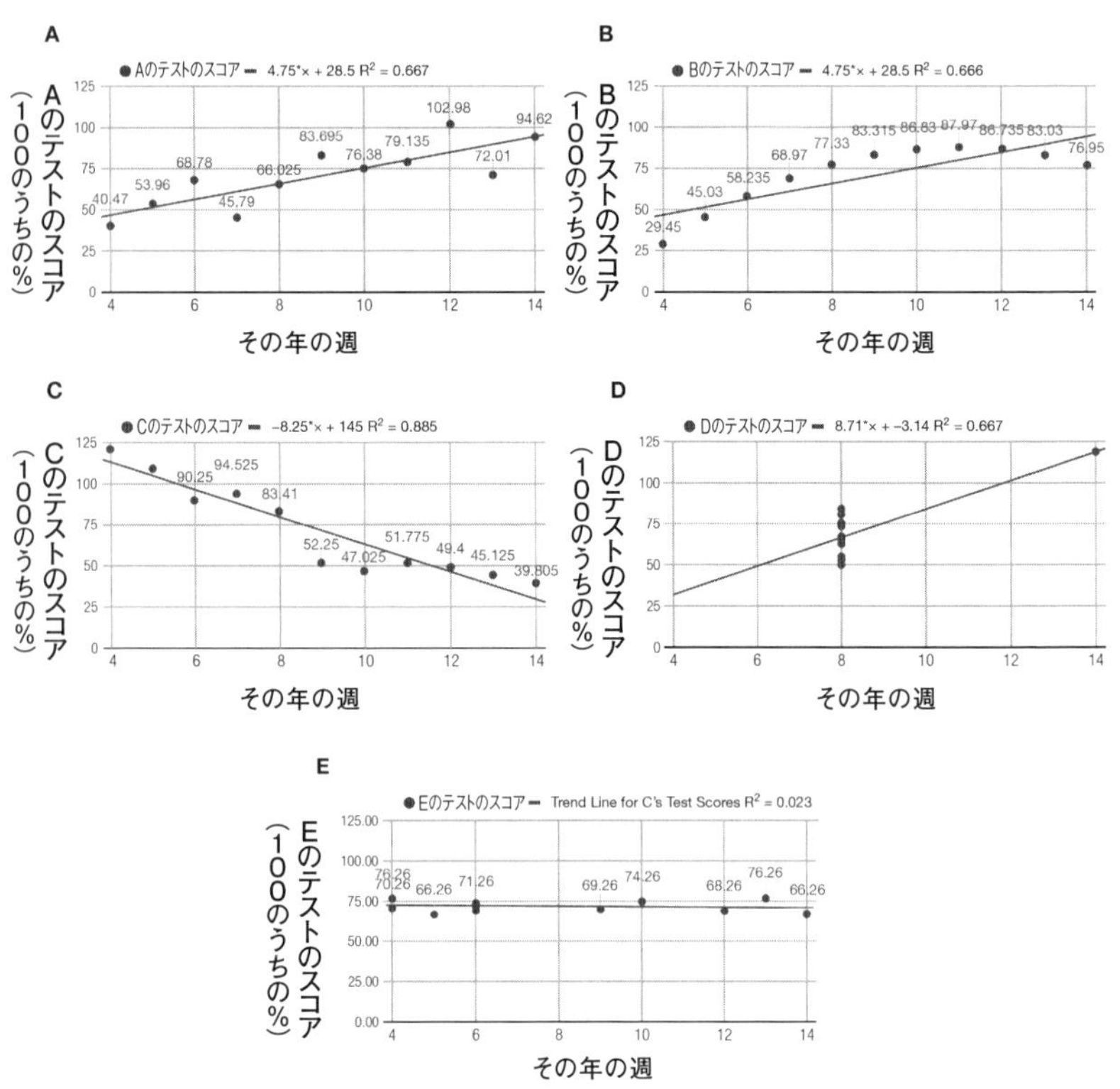

右ページのグラフを読み取ると、次のようになる。

Aのトレンドは上昇なので、おそらくこの介入には効果があるのだろう。

Bのトレンドは最初のうちは上昇しているが、12週目からは下降に転じているので、その時点で介入がもう効かなくなったのだろう。

Cのトレンドは下降しているように見えるので、おそらく介入によってかえって悪化していると考えられる。

Dはどちらとも言えない。なぜなら、データポイントが取られた日が同じ日（実験初日）に集中しているからだ。最終スコアはかなり高くなっているが、前の介入との間に大きな開きがあるので、介入ではなく他の要因とも考えられる。

これらのグラフにはある共通点がある。もうわかったかもしれないが、それは平均がまったく同じ71・25パーセントであることだ。

平均は同じだが見た目はまったく違うグラフを集めたのは、次のことを強調するためだ。

ここでグラフを見ずに平均だけを見ていたら、どれも似たような実験だったのだろうという印象を持つかもしれない。しかし、グラフを見れば違いは明らかだ。AとBは中程度の効果のある介入だとわかるが、それ以外は違う。

平均にだまされてはいけない。平均やその他の数値を出す前に、まずデータポイントのばらつきを見る必要がある。そうでないと重要なトレンドを見逃してしまうだろう。

たいていの場合、トレンドこそが真実を物語る。

次に、最後に登場するEのグラフを見てみよう。

このグラフを見て、介入にはまったく効果がなかったと考えるだろうか？

上昇しているポイントも下降しているポイントも同じくらいあるところから見ると、この介入には効果はなさそうだ。自己実験の結果がこんなグラフになったら、介入に効果はなかったと結論づけたくなるだろう。

そこで今度は、A／Bテストの結果を分析する方法を見ていこう。

A／Bテストとは、2つの異なる介入を無作為に行うことだ。

ここで注目すべき数量は2つある。1つは介入後の「急性の変化」で、もう1つは「長期の変化」だ。

急性の変化とは、介入の直前に受けたテストのスコアと、介入の直後に受けたテストのスコアを比較したときの差のことだ。直後のスコアが直前のスコアより低かったら、その介入によって能力がむしろ下がった可能性がある。

実験期間を通してこのパターンが続くかどうかを確認するには、介入を実施するたびにその結果をグラフに記録しなければならない。

一方で、長期の変化を見るには違う計測法が必要だ。次の介入の前に同じテストを受ければ、前日の介入の効果を知ることができる。これが「翌日効果」だ。翌日効果の数値を集め、すべてグラフに記録すると、どんなパターンになるだろう？

例をあげて考えてみよう。月曜日、介入前スコアは10で、介入後スコアは8だった。ここでの急性の変化は2ポイント下落だ。そして翌日の火曜日、介入前スコアは12だった。これを月曜日の介入前スコア（10）と比較すると、翌日効果は2ポイントの上昇ということになる。

ここでの目標は究極的に、2つの介入の効果を比較することだ（A／Bテストを採用したと仮定すれば）。基本的に、それぞれの介入の効果が、もう1つの介入に対して統制群のような働きをしている。介入の効果のパフォーマンスを互いに比較するには、「急性の変化」と「翌日効果」をグラフにする必要がある。

それぞれの介入にどれくらいの効果があったかを知り、さらにその効果が単なる偶然の結果ではないことを確認するには、何らかの統計的なツールが必要になる。

次に、A／Bテストを行ったときにできるグラフの例を見てみよう。

次ページの上のグラフは介入Aと介入Bの効果を生データの形で記録している。そして2つめの下のグラフは、介入Aと介入Bの急性効果の平均を比較している。

AとBの急性効果のトレンド
（AとBを交互に実施する）

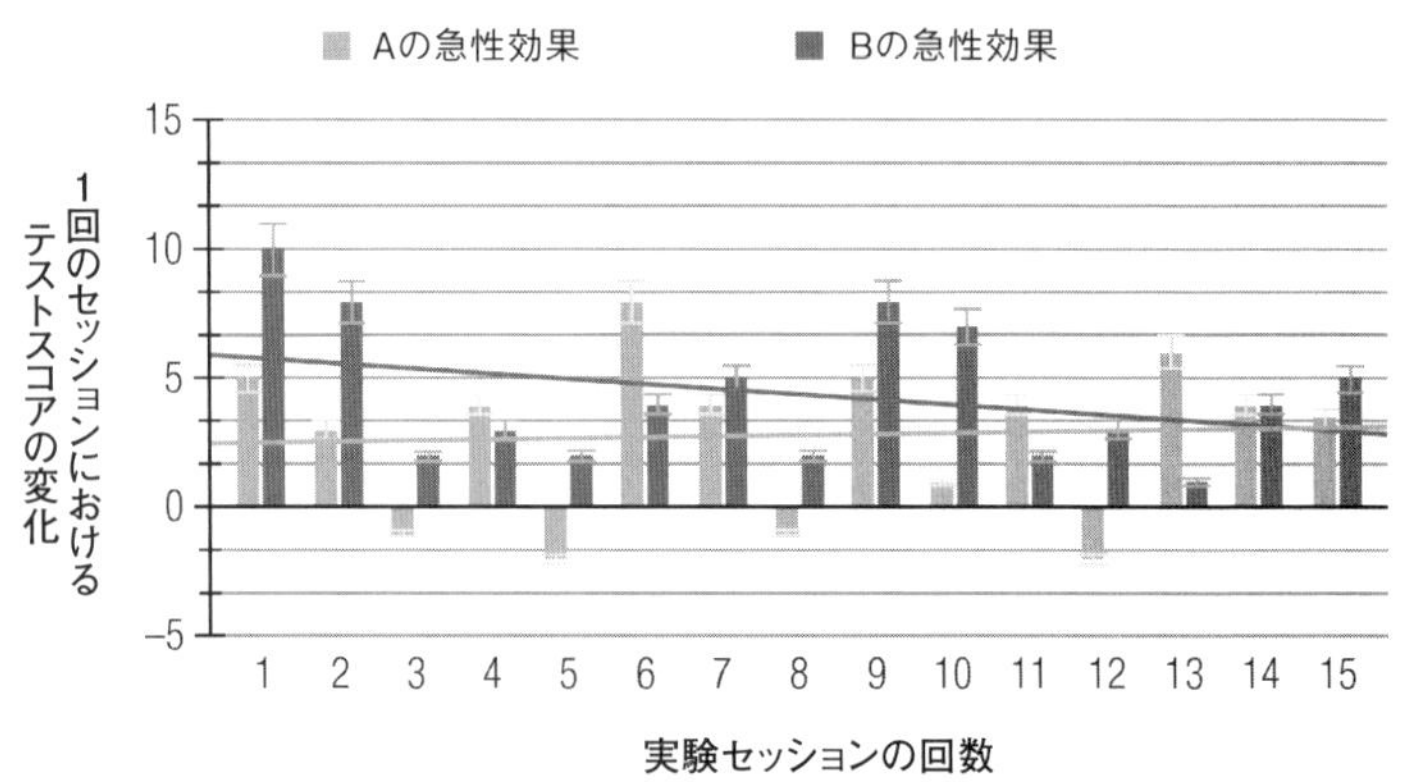

AとBの急性効果の平均

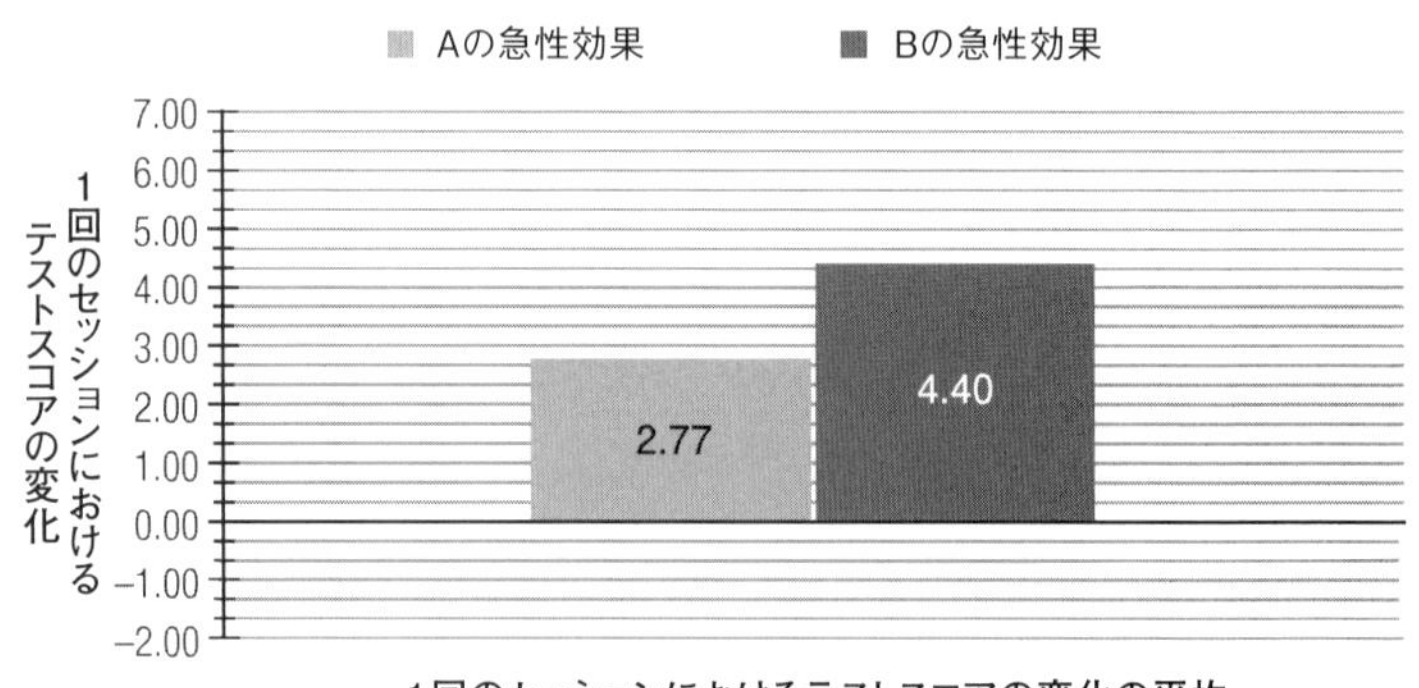

次のステップ

実験をふり返り、その成果をよく理解することができただろう。狙った効果がもっとも高かったのはどの介入かということもわかったはずだ。

脳の4つの機能（実行機能、情動制御、創造性、記憶と学習）、健康状態、ライフスタイルすべての面で自分を評価し、さらに人生満足度スコアと有言実行スコアも算出したので、全般的な自分の変化もつかめている。

仮に、あなたは全般的に向上し、ターゲットにした認知能力も向上したが、まだボトルネックがあるとしよう。その場合は、ボトルネックの解消に集中すればいい。

あるいは、ある1つの介入が他の介入より効果が大きかったという結果になったのなら、しばらくの間は効果の大きかった介入を集中して行う。

その介入がマンネリになってきた、あるいはターゲットにしていた認知能力がもう自分の最大のボトルネックではなくなったと感じたら、また新しい自己実験を始めるときだ。

この章で学んだこと

1 最初にグラフをつくり、その後で統計解析を始める。グラフのほうが実験の効果をより直感的に理解できるからだ。また、平均の罠にはまるのを避けることもできる

2 それぞれの介入の効果をより正確に知るために「変化のスコア」を計算することも忘れないように

3 基準期間（介入前）、介入期間、ウォッシュアウト期間それぞれのざっくりした数値を知りたい場合は、２番目に高い数値の平均値を出すといいかもしれない（もっとも高い数値はまぐれの可能性がある）

おわりに

科学とは組織化された知識だ。
叡智とは組織化された人生だ。

――イマヌエル・カント

▼投資時間　5分
▼ゴール　自分の進歩を自覚し、この先の冒険のためのツールを手に入れる

あなたは今、ニューロハッキングの旅の最初の一歩を踏み出したところだ。
最後に、本書の内容のおさらいをしていこう。また、ニューロハッカーの仲間が欲しい人のために、いくつかのコミュニティも紹介している。ここで最後の確認をして、よき市民としてのニューロハッカーの道を歩んでいこう。

あなたはよくがんばった。

ＰＡＲＴ１では、さまざまな考えを持つニューロハッカーの物語を読んだ。さらに、人間は思っているよりも、自分の脳をコントロールできるということも学んだ。人間の脳は千差万別であり、同じ人の脳でも時間の経過とともに大きく変わる。だからこそ、自分の脳を思った通りに変化させるには、自己実験がカギになるのだ。

そして最終的に、あなたは自己実験の方法を身につけた。

ＰＡＲＴ２では、脳のアップグレードには４つのターゲットがあることを学んだ。それは、「実行機能」「情動制御」「記憶と学習」、そして「創造性」だ。これらの４つの能力を向上させることができるのは教師や医師だけではない。あなた自身にもその力がある。しかも自宅で行えるのだ。そしてあなたは、４つの能力を計測し、自分の成長を計測する方法も手に入れた。

これら４つのターゲットの他にも、隠れた認知能力の問題は存在する。もしかしたらそれらが、あなたの健康やライフスタイルの足かせになっているかもしれない。そういった根っこの原因をつきとめれば、それだけで脳のアップグレードにつながるだろう。

そして最後に、認知能力が向上すると、現実の世界で目に見える効果が現れることも学んだ。

ＰＡＲＴ３では、それら現実世界の効果は、「人生満足度スコア」と「有言実行スコア」で計測できる。

ＰＡＲＴ３では、基礎的な介入について学んだ。これは他の介入を試す前に最初に行う実験だ。あなたはプラセボ効果を自分の利益になるように活用する方法を学んだ。ブルーライトはコーヒーより効果があるということを学んだ。脳波を記録し、脳波を自在に操ることができるようになれば、脳のパフォーマンスが大きく向上することも学んだ。

ＰＡＲＴ４では、さらに高度で、そして場合によってはリスクも大きい介入について学んだ。脳に電気を流すのは実はそれほどバカげたアイデアではないということを学び、頭の回転がさらに速くなるような方法や、これから登場する驚きの新技術についても学んだ。

ＰＡＲＴ５では、それぞれの介入を実際に使った15分間の実験について学んだ。実験方法は４つのメンタルターゲットごとにまとめられ、詳しい手順も解説している。

最後に大切な５つのアドバイスを伝えておきたい。

1　ニューロハッキングの仲間を見つける

仲間がいれば怠けることができなくなるし、さらに旅がもっと楽しくなる。もちろん自分の認知能力の個人データは秘密にしておいてかまわない。仲間とシェアするのはスコアの変化率だけで十分だ。このプロジェクトについて家族や友人と話すのは大切だが、ここで気をつけたいのは、自分の進捗状況を周りと比較しないことだ。あなたはあなたの道を進む。そしてそれは、楽しくてワクワクする道だ。

2　世界のニューロハッカーたちとつながる

世界にはニューロハッカーのコミュニティがたくさんある。もし近所にないというのなら、自分で始めよう。

3　いつでも安全第一を心がける

自分をいたわり、そして他の人にも参加してもらうなら（ぜひ参加してもらおう！）、その人たちのこともいたわらなければならない。

4　人間の脳はみな違い、同じ人の脳でもつねに変化している

あなたにとっては簡単でも、他の人にとっては難しいこともあり、またその逆になる場合もある。そして、あなたにとって昨年は難しかったことが、今年になったらなぜかいきなり簡単にできるようになることもある。

5　意外な結果を期待する

周りの人があなたについてどう考えていようとも、あなた自身が自分に限界を設ける必要はない。そしてもちろん、あなたの先入観で他の人の限界を勝手に決めるのも間違っている。この分野の研究はまだ始まったばかりで、脳については知っていることよりも知らない

ことのほうがまだまだたくさんある。だから私たちは、この旅を通して好奇心を保ち、大胆さを忘れず、そして周りに親切でなければならない。

脳はこの宇宙でもっとも驚異的で、つねに変化を続ける現象だ。それに、脳についてはまだまだ学ぶことがたくさんある。あなたも、世界に1つしかない自分の脳のエキスパートになることで、この偉大な事業に参加することができるのだ。

たしかに自己実験は楽しいことばかりではない。うまくいって有頂天になる瞬間と、イライラして爪を噛む瞬間のくり返しだ。

この本があなたの友として、これから何年にもわたってあなたを導く存在になれることを願っている。自分をアップグレードするという行為は1つのプロセスであり、どこかで終わりにする必要はない。アップグレードを目指せるメンタルターゲットはたくさんあり、そのための介入もそれこそ無数にある。

だからこの本を何度も読み直し、新しい自己実験にもどんどん挑戦していってもらいたい。ニューロハッカーのパイオニアであるシーグフリード・オスマーがかつて私に言ってくれたように、「ある方法で向上が見られなかったからといって、そこで探求を終わりにしてはいけない」[1]ということだ。

脳が変わることは科学的に証明されている。

しかし、だからといって簡単に変えられるわけではない。変わるかどうかはあなた次第だ。さまざまな介入を試し、自分にとって正しい介入を見つけなければならない。もしかしたら、あなたに最適の介入はこの本のなかには見つからないかもしれない。医師や教師、友達の助けが必要かもしれない。

それに、あなたのための介入は1つしかないというわけでもない。複数の介入を同時に行うのが、あなたにとって正しい方法ということもあり得る。

あなたがどんな方法を選ぶにせよ、自己実験は厳密でなければならず、それに加えてぜひ楽しみながら行ってもらいたい。

ニューロハッキングは自分へと向かう旅だ。より偉大な自分を発見し、自分を理解し、そして究極的には自分を完全に掌握することを目指している。

しかし、だからといって自分だけで進まなければならないわけではない。ひとりで進むことを選んでもいいし、旅の仲間を見つけてもいい。

そして、もっとも大切なのは、その新しくアップグレードされた自分の脳で何をするかということだ。本を読んだらそこで終わりではなく、あなたの冒険の成果もぜひ聞かせてもらいたい。

ハッピー・ニューロハッキング！

【著者紹介】
エリザベス・R・リッカー（Elizabeth R. Ricker）

◉――MITで脳と認知科学の学士号、ハーバード大学で精神・脳・教育科学の大学院学位をそれぞれ取得し、MITメディアラボとハーバード大学で神経科学と教育科学の研究を行う。10年におよぶ自己実験歴・ニューロハッキング学習歴とそれらの成果のもと、ベルギーの公共テレビと、「科学のための行進」による著作『Science Not Silence』（MIT Press 2008）で紹介された。

◉――シリコンバレーのベンチャーキャピタル企業、テクノロジースタートアップ、フォーチュン500企業から仕事の依頼が絶えない専門家で、全米各地と中国で認知能力の拡張について講演を行っている。かつては7000万人のユーザーを抱える医療・教育テクノロジーのスタートアップで研究、製品、戦略を担当した。神経科学とテクノロジーの分野で取り組んでいること、またはこの本の内容に関連することやその他の冒険など、著者の最新情報についてはウェブサイト（ericker.com）を参照。

【訳者紹介】
桜田　直美（さくらだ・なおみ）

◉―― 翻訳家。早稲田大学第一文学部卒。訳書は『より少ない家大全』『THE CULTURE CODE 最強チームをつくる方法』（いずれも小社刊）、『アメリカの高校生が学んでいる投資の教科書』（ＳＢクリエイティブ）、『ロングゲーム 今、自分にとっていちばん意味のあることをするために』（ディスカヴァー・トゥエンティワン）、『世界最高のリーダーシップ「個の力」を最大化し、組織を成功に向かわせる技術』（ＰＨＰ研究所）など多数。

【専門用語の校正協力】
山本　直樹（やまもと・なおき）

◉――博士研究員（Department of Psychiatry, The University of Texas Southwestern Medical Center）

「科学的」に頭をよくする方法

2023年４月17日　　第１刷発行

著　者――エリザベス・R・リッカー
訳　者――桜田　直美
発行者――齊藤　龍男
発行所――株式会社かんき出版

東京都千代田区麴町4-1-4 西脇ビル　〒102-0083
電話　営業部：03(3262)8011㈹　編集部：03(3262)8012㈹
FAX　03(3234)4421　　振替　00100-2-62304
https://kanki-pub.co.jp/

印刷所――図書印刷株式会社

ISBN978-4-7612-7668-3 C0030

本書の原注および謝辞は、以下のURLよりPDFファイルを
ダウンロードできます。

https://kanki-pub.co.jp/pages/SmarterTomorrow-notes/